Droit administratif

Dans la même collection

Clémence Barray et Pierre-Xavier Boyer, *Contentieux administratif.*

Éric Canal-Forgues et Patrick Rambaud, *Droit international public*, 3e édition.

Michel Clapié, *Manuel d'institutions européennes*, 3e édition.

Jean-Pierre Clavier et François-Xavier Lucas, *Droit commercial.*

Emmanuel Dreyer, *Droit pénal général.*

Christophe de la Mardière, *Droit fiscal général*, 2e édition.

Rafael Encinas de Muñagorri, *Introduction générale au droit*, 4e édition.

Frédéric Rouvillois, *Droit constitutionnel 1. Fondements et pratiques*, 6e édition.

Frédéric Rouvillois, *Droit constitutionnel 2. La Ve République*, 5e édition.

Frédéric Rouvillois, *Libertés fondamentales*, 3e édition.

Bertrand Seiller, *Droit administratif 2. L'action administrative*, 8e édition.

Sylvain Soleil, *Introduction historique aux institutions*, 3e édition.

Jean-Louis Thireau, *Introduction historique au droit*, 3e édition.

Bertrand Seiller

Droit administratif

1. Les sources et le juge

8e édition

Champs université

Cet ouvrage est publié sous la direction de Frédéric Rouvillois.

ISBN : 978-2-0802-4355-3

À Jean

LISTE DES ABRÉVIATIONS

AJDA	*Actualité juridique – Droit administratif.*
AJFP	*Actualité juridique – Fonction publique.*
Al.	alinéa.
Art.	article.
Ass.	assemblée du contentieux.
BJCP	*Bulletin juridique des contrats publics.*
Bull. civ.	*Bulletin des arrêts de la Cour de cassation, chambres civiles.*
Bull. crim.	*Bulletin des arrêts de la Cour de cassation, chambre criminelle.*
CAA	cour administrative d'appel.
Cass.civ.	arrêt de la Cour de cassation, chambre civile.
Cass.com.	arrêt de la Cour de cassation, chambre commerciale.
Cass.crim.	arrêt de la Cour de cassation, chambre criminelle.
Cass. soc.	arrêt de la Cour de cassation, chambre sociale.
CC	Conseil constitutionnel.
CE	Conseil d'État.
CEDH	Cour européenne des droits de l'homme.
CGCT	Code général des collectivités territoriales.
Chr.	chronique.
CJA	Code de justice administrative.
CJCE	Cour de justice des communautés européennes.
CJEG	*Cahiers juridiques de l'électricité et du gaz.*
Concl.	conclusions.

CRPA	Code des relations entre le public et l'administration.
D.	*Recueil Dalloz.*
DA	*Droit administratif.*
EDCE	*Études et documents du Conseil d'État.*
Fasc.	fascicule.
GAJA	*Les Grands Arrêts de la jurisprudence administrative* (22e édition).
Gaz. Pal.	*Gazette du Palais.*
IR	informations rapides.
J	jurisprudence.
JCP	*Semaine juridique* (ou *Jurisclasseur périodique*).
JCPA	*Semaine juridique Administrations et collectivités territoriales.*
JO	*Journal officiel de la République française.*
Juriscl. Adm.	*Jurisclasseur administratif.*
LGDJ	Librairie générale de droit et de jurisprudence.
LPA	*Les Petites Affiches.*
Obs.	observations.
p.	page (indiquée directement : après une décision d'une juridiction administrative ou du Tribunal des conflits, elle renvoie au Recueil Lebon de l'année considérée ; après une décision du Conseil constitutionnel ou de la Cour de justice des communautés européennes, elle renvoie aux recueils de leurs décisions).
PUF	Presses universitaires de France.
RA	*Revue administrative.*
Rap.	rapport.
RDP	*Revue du droit public et de la science politique.*
Rép. D. Cont. Adm.	*Répertoire Dalloz de contentieux administratif.*
RFDA	*Revue française de droit administratif.*
RFDC	*Revue française de droit constitutionnel.*

RFSP	*Revue française de sciences politiques.*
RISA	*Revue internationale des sciences administratives.*
RJEP	*Revue juridique de l'économie publique* (ex *CJEG*).
RPDA	*Revue pratique de droit administratif.*
RTDE	*Revue trimestrielle de droit européen.*
S.	*Recueil Sirey.*
SC	sommaires commentés.
Sect.	section.
TA	tribunal administratif.
TC	Tribunal des conflits.

INTRODUCTION

Le droit administratif est l'une des principales branches du droit public. Dans le cadre des études universitaires, son apprentissage intervient après celui du droit constitutionnel, autre branche du droit public qui s'intéresse aux fondements et à la structure de l'État, à la distinction des différents pouvoirs qui le composent (législatif, exécutif, juridictionnel).

Le droit administratif a un champ apparemment plus limité puisqu'il examine « seulement », au sein du pouvoir exécutif, ce qui traite de l'administration. Rentre ainsi principalement, dans la sphère du droit administratif, l'étude de l'organisation administrative de la France, des activités des organes administratifs, des moyens juridiques, humains et matériels dont ils disposent ainsi que du contrôle juridictionnel auquel ils sont soumis.

Le cours de droit administratif général enseigné en deuxième année de Licence exclut traditionnellement les développements relatifs aux moyens humains (droit de la fonction publique), aux moyens matériels (droit administratif des biens), présentés en troisième année. Bien qu'un cours de contentieux administratif soit également offert en troisième année, il est indispensable d'en décrire les grandes lignes dès la deuxième année en raison de l'origine essentiellement jurisprudentielle de ce droit (voir *infra*, p. 30-31). En revanche, l'usage s'étant établi de séparer l'enseignement des institutions administratives, cet ouvrage n'inclut aucun exposé systématique de ces institutions et n'en traite qu'autant qu'il est nécessaire pour la présentation des mécanismes du droit administratif général.

Quelle qu'en soit la spécificité, chaque branche de ce droit met en lumière les relations qu'entretiennent l'administration et les individus. Ce droit a, dès lors, la difficile fonction de concilier les pouvoirs puissants accordés à l'administration pour l'accomplissement de ses missions avec le respect des droits et libertés reconnus aux particuliers. Il est parfois présenté comme un droit du déséquilibre ou inégalitaire. L'administration jouit, en effet, de nombreux privilèges, au premier rang desquels figure celui de bénéficier d'un droit particulier. C'est oublier que, parmi les règles qui composent ce droit, celles octroyant des prérogatives exorbitantes du droit commun sont assorties de strictes limites, et que les autres constituent des sujétions tout aussi exorbitantes (voir *Exorbitance*, p. 305). Le droit administratif s'efforce, en réalité, de rééquilibrer les rapports structurellement inégalitaires entre l'administration et les administrés.

Avant d'étayer cette affirmation tout au long de cet ouvrage, il convient de tenter de mieux comprendre ce qu'est ce droit. Le droit administratif est un droit de l'administration ; plus précisément, c'est le droit propre à l'administration.

Section I

LE DROIT ADMINISTRATIF, UN DROIT DE L'ADMINISTRATION

Pour comprendre ce que recouvre la soumission de l'administration au droit, il convient préalablement d'identifier l'administration.

Sous-section 1

Identification de l'administration

Le mot *administration* est d'usage très courant, car il n'est pas réservé à la science juridique. Loin d'en faciliter la compréhension, ce caractère est source de polysémie, donc d'incertitudes. Force est de constater que le terme peut désigner alternativement un organe ou une activité.

Si l'on entend par organe « l'institution chargée de faire fonctionner une catégorie de services [1] », l'Administration – au sens *organique*, le mot comporte souvent une majuscule – est composée de l'ensemble des institutions publiques chargées de faire fonctionner des services d'intérêt public. Une telle définition est insuffisamment précise, puisque les institutions en cause peuvent indifféremment dépendre des pouvoirs législatif, juridictionnel et exécutif. Un premier affinement résulte de l'article 20 de la Constitution du 4 octobre 1958, aux termes duquel « le Gouvernement détermine et conduit la politique de la Nation. Il dispose de l'administration et de la force armée ». Cette disposition semble réserver la qualité d'administration aux institutions dépendant du pouvoir exécutif. Par extension, l'expression inclut également les institutions administratives locales.

L'exclusion du Parlement de la notion se justifie aisément. Certes, cet organe vote des lois ayant trait à l'administration ainsi que les lois de finances qui décident des moyens attribués à celle-ci ; il contrôle également le gouvernement – notamment sa façon de gérer administrativement le pays. Cependant, en exerçant ses pouvoirs législatif, financier et politique, le Parlement n'intervient qu'indirectement dans l'administration. Il n'est alors pas lui-même un organe administratif.

---

1. H. Capitant, *Vocabulaire juridique*, 1936, V° « Organe ».

Le constat est identique pour les organes juridictionnels. Les juges, qu'ils soient judiciaires ou administratifs, interviennent pour trancher des litiges pouvant impliquer l'administration. Ils ne participent pas pour autant de celle-ci, contrairement à ce que la maxime « juger l'administration, c'est encore administrer » pouvait faire croire au XIXe siècle.

L'Administration, au sens *organique*, ne vise donc que l'ensemble des institutions qui composent le pouvoir exécutif, mais inclut chacune de ces institutions, quelle que soit son activité. Il est également indifférent qu'elles soient dotées de la personnalité morale.

Plus précise, cette définition demeure néanmoins approximative. Le recours au second sens du mot, le sens *matériel*, autorise un nouvel affinement.

L'examen des activités des différents pouvoirs constitutionnels confirme, en premier lieu, l'exclusion de la notion d'administration des pouvoirs législatif et judiciaire. Le fait de légiférer, qui consiste à élaborer et à édicter les règles générales régissant l'ensemble des activités publiques ou privées, diffère profondément de la mission de faire fonctionner les services d'intérêt public. De la même façon, le pouvoir de juger, c'est-à-dire d'appliquer la règle de droit à des litiges et d'en énoncer les conséquences, se distingue de la mission d'administrer, qui, également soumise au droit, y est soumise comme à un cadre et non comme à un but.

Le sens matériel de ce mot autorise, en second lieu, à distinguer entre les institutions dépendant du seul pouvoir exécutif. Matériellement, les activités gouvernementales sont multiples et ne semblent pas toutes se rattacher à des tâches d'administration. Même si cette opposition est excessive, il est classique de distinguer entre gouverner, qui consiste à décider des grands choix politiques, et administrer, qui se traduit par l'application concrète de ces choix, et ce jusque dans leurs plus infimes conséquences. Il est plus exact de constater que l'exercice du gouvernement se décompose schématiquement en trois fonctions : d'abord, participer au bon déroulement des rapports constitutionnels entre les pouvoirs publics – par exemple, déposer un projet de loi devant une chambre du Parlement –, ensuite, conduire les relations diplomatiques, enfin, assurer l'exécution des autres tâches d'intérêt public incombant à l'exécutif. Les deux premières composantes ne relèvent pas de l'administration, au sens matériel. Elles sont régies par d'autres règles du droit public, respectivement le droit constitutionnel et le droit international public.

Il reste alors à appréhender ce qui fait la spécificité de l'activité administrative en la comparant à celle des personnes privées. Ces dernières poursuivent le plus souvent la satisfaction d'intérêts particuliers qui peuvent être d'ordre financier, moral ou intellectuel. Cette finalité n'exclut pas un bénéfice pour la collectivité. Ainsi, le boulanger installé dans une petite commune rurale, s'il cherche avant tout à vivre de son activité, contribue indirectement, subsidiairement, à la vie de son village.

Il en va autrement de l'activité administrative. L'administration, au sens matériel, exclut la recherche prioritaire du profit personnel : c'est une activité désintéressée, qui tend d'abord à la satisfaction de l'intérêt général. Ce dernier est, selon le Conseil d'État, « l'unique justification de l'action publique. Seule, en effet, la poursuite d'un but d'intérêt général peut rendre acceptable le monopole étatique de la contrainte légitime [1] ». Fondamentale, cette notion d'intérêt général échappe pourtant à toute définition positive ; elle relèverait, selon certains, davantage de l'idéologie que de la science juridique. L'intérêt général ne semble pouvoir se comprendre que relativement : plus que la simple

1. Conseil d'État, *Rapport public 1999*, La Documentation française, 1999, p. 272.

somme des intérêts particuliers, il les transcende pour promouvoir l'unité de la société.

L'administration, au sens matériel, désigne ainsi l'activité, exercée par n'importe quel organe, recherchant prioritairement la satisfaction de l'intérêt général.

L'examen des sens organique et matériel du mot administration révèle donc l'existence de quatre hypothèses théoriques.

Une Administration (sens organique) peut exercer une activité d'administration (sens matériel). Il en va ainsi, notamment, lorsqu'un préfet délivre un permis de conduire.

Une Administration peut également avoir une activité extra-administrative. C'est le cas lorsqu'un maire assure l'entretien d'une forêt communale : l'intérêt patrimonial de la commune est alors prioritairement protégé.

Une personne n'appartenant pas à l'Administration peut remplir une mission relevant de l'administration au sens matériel. Ainsi de l'entreprise privée assurant un service de transport urbain de personnes.

Enfin, une personne échappant à l'Administration peut exercer une activité ne participant pas de l'administration. Tel est le cas de n'importe quelle entreprise recherchant son seul profit personnel.

Si le droit administratif est un droit de l'administration, *lato sensu*, il ne saurait régir la dernière hypothèse : ni l'Administration au sens organique ni l'administration au sens matériel n'y sont en cause.

Quel que soit, cependant, le champ d'application du droit administratif, les hypothèses précédentes conduisent à s'interroger sur la soumission de l'administration au droit.

Sous-section 2
La soumission de l'administration au droit

« L'existence même d'un droit administratif relève en quelque sorte du miracle [1]. » Il n'est, en effet, pas évident que l'État accepte spontanément de se considérer comme tenu au respect du droit. La logique de la souveraineté devrait plutôt l'inciter à se croire libre de toute contrainte juridique, capable de décider discrétionnairement. C'est déjà l'encadrer que de lui assigner pour mission, comme nous l'avons fait précédemment, de promouvoir l'intérêt général et non son intérêt particulier. Il est encore moins naturel que l'État, consentant à se conformer au droit, accepte de se soumettre au contrôle de juridictions. « L'État peut, en théorie du moins, mettre fin, quand il le désire, à l'autolimitation qu'il a consentie [2]. »

Ces rapports de l'État, envisagé ici sous les traits de l'administration, et du droit appellent quelques développements.

Il est manifeste que l'administration, comme toute institution, doit, dans son propre intérêt, s'organiser, répartir en son sein les fonctions, s'imposer à elle-même le processus des décisions. Cela ne se traduit cependant pas nécessairement par l'élaboration de règles invocables par les tiers. L'ordre qui doit régner au sein de l'administration ne protège pas les administrés de l'arbitraire. À l'égard de ces derniers, l'administration reste libre d'appliquer « toutes les mesures dont elle juge utile de prendre par elle-même l'initiative en vue [...] d'atteindre à chaque moment les fins qu'elle se propose [3] ». Le droit existe donc bien dans cette forme

1. P. Weil et D. Pouyaud, *Le Droit administratif*, PUF, 2017, p. 3.
2. *Ibid.*, p. 6.
3. R. Carré de Malberg, *Théorie générale de l'État*, Sirey, 1920, t. 1, p. 488.

primitive, mais il est instrumentalisé, entièrement maîtrisé par l'Administration dont il exprime la toute-puissance [1]. Il s'agit là de ce que les auteurs allemands ont proposé de qualifier d'État de police (*Polizeistaat*) et que l'histoire française a connu sous l'Ancien Régime. Malgré la consécration postérieure de l'État de droit (*Rechtsstaat*), le système administratif français en conserve inévitablement des traces : le juge administratif admet l'existence, au profit de l'administration, d'un *pouvoir discrétionnaire* et d'un *ordre intérieur* dont il s'interdit de connaître.

Au stade ultérieur, l'État, et donc l'Administration, est toujours le producteur des règles juridiques, mais il accepte de se les voir opposées et d'être contraint de les respecter. « L'administration doit obéir aux normes qui constituent à la fois le fondement, le cadre et les limites de son action, et cette soumission doit être garantie par l'existence d'un contrôle juridictionnel [2]. » L'État de droit est, pour simplifier, une illustration de l'adage latin *tu patere legem quam ipse fecisti* (« soumets-toi à la loi que tu as posée »).

Le passage de l'État de police à l'État de droit relève véritablement du miracle. À tel point que les fondements de la soumission de l'État et de l'administration au droit restent encore à déterminer. Plusieurs raisons – dont aucune n'est suffisante – peuvent être avancées : l'intérêt de l'État à montrer l'exemple du respect du droit, la pression sociale hostile à l'arbitraire antérieur, l'existence de juridictions administratives ayant su s'imposer en construisant un système adapté au rapport original de l'État au droit.

Il ne suffit pas, en effet, de soumettre l'administration au droit pour qu'il existe un droit administratif. Le droit

1. J. Chevallier, *L'État de droit*, Montchrestien, « Clefs », 2017, p. 16.
2. J. Chevallier, *op. cit.*, p. 13.

applicable à l'administration peut être conçu très diversement.

Il peut n'avoir aucune originalité, être identique à celui auquel sont soumis les individus ; il ne mérite alors même pas le nom de droit privé. C'est le droit commun, la *Common Law* en vigueur au Royaume-Uni, où l'administration est soumise, en principe, au même droit et aux mêmes juridictions que les particuliers.

Le droit de l'administration peut, inversement, être uniquement constitué de règles propres, inconnues du droit privé, appliquées par des juridictions chargées de trancher, selon des droits différents, les litiges mettant en cause les administrés entre eux ou dans leurs relations avec les administrations.

Le droit de l'administration peut, enfin, combiner un droit spécifique et le droit commun, selon les nécessités de l'action publique. C'est alors au juge de déterminer la frontière entre les activités relevant du droit spécifique à l'administration et celles pouvant être examinées au regard du droit commun. Une telle dualité du droit applicable se rencontre en France, où l'administration est depuis toujours partiellement soumise au droit privé, et même au Royaume-Uni, où se constitue progressivement un ensemble de règles dérogatoires à la *Common Law*.

Le droit administratif est-il alors uniquement le droit spécifique à l'administration ou bien l'ensemble des règles juridiques, spécifiques ou non, éventuellement applicables à celle-ci ?

Section II

LE DROIT ADMINISTRATIF, DROIT SPÉCIFIQUE À L'ADMINISTRATION

S'il existe, le droit administratif ne peut être que le droit spécifique à l'administration. Une délimitation s'impose pour comprendre cette affirmation. Permettant de mieux cerner la notion, elle conduit à déterminer les origines de ce droit et ses caractères.

Sous-section 1
LE CHAMP DU DROIT ADMINISTRATIF

Le droit administratif n'est pas le droit de l'administration *lato sensu* : il est le droit de l'administration au sens matériel précédemment défini. Pour autant, il n'est pas le seul droit applicable à celle-ci : il est le droit spécifique applicable à l'administration au sens matériel.

Le droit administratif ne régit que les activités administratives, quel que soit l'organe qui les exerce. Il concerne logiquement l'Administration (au sens organique) agissant dans un but d'intérêt général – ce qui caractérise l'administration au sens matériel. Y sera soumise la commune assurant un service public de garderie de jeunes enfants. Pareillement, s'exerce dans le respect de ce droit une activité d'intérêt général, même lorsqu'elle est le fait d'une personne ne participant pas de l'Administration mais qui est habilitée à agir par une personne publique. L'hypothèse en cause vise toute personne privée chargée d'une mission de service public par l'Administration.

En revanche, est soustraite à ce droit l'Administration qui n'effectue pas de l'administration au sens matériel. Ainsi de la collectivité publique qui gère son patrimoine forestier comme le fait un bon père de famille : c'est au droit civil qu'il appartient principalement de régir ce genre d'hypothèses.

Applicable aux seules activités matériellement administratives, le droit administratif n'est pourtant pas le seul droit les encadrant.

Nous parvenons ici au point le plus précis que l'analyse abstraite permet d'atteindre quant aux champs respectifs du droit administratif et du droit privé. Si le droit administratif est le droit spécifique à l'administration au sens matériel, il n'en est pas le droit exclusif. Le droit privé est parfois sollicité alors même que sont en cause des activités matériellement administratives comme, par exemple, pour des services publics ressemblant fortement aux activités industrielles et commerciales des personnes privées. Bien que s'appliquant alors à de l'administration au sens matériel, le droit privé ne change pas de nature. En conséquence, dans l'ensemble des droits régissant les activités administratives, mérite seul la qualité de droit administratif le droit spécifique, irréductible au droit privé.

Il semble impossible aujourd'hui de dépasser ce stade de l'analyse et, notamment, d'établir rationnellement ce qui justifie l'application du droit privé ou du droit administratif à des activités administratives. La frontière entre les champs des deux droits obéit certes à des règles, qui seront étudiées dans cet ouvrage, mais celles-ci ne se ramènent pas à un principe unique de distinction.

Sous-section 2

LES ORIGINES DU DROIT ADMINISTRATIF

L'impossibilité de définir plus précisément que nous ne l'avons fait le droit administratif découle de ses origines historiques (voir *Origines*, p. 320). Elles seules permettent de comprendre l'embarras des auteurs à isoler un concept fondateur de ce droit spécifique.

Des études historiques établissent aujourd'hui que des éléments de droit administratif existaient déjà au Moyen Âge [1] ; elles ne remettent cependant pas en cause l'idée selon laquelle la consécration du principe de séparation des autorités administratives et judiciaires

1. J.-L. Mestre, *Introduction historique au droit administratif français*, PUF, 1985.

a largement contribué à l'essor du droit administratif. Ce principe, illustrant la « conception française » de la séparation des pouvoirs (CC 86-224 DC du 23 janvier 1987, p. 8 ; *GAJA*, n° 82), a été consacré sous la Révolution pour éviter que ne se reproduisent les empiétements des parlements d'Ancien Régime sur l'action administrative. Les textes fondateurs, toujours en vigueur, en sont l'article 13 de la loi d'organisation judiciaire adoptée par la Constituante les 16-24 août 1790 – « les fonctions judiciaires sont distinctes et demeureront toujours séparées des fonctions administratives. Les juges ne pourront, à peine de forfaiture, troubler de quelque manière que ce soit les opérations des corps administratifs » – et l'article unique du décret du 16 fructidor an III, qui réaffirme solennellement cette interdiction.

Littéralement, ces textes n'impliquaient pas l'élaboration d'un droit administratif. Leur objectif était seulement, en effet, d'interdire aux tribunaux civils de connaître des actes administratifs. Leur portée va cependant être radicalisée par des textes postérieurs attribuant la connaissance de certains litiges administratifs à des autorités administratives, locales et nationales, qui deviendront respectivement, en l'an VIII, les conseils de préfecture et le Conseil d'État. Il s'agit alors d'autorités administratives dotées de pouvoirs juridictionnels. Elles concrétisent le système de l'*administrateur-juge*, qui s'appliquera notamment aux ministres – théorie du *ministre-juge* – jusqu'à la toute fin du XIXe siècle (CE 13 décembre 1889, *Cadot*, p. 1148, concl. Jagerschmidt ; *GAJA*, n° 5), bien après que le Conseil d'État a bénéficié de la justice déléguée en vertu de la loi du 24 mai 1872.

Une juridiction administrative est ainsi apparue peu à peu à partir de textes qui ne la créaient pas initialement. La dualité de juridiction a précédé la dualité des ordres juridiques : de la définition de la compétence des juridictions administratives est née l'idée que la spécialité des litiges devait être prolongée par celle du droit applicable à leur résolution.

Le fameux arrêt Blanco (TC 8 février 1873, 1er suppl., p. 61, concl. David ; *GAJA*, n° 1), longtemps ignoré puis trop sollicité, résume parfaitement cette évolution à propos de la responsabilité de l'État du fait des personnes qu'il emploie dans les services publics. Cette responsabilité « ne peut être régie par les principes qui sont établis dans le Code civil, pour les rapports de particulier à particulier ; [elle] n'est ni générale ni absolue ; elle a ses règles spéciales qui varient suivant les besoins du service et la nécessité de concilier les droits de l'État avec les droits privés ». Ce n'est qu'au prix d'un renversement de la logique historique que le Tribunal des conflits en déduit que « dès lors [...] l'autorité administrative est seule compétente pour en connaître », posant de la sorte le principe selon lequel la compétence suit le fond.

L'apparition d'un droit administratif, spécifique par rapport au droit civil, résulte ainsi d'une spécialisation juridictionnelle ayant elle-même provoqué une spécialisation juridique. Il ne faut pas croire pourtant qu'il en résulte une totale étanchéité entre les deux ordres de juridiction et leurs ordres juridiques : le juge administratif utilise ou s'inspire parfois des règles du droit civil (enrichissement sans cause, responsabilité décennale des constructeurs...). Il est ainsi des cas marginaux de distorsion entre le droit applicable et le juge chargé de l'appliquer.

Le caractère très circonstanciel de l'apparition du droit administratif ne pouvait satisfaire les esprits cartésiens, avides de classifications et de principes explicatifs. Nombreuses ont donc été les tentatives de justification théorique de ce droit.

Compte tenu des origines historiques du droit administratif, la recherche d'un critère unique pour en rendre compte s'est fondée pour l'essentiel sur la compétence des juridictions administratives. La doctrine a considéré cette compétence comme un indice de la nature particulière du droit administratif. Une lecture littérale des textes fondant la séparation des autorités conduisit initialement à retenir un critère purement organique. Réduisant à l'excès la compétence des juridictions judiciaires et recréant un privilège de juridiction aboli par la Révolution, cette première tentative échoua. Elle fut relayée, au milieu du XIXe siècle, par des réflexions faisant prévaloir un critère matériel issu du constat que l'administration peut alternativement agir comme un simple particulier ou selon des procédés originaux. Le pouvoir de commandement, attribut essentiel des autorités publiques, ne saurait relever du droit commun. En revanche, lorsqu'elle renonce à recourir à l'acte d'autorité, l'administration ne se distingue plus des simples particuliers et ne doit bénéficier ni d'un droit spécifique ni de juridictions spéciales. Fut ainsi élaborée la distinction, reprise en jurisprudence, entre les actes de gestion et les actes d'autorité.

Bien qu'intéressante, cette théorie était néanmoins peu opératoire et avait comme inconvénient notable de réduire exagérément le champ du droit administratif. Elle se révéla impuissante à justifier la compétence des juridictions administratives à l'égard des activités matérielles de plus en plus fréquemment assurées par les collectivités publiques au tournant du siècle. Elle avait également pour défaut de n'assigner ni finalité ni limite à l'action étatique.

Deux théories, qui divisèrent la doctrine de l'époque en deux « écoles », se proposèrent alors, au début du XXe siècle, de refonder le droit administratif sur de nouveaux critères.

L'une était issue de la théorie des actes d'autorité, dont elle affine l'analyse, en mettant en valeur les attributs de la puissance publique. Symbolisée plus que dirigée par Maurice Hauriou (voir *Hauriou*, p. 311), doyen de la faculté de droit de Toulouse, cette école s'intéresse aux moyens mis en œuvre par l'administration : si ces moyens traduisent la puissance publique, le droit administratif doit s'appliquer, quelle que soit l'activité à propos de laquelle ils sont utilisés. La notion de puissance publique est ainsi placée au cœur du droit administratif dont elle contribue à déterminer chacun des grands principes. Conscient cependant de la nécessité d'assigner une fin à ces moyens exorbitants, Hauriou fit une place, dans ses derniers écrits, à la notion de service public.

C'était reconnaître une part de vérité aux démonstrations des auteurs de la seconde école, avec à leur tête Léon Duguit, contemporain d'Hauriou et doyen de la faculté de droit de Bordeaux (voir *Duguit*, p. 301). Moins nuancé que son contradicteur, car désireux de bâtir un système global et cohérent auquel le droit positif devrait au besoin se plier, Duguit ramène tout le droit public au concept de service public. « L'État n'est pas [...] une puissance qui commande, une souveraineté ; il est une coopération de services publics, organisés et contrôlés par des gouvernants [1]. » La principale qualité du critère proposé par Duguit est de tracer les limites de l'action étatique tout en justifiant l'octroi de prérogatives de puissance publique aux autorités publiques. L'État ne saurait agir pour autre chose que la satisfaction des besoins sociaux, mais doit bénéficier, pour parvenir à celle-ci, de pouvoirs exorbitants du droit commun. L'édifice ambitieux construit par les auteurs de cette école ne trouva cependant qu'un très faible et éphémère écho en jurisprudence en raison de sa trop grande rigidité dans une époque de profondes mutations. Dès 1921, la création des services publics industriels et commerciaux, soumis au droit privé, démontra que le régime juridique du service public déborde du champ du droit administratif.

Les tentatives de conceptualisation du droit administratif se firent alors plus rares et plus réalistes. Il en va

1. L. Duguit, *Traité de droit constitutionnel*, de Boccard, t. 2, 1928, p. 59.

ainsi de la théorie des bases constitutionnelles du droit administratif élaborée par le doyen Georges Vedel [1], dans laquelle, après une désormais classique délimitation à partir des sens organique et matériel du mot administration, le droit administratif est défini comme le droit applicable « à l'ensemble des activités du gouvernement et des autorités décentralisées étrangères à la conduite des relations internationales ou aux rapports entre les pouvoirs publics et s'exerçant sous un régime de puissance publique [2] ». Négligeant la finalité de l'action étatique, le doyen Georges Vedel prolonge la pensée d'Hauriou en mettant l'accent sur la spécificité du régime applicable, conséquence des procédés exorbitants utilisés.

L'ultime réflexion, en forme de synthèse, fut celle du professeur René Chapus qui démontra que, schématiquement, le droit de l'administration – et non le droit administratif *stricto sensu* – est le droit du service public et le contentieux administratif, le contentieux de la puissance publique [3].

Consciente de l'impossibilité de définir exactement le droit administratif par une ou même deux notions, la doctrine contemporaine, sans pour autant céder à l'« existentialisme juridique [4] », préfère s'en tenir à des approximations – notamment avec la distinction des gestions publique et privée. Tout au plus s'accorde-t-elle sur les principaux caractères de ce droit.

---

1. *EDCE*, n° 8, p. 21, ou G. Vedel et P. Delvolvé, *Droit administratif*, PUF, 1992, p. 25.
2. G. Vedel et P. Delvolvé, *op. cit.*, p. 76.
3. R. Chapus, « Le service public et la puissance publique », *RDP* 1968, p. 235.
4. B. Chenot, « L'existentialisme et le droit », *RFSP* 1953, p. 57.

Sous-section 3

LES CARACTÈRES DU DROIT ADMINISTRATIF

Outre les conditions historiques d'apparition de ce droit, ses caractères expliquent la difficulté à le réduire à un concept fondateur. Profondément différent du droit privé car construit par un juge spécial, le droit administratif est autonome et essentiellement jurisprudentiel.

La question de l'autonomie ou de la dérogation du droit administratif par rapport au droit privé est aussi ancienne que fondamentale (voir *Exorbitance*, p. 305). Considérer ce droit comme dérogatoire signifie qu'il est une exception à un droit commun qui, par ailleurs, demeure. Sauf texte ou nécessité imposant l'application du droit administratif, le droit commun, c'est-à-dire le droit privé, doit donc l'emporter. Mais une telle présentation est exagérément restrictive pour le droit administratif, réduit à n'être qu'un droit subsidiaire. Elle correspond au système britannique actuel où, à côté de la *Common Law*, s'élabore peu à peu un droit propre à l'administration. Telle était également la conception initiale en France, où le droit privé était souvent défini en jurisprudence comme le droit commun.

Présenter le droit administratif comme autonome, c'est souligner l'originalité de ce droit, élaboré sans référence à un autre, et affirmer l'existence de *deux* droits communs, régissant l'un les rapports entre particuliers, l'autre les rapports entre ces derniers et l'administration. Charles Eisenmann a dénoncé cette conception en affirmant que le droit administratif est l'ensemble des règles de droit dont l'administration est le sujet actif ou passif[1]. La critique ne vaut que dans la mesure où l'on accepte sa définition du droit administratif. Conçu ici

---

1. C. Eisenmann, « Définition et structure du droit administratif », *Cours de DES 1951-1952*, LGDJ, 1982, t. 1, p. 98.

comme le droit spécifique applicable à l'administration au sens matériel, il ne peut être qu'autonome, même lorsque le juge administratif s'inspire volontairement des règles du droit privé.

Le second caractère du droit administratif est d'être essentiellement jurisprudentiel. Des textes de plus en plus nombreux, d'origine interne ou internationale, traitent certes de matières administratives ; mais ils ne visent le plus souvent que des aspects techniques (compétences, procédures, formes...) en renvoyant implicitement aux notions de base du droit administratif (acte unilatéral, contrat administratif, agent public, domaine public...) qui, elles, ont été forgées par le juge administratif. La compréhension et la maîtrise du droit administratif sont donc impossibles à qui ne s'intéresse qu'aux textes. Le processus d'intense codification entamé ces dernières années n'y changera rien. La tâche en serait d'ailleurs impossible tant les règles qui se dégagent de la jurisprudence sont subtiles et nuancées. Les juges ne pouvant procéder par *arrêts de règlement*, ce droit n'a pu en effet être formulé qu'au gré des litiges. Il est, en conséquence, d'accès difficile, puisque contenu dans deux siècles de jugements des juridictions administratives. Les règles du droit administratif y gagnent en souplesse. Elles épousent les évolutions de la société, tant il est vrai que ce droit est « l'ombre de l'État éclairé par la lumière du siècle [1] ».

Les conséquences du caractère essentiellement jurisprudentiel de ce droit se prolongent jusque dans sa présentation pédagogique : il n'y a pas, au fond, de première étape ni de terme assigné. Par quelque point que l'on engage sa présentation, des anticipations et des renvois seront nécessaires tant les notions qui le constituent sont étroitement liées. Un souci pédagogique nous conduira cependant à examiner successivement

1. J. Boulouis, « Supprimer le droit administratif ? », *Pouvoirs*, n° 46, p. 12.

dans ce premier tome les sources de ce droit (première partie), l'ordre juridictionnel administratif (deuxième partie) et la compétence de cet ordre (troisième partie). Le second tome sera consacré à l'étude des fins, des moyens puis des limites de l'action administrative.

Première partie

LES SOURCES DU DROIT ADMINISTRATIF

Le caractère essentiellement jurisprudentiel du droit administratif souligné en introduction ne signifie pas qu'il est exclusivement issu de l'œuvre prétorienne. Celle-ci n'est, quantitativement, qu'une source parmi d'autres, même si, qualitativement, elle a fourni à ce droit ses structures fondamentales. S'il importe donc de n'en négliger aucune, l'étude ne peut néanmoins porter que sur les sources *formelles*, au détriment des sources réelles ou matérielles. Certes, ces dernières sont fort intéressantes du point de vue de la « génétique » du droit [1], parce qu'elles conduisent à prendre en considération les éléments physiques, psychologiques, sociologiques, philosophiques, politiques, économiques ou historiques qui influent sur l'élaboration comme sur l'application de tout système juridique. Mais une telle étude ne saurait trouver sa place dans un manuel destiné à présenter le programme de deuxième année. Elle ne peut d'ailleurs être menée à bien par le seul juriste et suppose, en tout état de cause, de maîtriser les concepts et les méthodes du raisonnement juridique. C'est pourquoi les développements suivants ne s'intéressent qu'aux sources dites formelles. Il s'agit de présenter les formes sous l'action desquelles la règle naît au droit, le moule officiel qui préside, positivement, à

1. G. Ripert, *Les Forces créatrices du droit*, LGDJ, 1955, p. 80.

l'élaboration, à l'énoncé et à l'adoption d'une règle de droit [1].

Il existe ainsi principalement quatre sources formelles du droit administratif, dont la valeur juridique va décroissant [2], et dont les plus hautes ont été affermies au détriment d'autres, affaiblies par les évolutions récentes.

1. G. Cornu (dir.), *Vocabulaire juridique*, PUF, 2018, V° « Source ».
2. D. de Béchillon, *Hiérarchie des normes et hiérarchie des fonctions normatives de l'État*, Economica, « Droit public positif », 1996.

Chapitre I

LES SOURCES AFFERMIES

Paradoxalement, les deux sources les plus hautes dans notre ordre juridique, la Constitution et les traités internationaux, n'ont pendant longtemps pu déployer toute leur autorité en droit administratif. Un regard sur la jeune histoire du droit administratif moderne fait apparaître que les juridictions administratives, dans leur préoccupation de mieux soumettre l'administration au droit, ont procédé par étapes. Cela s'est traduit d'abord par l'affirmation de l'existence d'une hiérarchie, au sein de la structure administrative, entre les différents échelons de décision. Les régimes autoritaires que connut la France durant les deux tiers du XIXe siècle et qui privilégiaient le pouvoir exécutif au détriment du pouvoir législatif ont justifié cette première phase de la jurisprudence. Puis, avec les progrès de la démocratie et l'avènement de régimes parlementaires, le juge s'est efforcé d'assujettir l'administration au respect de l'expression de la volonté générale, au respect de la loi. La IIIe République, dont bien des grands textes inspirent encore notre système juridique, a marqué nettement cet élargissement et ce rehaussement du *bloc de légalité*. Par la suite, définitivement accepté tant par les justiciables que par l'administration, le juge administratif a cherché à suppléer les lacunes du droit écrit en consacrant par lui-même divers principes généraux du droit, parfois fondamentaux.

En revanche, la Constitution et les traités internationaux, sans être absolument ignorés, ne furent jusqu'au dernier tiers du XXe siècle que des sources subsidiaires du droit administratif. Le bloc de légalité « classique » suffisait à résoudre l'immense majorité des litiges sans qu'il soit besoin de se tourner vers ces deux sources à l'autorité impressionnante mais à la normativité incertaine. Le mouvement de promotion des sources du droit administratif, constaté depuis le début du XIXe siècle et sans doute lié tant à l'élargissement des activités administratives qu'à la prise de conscience de l'unité de l'ordre juridique, s'est toutefois poursuivi. Les réticences du juge administratif à l'égard des normes constitutionnelles et internationales ont ainsi progressivement disparu. Il en résulte un affermissement, certes variable, de ces deux sources formelles [1], pour le plus grand profit des plaideurs dont l'argumentation s'est considérablement enrichie.

Section I

Les normes constitutionnelles

En mettant en lumière les bases constitutionnelles du droit administratif, le doyen Vedel a proposé de définir celui-ci en le rattachant, dans son fondement même, à la Constitution [2]. Attaché à présenter le droit administratif comme le droit de la puissance publique, il a été le premier à souligner la nécessité d'intégrer au bloc de légalité des normes de rang constitutionnel, tant pour mieux asseoir la légitimité de l'action administrative que pour soumettre celle-ci à leur respect. Élaborée sur la base des Constitutions des IIIe et IVe Républiques, puis

1. R. Chapus, « L'administration et son juge. Ce qui change », *EDCE* 1992, n° 43, spéc. p. 271.

2. G. Vedel, « Les bases constitutionnelles du droit administratif », *EDCE*, n° 8, p. 21, et G. Vedel et P. Delvolvé, *Droit administratif*, *op. cit.*, p. 25.

corrigée pour tenir compte des évolutions impliquées par notre loi fondamentale actuelle [1], sa démonstration s'appuie sur certaines prescriptions constitutionnelles relatives aux activités du gouvernement (au sein desquelles doit être distinguée l'administration proprement dite), à la répartition des compétences au sein du pouvoir exécutif ou à l'étendue des domaines respectifs de la loi et du règlement. Il est manifeste que notre ordre constitutionnel concerne bien des éléments du droit administratif, ce qui conduit à s'interroger sur les modalités du respect des normes constitutionnelles en droit administratif.

Sous-section 1

LES NORMES CONSTITUTIONNELLES DE DROIT ADMINISTRATIF

Sans pour autant s'en désintéresser, le corps même de la Constitution du 4 octobre 1958 n'est pas particulièrement riche en dispositions intéressant directement le droit administratif. Il renferme néanmoins d'indispensables indications sur la répartition des compétences entre le pouvoir législatif et le pouvoir réglementaire : les articles 34 et 37 alinéa 1er répartissent les domaines de l'activité normative étatique entre ces deux pouvoirs tandis que les articles 37 alinéa 2, 38 et 41 prévoient un certain nombre de procédures garantissant le respect de cette répartition (CE 1er décembre 1997, *CPAM de la Sarthe, RFDA* 1998, p. 215 ; voir *infra*, chap. II). D'autres dispositions constitutionnelles, les articles 13 et 21, distribuent entre les deux autorités composant le pouvoir exécutif, le Président de la République et le Premier ministre, l'exercice du pouvoir réglementaire soumis, à ce niveau-là, à des exigences de

1. C. Eisenmann, « La théorie des bases constitutionnelles du droit administratif français », *RDP* 1972, p. 1345.

contreseing (articles 19 et 22). Le Conseil d'État est par ailleurs mentionné dans le texte constitutionnel au sujet de ses attributions tant juridictionnelles (articles 61-1 et 74 alinéa 3) que consultatives (notamment aux articles 37 alinéa 2, 38 alinéa 2, 39 alinéa 2 et 5, 74-1 alinéa 2 et 76 alinéa 3).

Outre ces divers éléments d'ordre institutionnel, la Constitution contient quelques principes de fond s'imposant, directement ou indirectement, à l'action administrative. Les principes d'égalité devant la loi (article 1), d'universalité, d'égalité et de secret du suffrage (article 3 ; CE Ass. 13 novembre 1998, *Le Déaut*, p. 396, *RFDA* 1999, p. 826, concl. Touvet), de libre administration des collectivités locales, d'exercice par le représentant de l'État d'un contrôle administratif (articles 34 et 72 ; CE Sect. 28 février 1997, *Commune du Port*, p. 61) ou de supériorité des traités internationaux sur les lois (article 55, voir *infra*, section II) illustrent cette catégorie.

Il convient de reconnaître cependant que le préambule de l'actuelle Constitution, bien que très bref, est beaucoup plus fécond. Cela tient au fait que le peuple français y « proclame solennellement son attachement aux droits de l'homme et aux principes de la souveraineté nationale tels qu'ils ont été définis par la Déclaration de 1789, confirmés et complétés par le préambule de la Constitution de 1946, ainsi qu'aux droits et devoirs définis dans la Charte de l'environnement de 2004 ». Le renvoi ainsi opéré au profit de ces déclarations de droits a permis d'étoffer la catégorie des normes constitutionnelles touchant au droit administratif. C'était à la condition, néanmoins, que soient reconnues la valeur juridique des dispositions auxquelles il est ainsi renvoyé, et donc leur effectivité en tant que sources du droit administratif.

A. La normativité du préambule

Pour reconnaître la normativité du préambule, il importait, en premier lieu, de savoir si ce texte et ceux auxquels il renvoie ont valeur constitutionnelle. Une réponse positive a logiquement prévalu sous l'empire de la Constitution du 27 octobre 1946 qui prévoyait explicitement la jouissance des droits et libertés garantis par le préambule (article 81). Le Conseil d'État a dès lors accepté d'appliquer les dispositions dudit préambule, notamment celle consacrant le droit de grève (CE Ass. 7 juillet 1950, *Dehaene*, p. 426 ; *RDP* 1950, p. 691, concl. Gazier, note Waline ; *GAJA*, n° 57).

Aucune disposition de l'actuelle Constitution ne prévoit aussi clairement que la précédente la valeur normative de son préambule. Il ressort même des travaux préparatoires une certaine hostilité à ce sujet. Cependant, plusieurs éléments incitent à ne pas rétrécir le bloc de constitutionnalité. D'une part, l'interdiction faite par la Constitution de 1946 au Comité constitutionnel, ancêtre du Conseil constitutionnel actuel, de censurer une loi pour contrariété au préambule ne figure pas dans l'actuelle Constitution. Cela semble manifester *a contrario* la volonté d'intégrer le préambule au bloc de constitutionnalité. D'autre part, le pouvoir réglementaire autonome (voir *infra*, p. 98), innovation symbolique de l'actuel régime, ne saurait échapper à toute contrainte juridique. Il doit donc, comme le pouvoir législatif, être soumis à des normes supérieures, qui ne sauraient, par hypothèse, être des lois. Outre les principes généraux du droit et les traités, ces normes de référence incluent logiquement le bloc de constitutionnalité. Les juges administratifs d'abord (CE Sect. 12 février 1960, *Société Eky*, p. 101 ; *S.* 1960, III, p. 131, concl. Kahn), le Conseil constitutionnel peu après (CC 71-44 DC du 16 juillet 1971, p. 29 ; *AJDA* 1971, p. 537, note Rivero) ont, en conséquence, confirmé la valeur constitutionnelle du préambule de la Constitution de 1958 et des textes auxquels il renvoie.

Cela les a conduits à examiner, en second lieu, la question de l'applicabilité des dispositions ainsi intégrées au bloc de constitutionnalité. Bien des articles de la Déclaration de 1789, du préambule de la Constitution de 1946 ou de la Charte de l'environnement sont, en effet, formulés de façon fort générale, voire incantatoire. Il est parfois légitime de douter de leur capacité à créer directement des droits dans le chef des individus. Or, si tel n'était pas le cas, ces derniers seraient irrecevables à les opposer à l'administration, notamment à l'occasion d'un litige. Il en va ainsi, parmi les dispositions du préambule de la Constitution de 1946, du principe en vertu duquel la nation assure à l'individu et à la famille les conditions nécessaires à leur développement (al. 10), du droit de l'enfant, de la mère et des vieux travailleurs à la protection de la santé, à la sécurité matérielle, au repos et aux loisirs (al. 11) ou du principe de solidarité et d'égalité de tous les Français devant les charges qui résultent des calamités nationales (al. 12). Nul ne contestera que, pris à la lettre, ces principes ne reflètent qu'un idéal dont on imagine mal qu'il puisse être exigé de la puissance publique.

L'*applicabilité* directe de telles dispositions, c'est-à-dire le droit pour des individus d'en réclamer le bénéfice et de les opposer à la puissance publique, est appréciée par le juge administratif qui se fonde, comme en matière de traités internationaux (voir *infra*, p. 56), sur leur suffisante précision. Il a ainsi reconnu l'applicabilité directe des deux premiers droits précédemment cités (CE Ass. 8 décembre 1978, *GISTI, CFDT et CGT*, p. 493, concl. Dondoux ; *GAJA*, n° 80) mais considéré que le troisième ne peut servir de base à une action contentieuse en indemnité, en l'absence de disposition législative précise en assurant l'application (CE Sect. 29 novembre 1968, *Tallagrand*, p. 607 ; voir aussi CE 22 janvier 1997, *Société hôtelière de l'Anse heureuse*, req. n° 175215). Il fut également longtemps réticent à reconnaître l'opposabilité du droit, pourtant relativement bien défini, pour tout homme persécuté en raison de son action en faveur de la liberté, à l'asile sur les territoires de la République (al. 4 ; CE 27 septembre 1985, *France Terre d'asile*, p. 263), avant de consacrer, à la suite du Conseil constitutionnel (CC 92-307 DC du 25 février 1992, p. 48), le droit constitutionnel d'asile (CE Sect. 7 février 2007, *Ligue des droits de l'Homme*, *AJDA* 2007, p. 814, note Lecucq). Ces solutions jurisprudentielles s'expliquent parfois par la réticence du juge à rendre directement applicables des principes, certes de valeur constitutionnelle, mais non réaffirmés et concrétisés dans des textes de loi, réticence compréhensible lorsque lesdits principes touchent à des questions de souveraineté nationale, comme en matière d'asile (objet depuis 1993 de l'article 53-1 de la Constitution). Leur normativité ne saurait être reconnue sans hésitation, surtout lorsque, comme devant le juge administratif, ils servent au contrôle de l'action administrative.

B. Les principes du préambule

Dotés, ainsi que cela vient d'être évoqué, d'une valeur constitutionnelle, souvent immédiatement applicables, les principes intéressant le droit administratif et issus du préambule de la Constitution se rangent en quatre catégories.

Les premiers sont énoncés dans la Déclaration des droits de l'homme et du citoyen de 1789. Certains d'entre eux sont des principes « gigognes », déclinés en plusieurs corollaires. Ainsi du principe d'égalité proclamé à l'article 1er de la Déclaration (CC 75-31 DC du 27 décembre 1973, p. 25), réaffirmé à l'article 6 en matière d'accès aux emplois publics (CE 21 décembre 1991, *Amicale des anciens élèves de l'ENS de Saint-Cloud*, p. 378) et à l'article 13 à propos des charges publiques

(CC 90-285 DC du 28 décembre 1990, p. 95), qui recouvre encore l'égalité devant la justice (CC 75-56 DC du 23 juillet 1975, p. 22), ou l'égalité des usagers devant le service public (CC 86-217 DC du 18 septembre 1986, p. 141). De la même façon, le principe de liberté, consacré par l'article 4 de la Déclaration, inclut notamment la liberté d'aller et venir (CE 9 juin 1999, *Melles Bouayad*, *RFDA* 1999, p. 882), la liberté religieuse (article 10 ; CE Ass. 14 avril 1995, *Koen*, p. 168, concl. Aguila) ou la liberté d'entreprendre (CC 81-132 DC du 16 janvier 1982, p. 18). Le droit de propriété bénéficie, quant à lui, d'une protection très solennellement affirmée par l'article 17 de la Déclaration ; il protège tant les biens privés contre les atteintes de la puissance publique que les biens publics eux-mêmes (CC 86-207 DC des 25 et 26 juin 1986, p. 61). D'autres articles peuvent indirectement concerner le droit administratif, tel, par exemple, le troisième selon lequel « le principe de toute souveraineté réside essentiellement dans la nation », et qui impose notamment une participation seulement minoritaire de personnes de nationalité étrangère au sein des juridictions françaises, entre autres administratives (CC 98-399 DC du 5 mai 1998, p. 245), lesquelles rendent la justice « au nom du peuple français ».

La deuxième catégorie de principes constitutionnels est issue du préambule de la Constitution du 27 octobre 1946, qui proclame divers principes politiques, économiques et sociaux « particulièrement nécessaires à notre temps ». Si certains d'entre eux, par leur caractère individualiste, se rattachent à la philosophie de la Déclaration de 1789 (égalité des sexes : CE 26 juin 1989, *Fédération des syndicats généraux de l'éducation nationale*, p. 152 ; *RFDA* 1990, p. 39, concl. Laroque ; droit d'asile : CC 93-325 DC du 13 août 1993, p. 224 ; droit de mener une vie familiale normale : CE Ass. 8 décembre 1978, *GISTI, CFDT et CGT*, préc.), les autres s'adressent à l'individu en tant que membre de la société (droit syndical : CC 89-257 DC du 23 juillet

1989, p. 59 ; droit de grève : CE Ass. 7 juillet 1950, *Dehaene*, préc. ; droit à la protection de la santé : CC 89-269 DC du 22 janvier 1990, p. 33) ce qui peut viser, notamment, l'administré.

La troisième catégorie est également la moins précise. Elle regroupe ce que le préambule de la Constitution de 1946 appelle, sans en donner la moindre illustration, « les principes fondamentaux reconnus par les lois de la République [1] ». La formule a néanmoins servi aux juges pour dégager un certain nombre de principes dont le caractère fondamental justifie la valeur constitutionnelle et qui peuvent intéresser le droit administratif. Même si les juges disposent d'une relative liberté pour nourrir cette catégorie, ils sont tenus par certaines conditions. Le principe doit d'abord avoir été consacré, même implicitement ou indirectement, dans une (indépendance des professeurs d'université : CC 83-165 DC du 20 janvier 1984, p. 30) ou plusieurs lois. Ces dernières doivent, par ailleurs, avoir été adoptées sous un régime républicain et, plus précisément, sous une République antérieure à la IVe. Cette dernière condition découle du fait que le constituant de 1946 n'a pu souhaiter donner valeur constitutionnelle qu'à des principes existant à son époque, et non à des principes contenus dans des lois futures.

Trois remarques s'imposent. Du point de vue matériel, la conjonction des conditions précitées conduit le plus souvent à se référer aux lois votées sous la IIIe République, période d'intense et rapide progrès des libertés. La nécessaire intervention des juges pour attribuer la qualité de principe fondamental reconnu par les lois de la République ne remet pas en cause la nature intrinsèque de ces principes : il s'agit non de principes d'origine jurisprudentielle mais bien de principes de

1. B. Genevois, « Une catégorie de principes de valeur constitutionnelle : les principes fondamentaux reconnus par les lois de la République », *RFDA* 1998, p. 477.

droit écrit. Toutefois, bien que d'origine légale et identifiés par des juges, ils sont dotés, par le préambule de la Constitution de 1946, d'une valeur constitutionnelle.

C'est le Conseil d'État qui a ouvert la voie en reconnaissant, dès 1956, la valeur constitutionnelle de la liberté d'association (CE Ass. 11 juillet 1956, *Amicale des Annamites de Paris*, p. 317) avant que le Conseil constitutionnel ne lui emboîte le pas à propos de la même liberté (CC 71-44 DC du 16 juillet 1971, p. 29) et ne complète ultérieurement la catégorie (droits de la défense : CC 76-70 DC du 2 décembre 1976, p. 39 ; liberté de l'enseignement : CC 77-87 DC du 23 novembre 1977, p. 42 ; indépendance de la juridiction administrative : CC 80-119 DC du 22 juillet 1980, p. 46 ; délimitation de la compétence constitutionnelle des juridictions administratives : CC 86-224 DC du 23 janvier 1987, p. 8 ; droit d'exercer des recours : CC 93-335 DC du 21 janvier 1994, p. 40). Il ne faut néanmoins pas en conclure à un monopole actuel du juge constitutionnel dans la formulation de tels principes. Le Conseil d'État n'a pas hésité à en consacrer un en matière d'extradition dans un but politique (CE Ass. 3 juillet 1996, *Koné*, p. 255 ; *GAJA*, n° 90 ; *RFDA* 1996, p. 870, concl. Delarue). La faculté d'identifier ces principes est donnée à tout juge, tenu, par le principe énoncé à l'article 4 du Code civil, de statuer sans pouvoir se retrancher derrière le silence ou l'obscurité des lois, et n'appartient pas en propre au Conseil constitutionnel. Ce dernier est certes le seul juge de la constitutionnalité des lois, il n'est pas, en revanche, juge du respect de la Constitution par les actes administratifs [1].

La quatrième catégorie de principes auxquels renvoie le préambule de l'actuelle Constitution est la plus récente. Elle comprend non seulement des droits mais aussi des devoirs qu'énonce la Charte de l'environnement, entrée

---

1. L. Favoreu et T.S. Renoux, *Le Contentieux constitutionnel des actes administratifs*, Sirey, 1992.

en vigueur le 1er mars 2005. Le Conseil constitutionnel (CC 2008-564 DC du 19 juin 2008) puis le Conseil d'État (CE Ass. 3 octobre 2008, *Commune d'Annecy*, p. 322 ; *RFDA* 2008, p. 1147, concl. Aguila et note Janicot ; *GAJA*, n° 106) ont reconnu la valeur constitutionnelle de toutes les dispositions de ce texte qui comprend des dispositions intéressant directement les autorités administratives (par exemple, article 5 : principe de précaution ; article 7 : principe d'information et de participation en matière environnementale). L'instauration du mécanisme de la question prioritaire de constitutionnalité (voir *infra*, p. 111) pourrait donner à cette Charte une effectivité supérieure à celle que lui conférait jusqu'à présent le contrôle indirect de l'abrogation des lois.

Cela conduit à examiner les mécanismes du respect des normes constitutionnelles en tant que sources du droit administratif.

Sous-section 2

LE RESPECT DES NORMES CONSTITUTIONNELLES EN DROIT ADMINISTRATIF

La prise en compte des normes constitutionnelles comme sources du droit administratif implique que leur suprématie dans la hiérarchie des normes puisse être sanctionnée par le juge administratif. Encore faut-il que la norme constitutionnelle en cause lui soit accessible, ce qui suppose qu'entre elle et l'acte administratif dont il est saisi ne s'interpose aucun « écran ». La Constitution déployant ses effets dans toutes les branches du droit, de multiples juges sont habilités à en imposer le respect et, compte tenu de la rédaction fréquemment générale de ses dispositions, à l'interpréter. La pluralité des interprètes de la loi fondamentale ne manque pas de soulever quelques difficultés.

A. Le déclin de la théorie de la loi-écran

Norme suprême dans l'ordre interne (voir *infra*, p. 59-69), la Constitution s'impose aux autorités administratives et aux actes que celles-ci édictent. Il appartient au juge administratif de veiller à leur conformité aux exigences du bloc de constitutionnalité. Ainsi le pouvoir réglementaire que détiennent certaines autorités administratives ne saurait être exercé dans les matières que l'article 34 réserve à la compétence du pouvoir législatif (CE 21 novembre 2008, *Union des chirurgiens de France*, p. 430).

Il est fréquent, cependant, que l'acte administratif suspect d'inconstitutionnalité ait été édicté conformément à une loi, dans la mesure où le pouvoir réglementaire est le plus souvent exercé pour assurer l'exécution de lois. En cette hypothèse, statuer sur la constitutionnalité de l'acte administratif revient à examiner celle de la loi, qui s'interpose entre l'acte attaqué et la Constitution. Or les juges administratifs et judiciaires, se considérant comme des garants du respect des lois, refusent de contrôler la conformité d'une loi à un principe de valeur constitutionnelle (CE Sect. 6 novembre 1936, *Arrighi*, p. 966 ; *D.* 1938, III, p. 1, concl. Latournerie, note Eisenmann). Cette position, qualifiée de théorie de la « loi-écran », les a longtemps contraints non seulement à ne pas censurer la violation de la Constitution par les actes administratifs pris en exécution de lois, mais encore à veiller au respect de ces lois, seraient-elles inconstitutionnelles, par les autorités administratives. La loi, cause de l'inconstitutionnalité, « couvrait » l'acte administratif pris sur son fondement. Le moyen tendant à exciper de l'inconstitutionnalité de la loi pour faire annuler l'acte administratif, « inutile », était considéré comme inopérant (CE 18 novembre 2009, *Communauté d'agglomération Perpignan, Méditerranée*, req. 320465).

Le principe révolutionnaire selon lequel la loi est l'expression de la volonté générale et celui de la séparation des pouvoirs sont classiquement invoqués à l'appui de la théorie de la « loi-écran ». L'existence contemporaine d'une juridiction spéciale chargée du contrôle de la constitutionnalité des lois lui a apporté un argument supplémentaire. D'une part, elle semble confirmer l'incompétence des juridictions ordinaires en cette matière ; d'autre part, elle laisse espérer le déclin des hypothèses d'inconstitutionnalité législative. Toutefois, le contrôle préventif confié au Conseil constitutionnel, qui n'est exercé que sur saisine de diverses autorités et non systématiquement, ne garantit pas la constitutionnalité de l'ensemble des lois promulguées.

Cette situation, aboutissant à l'ineffectivité de certains droits de valeur constitutionnelle, a été progressivement remise en cause jusqu'à l'entrée en vigueur, le 1er mars 2010, de la « question prioritaire de constitutionnalité ». Tout d'abord, il est parfois possible au juge administratif d'interpréter la loi de manière à neutraliser son éventuelle inconstitutionnalité. Cela transparaît dans un fameux arrêt par lequel le Conseil d'État a estimé qu'une loi, excluant explicitement tout recours contre l'octroi d'une concession, « n'a pas exclu le recours pour excès de pouvoir devant le Conseil d'État [...], recours qui est ouvert même sans texte contre tout acte administratif » (CE Ass. 17 février 1950, *Dame Lamotte*, p. 110 ; *RDP* 1951, p. 478, concl. Delvolvé, note Waline ; *GAJA*, n° 56). Si, pour l'occasion, la haute juridiction s'est appuyée sur un principe général du droit, nul doute que le raisonnement devrait être aujourd'hui fondé sur le droit d'exercer des recours de valeur constitutionnelle (CC 93-335 DC du 21 janvier 1994, p. 40). Une loi similaire à celle en cause en 1950 serait neutralisée par une interprétation conforme à ce droit. La théorie de l'écran législatif ne saurait ensuite concerner les règlements autonomes (voir *infra*, p. 98) qui interviennent, par hypothèse, dans des domaines excluant la compétence du législateur. N'étant pas subordonnés à la loi, ils ont pour seules normes de référence celles composant le bloc de constitutionnalité, les traités et les principes généraux du droit [1]. Par ailleurs, le juge administratif considère parfois que l'écran législatif est transparent et, en conséquence, vérifie directement la conformité de l'acte administratif à la Constitution. Il en va ainsi lorsque la loi, sur le fondement de laquelle il est intervenu, s'est bornée à renvoyer à l'autorité réglementaire le soin de poser certaines règles sans contenir elle-même la moindre norme de fond. Les éventuels vices de constitutionnalité ne peuvent donc être imputés qu'à l'autorité réglementaire (CE 17 mai 1991, *Quintin, RDP* 1991, p. 1429, concl. Abraham). Dans son dernier état, la jurisprudence retient une conception particulièrement extensive de l'écran transparent (et par contrecoup particulièrement réductrice de l'écran), puisqu'elle considère que la loi présente cette qualité dès lors que l'acte réglementaire contesté ne s'est pas borné à réitérer une règle définie par les dispositions législatives (dans le cadre du contrôle de conventionnalité, voir CE 6 décembre 2012, *Société Air Algérie*, *AJDA* 2012, p. 2380, chr. Domino et Bretonneau ; dans le cadre du contrôle de constitutionnalité, voir CE Ass. 12 juillet 2013, *Fédération nationale de la pêche en France*, *RFDA* 2014, p. 97, concl. Cortot-Boucher, note Robbe). Au surplus, le juge administratif estime classiquement que l'écran législatif ne saurait apparaître qu'en présence d'une loi postérieure à la norme constitutionnelle invoquée. En cas contraire, il considère que la norme constitutionnelle doit prévaloir parce qu'elle est plus récente et qu'il

1. R. Chapus, « De la soumission au droit des règlements autonomes », *D.* 1960, chr., p. 119.

est compétent pour constater qu'elle a implicitement mais nécessairement abrogé la disposition législative antérieure. Il fonde sa compétence sur la considération qu'il n'assure pas alors la suprématie de la norme supérieure mais qu'il se borne à faire respecter un principe classique de résolution des conflits de lois dans le temps (*lex posterior derogat priori*). Cependant, outre le fait que le mécanisme d'abrogation implicite ne joue que lorsque la loi et la Constitution apparaissent inconciliables (CE Ass. 16 décembre 2005, *Ministre des affaires sociales et Syndicat national des huissiers de justice*, p. 570, *RFDA* 2006, p. 41, concl. Stahl), il n'est pas exclu que le juge administratif lui préfère désormais le mécanisme de la question prioritaire de constitutionnalité (voir CE Sect. 8 octobre 2010, *Daoudi*, *RFDA* 2011, p. 353, art. Eveillard).

Mais le premier recul significatif de la théorie de la « loi écran » a résulté de la réduction de son champ d'application. Sur son fondement, le juge a longtemps refusé de contrôler la conformité d'actes administratifs à des traités internationaux dès lors que les premiers pouvaient s'appuyer sur une loi. La loi était alors à l'abri de tout examen par les juridictions ordinaires, que ce soit par rapport à la Constitution ou par rapport aux normes internationales. L'admission généralisée du contrôle de la compatibilité des lois avec les traités (CE Ass. 20 octobre 1989, *Nicolo*, p. 190, concl. Frydman ; voir *infra* p. 84 ; *GAJA*, n° 84) a marqué un net recul de l'écran législatif (B. Genevois, « Le Conseil d'État n'est pas le censeur de la loi au regard de la Constitution », *RFDA* 2000, p. 715).

Considérablement atténuée dans sa portée pratique depuis lors, la théorie de la loi-écran n'en apparaissait que plus archaïque et indigne d'un État de droit. Après l'échec de deux tentatives, la révision de la Constitution opérée en 2008 a introduit la question prioritaire de constitutionnalité pour surmonter la réticence des juridictions ordinaires à l'abandonner. Depuis le 1er mars 2010, les justiciables ont la possibilité, à l'occasion des recours dont ils saisissent les juridictions judiciaires ou administratives, de faire valoir qu'une disposition législative, en cause dans le litige, porte atteinte aux droits et libertés garantis par la Constitution (article 61-1 Constitution). S'il estime la question sérieuse, le Conseil d'État ou la Cour de cassation peut alors décider de la renvoyer au Conseil constitutionnel. En cas d'inconstitutionnalité, ce dernier prononce l'abrogation de la disposition législative et le juge du fond tranche le litige en écartant la loi en cause. Les juridictions administratives et judiciaires ne sont ainsi pas plus qu'avant juges de la constitutionnalité des lois mais le contrôle de cette dernière est désormais complet : au classique contrôle *a priori* et abstrait s'ajoute enfin un contrôle *a posteriori* et concret (du moins en théorie) confié au même organe.

B. L'interprétation de la Constitution

Le bloc de constitutionnalité est formé de dispositions souvent générales dont le sens n'est pas évident, voire de règles qui ne sont pas explicitées mais désignées abstraitement. Les principes fondamentaux reconnus par les lois de la République, simplement évoqués dans le préambule de la Constitution de 1946, en fournissent l'illustration la plus probante. Dans de telles hypothèses, une interprétation est indispensable pour assurer l'effectivité de la volonté du constituant. Le pouvoir d'interprétation appelle quelques développements quant à ses titulaires et à l'autorité de son exercice.

Applicable directement pour l'essentiel, la Constitution s'impose à toutes les juridictions qui sont tenues de l'interpréter en cas d'ambiguïté de sens. Outre le Conseil constitutionnel, sont donc compétents en la matière les juges administratifs comme les juges judiciaires. Les premiers sont souvent amenés à interpréter les dispositions constitutionnelles intéressant le droit administratif, comme la notion de *ministre responsable* chargé de contresigner les actes du Président de la République (article 19 ; CE Sect. 10 juin 1966, *Pelon*, p. 384 ; *AJDA* 1966, p. 492, concl. Galabert) ou celle de *catégorie d'établissements publics* déterminant la compétence du pouvoir législatif (article 34 ; CE Sect. 27 septembre 2006, *Bayrou et autres*, p. 404, concl. Glaser).

La pluralité des interprètes de la Constitution suscite un risque de divergences d'interprétation qui s'est, fort heureusement, très rarement réalisé [1]. La notion de catégorie d'établissements publics a ainsi donné lieu à des hésitations du Conseil d'État, qui ajoute parfois aux critères retenus par le Conseil constitutionnel (CC 89-162 L du 5 décembre 1989, p. 100) celui de l'identité de nature (administrative ou industrielle et commerciale) du service public géré. Une opposition, plus marquée mais temporaire, a porté sur la compétence du pouvoir réglementaire pour modifier des dispositions réglementaires sanctionnées par des peines correctionnelles. L'article 34 réservant au législateur « la détermination des crimes et délits », le Conseil d'État en a déduit l'incompétence de l'autorité réglementaire (CE Ass. 3 février 1967, *Confédération générale des vignerons du Midi*, p. 55), contredisant ainsi de précédentes décisions du Conseil constitutionnel (CC 64-28 L du 17 mars 1964, p. 35), mais emportant peu après la conviction de ce dernier (CC 69-55 L du 26 juin 1969, p. 27). Une issue inverse a résolu la profonde divergence d'interprétation entre les deux hautes juridictions au sujet du juge compétent pour garantir le respect des traités internationaux par les lois postérieures (voir *infra*, p. 80-84).

L'existence de telles divergences peut étonner au regard de l'article 62 de la Constitution selon lequel les

1. G. Vedel, « Réflexions sur quelques apports de la jurisprudence du Conseil d'État à la jurisprudence du Conseil constitutionnel », *Mélanges Chapus*, LGDJ, 1992, p. 647.

décisions du Conseil constitutionnel « s'imposent aux pouvoirs publics et à toutes les autorités administratives et juridictionnelles ». Portant sur l'*autorité des décisions*, cet article ne résout cependant pas explicitement le problème de l'autorité des *interprétations* qui les motivent. Toutefois, le Conseil constitutionnel a très tôt précisé que l'autorité en cause s'attache non seulement au dispositif de ses décisions mais également aux motifs qui en sont le soutien nécessaire (CC 61-18 L du 16 janvier 1962, p. 31), reprenant de la sorte une solution classique en matière d'autorité des décisions de justice (CE 19 novembre 1997, *Sarroub*, p. 438).

Il en résulte, pour le juge administratif, une soumission aux décisions du Conseil constitutionnel, qu'il s'agisse de l'interprétation de la Constitution ou de celle de la loi contestée, lorsqu'il doit appliquer une loi sur laquelle le juge constitutionnel s'est prononcé (CE Ass. 20 décembre 1985, *SA établissements Outters*, p. 382 ; *RFDA* 1986, p. 513, concl. Martin ; CE 6 mai 2009, *FNATH et autres*, *AJDA* 2010, p. 283, note Rihal). En revanche, le juge administratif ne s'estime pas juridiquement lié par les interprétations du Conseil constitutionnel lorsqu'il n'est pas saisi d'une loi précédemment examinée par ce dernier. N'étant pas lui-même juge de la constitutionnalité des lois, il se refuse à transposer hors de leur contexte des interprétations émanant du Conseil constitutionnel (CE Sect. 22 juin 2007, *Lesourd*, p. 253, concl. Olson). Cette position rejoint celle de ce dernier pour qui l'autorité d'une déclaration d'inconstitutionnalité ne peut pas, en principe, être invoquée à l'encontre d'une autre loi conçue en termes différents sauf si celle-ci a « en substance, un objet analogue » (CC 89-258 DC du 8 juillet 1989, p. 48). L'indépendance dont fait ainsi logiquement preuve le Conseil d'État n'implique cependant pas un total mépris pour les interprétations du juge constitutionnel : il n'est pas rare que les juges administratifs reprennent à leur compte des principes initialement dégagés par le

Conseil constitutionnel (CE 21 février 1996, *Mutuelle antillaise d'assurances, RFDA* 1996, p. 34 : à propos de l'exigence de mise en demeure préalable au prononcé de sanctions administratives). Réciproquement, le Conseil constitutionnel n'hésite pas, on l'a vu, à s'inspirer des solutions dégagées par la jurisprudence administrative (voir, par exemple, en matière de droit de grève, CC 79-105 DC du 25 juillet 1979, p. 33).

L'étude de la diversité des interprétations de la Constitution offre donc plus le spectacle d'une harmonieuse polyphonie que celui d'une cacophonie. Les rares discordances ont, le plus souvent, rapidement disparu, comme en a témoigné le problème du respect des normes internationales.

Section II

LES NORMES INTERNATIONALES

Le droit d'origine internationale a pris une importance quantitative non négligeable au cours des dernières décennies, notamment parmi les sources du droit administratif. La France est ainsi aujourd'hui partie à environ 7 000 traités ou accords, dont plus de 60 % d'accords bilatéraux, et le seul droit de l'Union européenne fournirait plus de 15 000 normes originaires ou dérivées. Rapportée à la totalité de l'ordonnancement juridique, la masse des normes internationales représenterait 17 % des règles le composant [1]. Cette part augmente régulièrement puisque, depuis 1992, l'Union européenne introduirait annuellement plus de normes dans notre corpus juridique que le gouvernement

1. Conseil d'État, *La Norme internationale en droit français*, La Documentation française, 2000, p. 18.

français [1] et que celui-ci conclut en moyenne environ 200 accords bilatéraux par an (contre 80 entre 1950 et 1959).

Outre le droit de l'Union européenne, dont le champ est suffisamment vaste pour embrasser, au moins indirectement, presque tous les pans du droit administratif, des traités régissent désormais les activités administratives les plus diverses (droit des étrangers, fiscalité, communication, environnement, énergie, etc.) ou imposent le respect, notamment en matière administrative, de droits reconnus aux individus (Convention européenne de sauvegarde des droits de l'homme, Pactes des Nations unies sur les droits civils et politiques ou sur les droits économiques, sociaux et culturels, Convention sur les droits de l'enfant, etc.). Avant d'examiner la qualité de sources du droit administratif des normes internationales, diverses précisions sont indispensables.

Sous-section 1

LA NOTION DE NORME INTERNATIONALE

En premier lieu, l'expression de norme internationale doit être entendue largement : elle désigne *toute norme juridique incluant un élément d'extranéité organique.* Ce type de norme n'émane donc pas de la volonté unilatérale des autorités françaises, mais résulte d'une négociation puis d'un accord de volonté entre ces autorités et celles d'un ou plusieurs autres États ou d'une organisation internationale. Ce trait distingue fondamentalement une telle norme des normes internes et autorise à rassembler sous le même vocable divers types d'actes. En relèvent évidemment les traités, conventions ou accords (le *droit originaire*) élaborés par accord entre

1. Conseil d'État, *Rapport public 1992,* La Documentation française, 1993, p. 16.

plusieurs États. Méritent également la qualification de normes internationales les actes émanant d'organisations internationales investies du pouvoir d'édicter des mesures s'imposant aux États reconnaissant ces institutions (le *droit dérivé*). L'Union européenne offre l'exemple le plus achevé de droit dérivé. Deux types d'actes à portée générale en sont le symbole. Il s'agit des *règlements européens* obligatoires dans tous leurs éléments et directement applicables dans tout État membre (article 288 alinéa 2 du traité sur le fonctionnement de l'Union européenne) et des *directives européennes* liant les États membres quant au résultat à atteindre, tout en laissant aux instances nationales la compétence quant à la forme et aux moyens d'y parvenir (article 288 alinéa 3). Outre le droit originaire et le droit dérivé, les normes internationales incluent ce qu'il est convenu d'appeler les « règles du droit public international ». La France déclare s'y conformer par le biais du préambule de la Constitution de 1946 et le statut de la Cour de justice internationale les définit comme les principes généraux du droit reconnus par les nations civilisées.

Par commodité, le terme *traité* sera le plus souvent retenu dans ce qui suit pour désigner l'*ensemble* de ces normes internationales, sauf lorsqu'une particularité de régime exigera de faire des distinctions entre elles.

En second lieu, pour être sources du droit administratif, les normes internationales doivent satisfaire à certaines conditions.

La première relève de l'évidence : pour avoir autorité en droit interne, un traité doit avoir été signé, ratifié ou approuvé puis publié (article 55 de la Constitution). Le juge administratif, devant lequel est invoqué un traité, vérifie tant l'existence des actes de signature (CE 20 octobre 1967, *Société française d'entreprise de dragage et de travaux publics*, *JCP* 1968, II, 15393, note Ruzié), d'approbation ou de ratification (CE 18 avril 1951, *Élections de Nolay*, p. 189), que leur régularité (CE Ass.

18 décembre 1998, *SARL du parc d'activités de Blotzheim*, p. 483, concl. Bachelier ; CE Ass. 5 mars 2003, *Aggoun*, *AJDA* 2003, p. 726, chr. Donnat et Casas). Par l'arrêt de 1998, le juge administratif a reconnu sa compétence à propos de ce qu'il considérait antérieurement comme des *actes de gouvernement* (CE Ass. 16 novembre 1956, *Villa*, p. 433, concl. Laurent), c'est-à-dire échappant à tout contrôle juridictionnel (voir *infra*, p. 231 et 235). Il admet en revanche depuis longtemps de vérifier l'existence et la régularité de l'acte de publication du traité (CE 30 octobre 1964, *Société Prosagor*, p. 496) qui conditionne son entrée en vigueur.

La deuxième condition résulte également de l'article 55 : l'autorité des traités est subordonnée à leur application réciproque par l'autre partie. Le Conseil d'État n'a que récemment décidé de ne plus s'en remettre à l'avis du ministre des Affaires étrangères sur cette question (CE Ass. 9 juillet 2010, *Mme Chériet-Benseghir*, *RFDA* 2010, p. 1133, concl. Dumortier, note Lachaume). Cette évolution était imposée par la Cour européenne des droits de l'homme qui interdit au juge, au nom du droit à un procès équitable, de se considérer comme lié par l'avis du ministre (CEDH 13 février 2003, *Chevrol c/ France*, *D.* 2003, p. 931, note Moutouh). Si le juge administratif interroge encore le ministre, l'avis de ce dernier n'a plus qu'une valeur indicative et doit faire l'objet d'un débat entre les parties (CE ass 19 juillet 2019, *Association des Américains accidentels*, p. 296, concl. Lallet ; *AJDA* 2019, p. 1986, chr. Malverti et Beaufils).

La troisième condition porte sur l'applicabilité des normes internationales aux particuliers et, inversement, sur l'invocation par eux de ces normes. Conclu entre des États souverains, seuls sujets du droit international, le traité n'est pas nécessairement conçu pour être directement applicable aux ressortissants desdits États. L'effet direct doit donc être vérifié par le juge saisi d'un moyen tiré d'une norme internationale. Au regard de la fréquence contemporaine de ce type de moyens, le juge administratif a jugé utile d'exposer clairement l'état du droit en la matière (CE Ass. 11 avril 2012, *GISTI et FAPIL*, *JCPA* 2012, n° 2171, note Minet). Il affirme d'abord le lien entre l'effet direct d'une norme internationale et son invocabilité, rejetant ainsi la proposition parfois faite d'admettre l'invocabilité de normes dépourvues d'effet direct dans certaines hypothèses (v. R. Abraham, concl. sur CE Sect. 23 avril 1997, *GISTI*, *RFDA* 1997, p. 585). Il précise ensuite qu'une stipulation doit être reconnue d'effet direct par le juge administratif lorsque, eu égard à l'intention exprimée des parties et à l'économie générale du traité invoqué, ainsi qu'à son contenu et à ses termes, elle n'a pas pour objet exclusif de régir les relations entre États et ne requiert l'intervention d'aucun acte complémentaire pour produire des effets à l'égard des particuliers. Cette formulation marque un certain assouplissement des conditions de reconnaissance de l'effet direct, ce d'autant que le Conseil d'État précise que la seule circonstance que la stipulation désigne les États parties comme sujets de l'obligation qu'elle définit ne suffit pas à l'écarter. À défaut d'effet direct, l'effectivité de la norme internationale en droit interne sera subordonnée à l'édiction de normes nationales d'application (CE 17 juin 2019, *Association FNATH*, req. n° 418512, Lebon Tables).

L'évaluation par les juges ordinaires de la précision suffisante de la norme internationale donne lieu à des appréciations nuancées. Il arrive qu'un traité contienne, outre des normes valant pour les seuls États parties, des normes à destination des individus dont certaines seulement seront jugées suffisamment précises pour être d'emblée applicables. La Convention des Nations unies sur les droits de l'enfant du 26 janvier 1990 en offre une illustration : le Conseil d'État juge, notamment, les articles 16 (respect de la vie privée et familiale : CE 10 mars 1995, *Demirpence*, p. 610) et 3-1 (considération primordiale à accorder à l'intérêt supérieur de l'enfant : CE 22 septembre 1997, *Mlle Cinar*, p. 319 ; *RFDA*

1998, p. 562, concl. Abraham) directement applicables mais pas les articles 3-2 et 3-3 (obligation pour l'État d'assurer la protection de l'enfant : CE Sect. 31 octobre 2008, *Section française de l'Observatoire international des prisons*, p. 374) ni l'article 9 (maintien du lien avec les parents : CE 29 juillet 1994, *Époux Abdelmoula*, p. 946 ; *AJDA* 1994, p. 841, concl. Denis-Linton). La Cour de cassation fut pour sa part longtemps réticente à reconnaître l'effet direct de certaines des stipulations de cette convention.

Même directement applicables, les normes internationales posent de délicates questions quant à leur place et à leur respect en droit administratif, en raison de l'élément d'extranéité qui les caractérise.

Sous-section 2

La place des normes internationales en droit administratif

L'article 26 de la Constitution de 1946 affirmait, pour la première fois en droit français, que « les traités diplomatiques régulièrement ratifiés et publiés ont force de loi dans le cas même où ils seraient contraires à des lois françaises ». L'article 55 de l'actuelle Constitution, en écho à cette disposition, dispose que « les traités et accords régulièrement ratifiés ou approuvés ont, dès leur publication, une autorité supérieure à celle des lois ».

Ces dispositions font-elles de la France un pays moniste ou dualiste ? Il importe de rappeler à cet égard que les systèmes *monistes* unissent le droit interne et le droit international dans un seul et même *corpus* juridique applicable globalement et directement à tous les sujets de droit. Le monisme peut cependant correspondre à une réalité profondément différente selon que l'emportent les normes internes ou internationales en cas de conflit entre elles. Il peut y avoir un monisme avec primauté du droit interne ou, inversement, un monisme avec primauté du droit international. Le *dualisme*, quant à lui, repose sur la juxtaposition entre droit interne et droit international. Il se traduit par la subordination des effets de droit des normes internationales non seulement à leur réception en droit interne par des procédures de ratification et de promulgation, mais encore à leur transposition par des normes internes seules à même de les rendre efficaces à l'égard des sujets de droit.

Les dispositions constitutionnelles précitées incitent à ranger la France au nombre des pays qui pratiquent un monisme (en l'occurrence nuancé) avec primauté du droit international. Apparemment simple, le principe consacré se révèle pourtant d'application difficile lorsque est recherchée la hiérarchie existant entre traités, Constitution et lois.

A. La place par rapport à la Constitution

Nul ne conteste la grande difficulté, tant théorique que politique, d'établir une hiérarchie entre les deux sources formelles du droit que sont la Constitution et les normes internationales. Cela tient notamment à l'existence de deux positions, d'égale valeur mais inconciliables, que les juges administratifs n'ont pu ignorer.

Il est normal que le droit international public s'intéresse à la question de la hiérarchie existant entre les normes qui le composent et les systèmes juridiques des États. L'existence d'un tel droit, conçu le plus souvent par accord entre États souverains, suppose qu'il prime sur les normes nationales contraires. Le principe de primauté s'exprime notamment dans le principe *pacta sunt servanda* (« les conventions doivent être respectées ») et sa conséquence, l'interdiction pour un État partie à un traité d'invoquer les dispositions de son droit interne pour se soustraire à ses obligations nées du traité (article 27 de la convention de Vienne sur le droit des traités du 23 mai 1969). Les juridictions internationales ont consacré nettement cette suprématie des normes internationales sur les normes internes, fussent-elles constitutionnelles. « Un État ne saurait invoquer vis-à-vis d'un autre État sa propre constitution pour se soustraire aux obligations que lui imposent le droit international ou les traités en vigueur » (Cour permanente de justice internationale, avis, 4 février 1932, *Traitement des prisonniers de guerre polonais à Dantzig*, série A/B, n° 44). « Le droit né du traité [de Rome], issu d'une source autonome, ne pourrait, en raison de sa nature, se voir judiciairement opposer des règles de droit national quelles qu'elles soient, sans perdre son caractère communautaire et sans que soit mise en cause la base juridique de la Communauté elle-même » (CJCE 17 décembre 1970, *Internationale Handelsgesellschaft*, p. 1125). Le droit international postule ainsi sa primauté sur la Constitution, laquelle, en cas de contrariété, pourrait engager la responsabilité internationale de l'État concerné.

Il est logique que le droit interne affirme de son côté la supériorité de sa norme suprême, c'est-à-dire de sa Constitution. Le socle de tout le système juridique interne ne saurait être inférieur aux normes internationales dont il détermine en principe la place dans ce même système. Cette exigence théorique n'exclut pas pour autant quelques difficultés de mise en œuvre.

1. Les dispositions et jurisprudences constitutionnelles

Certes, le préambule de la Constitution de 1946 affirme que « la France, fidèle à ses engagements, se conforme aux règles du droit public international », au rang desquelles le Conseil constitutionnel a rangé le principe *pacta sunt servanda* (CC 92-312 DC du 9 avril 1992, p. 55). Mais cette disposition ne règle pas le problème des rapports entre traité et Constitution, pas plus que l'article 55 qui régit les seuls rapports entre la loi et les normes internationales.

L'article 54, qui organise un contrôle préventif de la compatibilité des traités et de la Constitution, n'est pas décisif. Il prévoit, en effet, que lorsqu'une clause d'un traité est contraire à la Constitution, l'autorisation de le ratifier ou de l'approuver ne peut intervenir qu'après révision de la Constitution. Celle-ci semble en conséquence s'incliner devant la norme internationale. Mais le mécanisme choisi pour assurer la mise en compatibilité de la norme constitutionnelle avec les normes internationales ne découle pas d'une éventuelle hiérarchie au profit de ces dernières. Il découle plutôt du constat de bon sens que les normes internationales, fruits de la négociation entre États souverains, ne sauraient être modifiées unilatéralement par la France en cas d'incompatibilité avec sa Constitution. Il est donc nécessaire, si la poursuite du processus de ratification est décidée, de réviser le seul texte purement interne en conflit, c'est-à-dire la Constitution. L'article 54 a joué à plusieurs reprises depuis 1992, à propos de divers textes internationaux mettant en cause les conditions essentielles de la souveraineté (voir notamment CC 2007-560 DC du 20 décembre 2007, p. 459 à propos de la ratification du traité de Lisbonne ; CC 98-408 DC du 22 janvier 1999, p. 29 à propos du statut de la Cour pénale internationale). Le blocage de la ratification de la Charte européenne sur les langues régionales ou minoritaires en raison de difficultés constitutionnelles confirme, s'il en était besoin, que la norme internationale peut parfois s'incliner (déc. 99-412 DC du 15 juin 1999, p. 71 ; *AJDA* 1999, p. 573, note Schoettl).

Le système de l'article 54 sur les rapports entre traité et Constitution contraste singulièrement avec celui de l'article 61 alinéa 2, déterminant le contrôle *a priori* de la constitutionnalité des lois. Lorsque la loi contestée autorise la ratification d'un traité contraire à la Constitution, elle est déclarée inconstitutionnelle. La supériorité de la Constitution est alors affirmée explicitement, mais elle ne vise que la loi, non le traité, et elle emporte interdiction de la promulguer.

La norme internationale est en ce cas privée d'effet en droit interne et la France manque à ses engagements internationaux. Autant cette situation peut être parfois tolérée sans trop d'inconvénients à propos de normes internationales classiques (cas de la Charte européenne sur les langues régionales ou minoritaires), autant, si elle paralyse l'application de normes européennes, elle est radicalement incompatible avec les engagements résultant de notre participation à l'Union européenne. La difficulté n'apparaît cependant qu'à propos des directives européennes puisqu'elles seules appellent des mesures de transposition en droit interne, à la différence des règlements. Le Conseil constitutionnel a été contraint d'adapter le contrôle de la constitutionnalité des lois de transposition de directives européennes pour éviter, dans la mesure du possible, de leur opposer un obstacle constitutionnel. Bien que s'inspirant des positions adoptées sur cette délicate question par les Cours constitutionnelles allemande et italienne, il se fonde sur l'article 88-1 de la Constitution, lequel affirme que « la République participe à l'Union européenne constituée d'États qui ont choisi librement d'exercer en commun certaines de leurs compétences ». Il en déduit que « la transposition en droit interne d'une directive communautaire résulte d'une exigence constitutionnelle » et qu'il lui appartient d'en garantir le respect. Ce contrôle s'opère toutefois dans un cadre doublement contraint (déc. 2004-496 DC du 10 juin 2004, p. 101). En premier lieu, le délai fort bref d'un mois, dans lequel doit être rendue sa décision, lui interdit, en cas de doute sur la compatibilité de la loi avec la directive qu'elle a pour objet de transposer, de saisir la Cour de justice de l'Union européenne d'une question préjudicielle. Il préfère dès lors ne censurer la loi de transposition que si elle lui apparaît manifestement incompatible avec la directive et s'en remettre, pour un examen plus approfondi, à la faculté de saisir la Cour de justice dont disposeront ultérieurement les juridictions ordinaires si la compatibilité de la loi de transposition est mise en doute devant elles. En second lieu, et ce point est essentiel pour le présent propos, le Conseil constitutionnel ne se reconnaît le pouvoir de censurer comme inconstitutionnelle une loi transposant fidèlement une directive que dans le cas où cette dernière « irait à l'encontre d'une règle ou d'un principe inhérent à l'identité constitutionnelle de la France » (déc. 2006-540 DC du 30 novembre 2006, p. 88). Par cette construction subtile, le Conseil constitutionnel parvient à trouver un équilibre entre sa mission de contrôler la constitutionnalité des lois – seraient-elles de transposition de directives – et le respect des engagements européens de la France. Il pose une sorte de présomption de constitutionnalité des lois de transposition qui ne cédera qu'en présence de l'atteinte – difficilement imaginable – à une disposition fondamentale de notre système constitutionnel. Ce faisant, il assure la primauté de notre Constitution puisque d'une part, c'est sur son fondement que ce contrôle original est opéré (*via* l'article 88-1) et d'autre part, la transposition d'une directive contraire à ses principes fondamentaux serait inconstitutionnelle.

La prudente ambiguïté des textes constitutionnels français quant à leur place par rapport aux traités est compréhensible. La supériorité d'une norme ne pouvant dépendre de l'affirmation d'une norme inférieure, la subordination de la Constitution aux traités ne saurait résulter du texte constitutionnel lui-même. Inversement, l'énoncé explicite de la supériorité des normes constitutionnelles heurterait de front le principe de primauté du droit international public, consacré dans la sphère internationale. Théoricien de la hiérarchie des normes reposant, selon lui, sur une norme fondamentale indispensable bien que non écrite, Hans Kelsen a lui-même hésité entre la supériorité du droit interne et celle du droit international. Ce n'est que pour des motifs moraux qu'il s'est finalement prononcé pour la supériorité du droit international. Sa prise de position au regard d'un élément extra-juridique confirme l'existence en la matière d'une aporie sur laquelle bute le raisonnement juridique. En réalité, l'autorité respective des normes en cause s'exprime difficilement par un rapport hiérarchique. La jurisprudence du Conseil constitutionnel ci-dessus exposée semble avoir trouvé, pour le cas très particulier du droit de l'Union européenne, un équilibre satisfaisant qui consacre la supériorité formelle de la Constitution dans l'ordre interne sans mettre d'obstacle à la primauté de ce droit. Il n'est dès lors pas surprenant que la jurisprudence administrative l'ait rapidement adoptée.

Le nécessaire silence de la norme fondamentale ne pouvait qu'embarrasser les juges internes confrontés à ce délicat problème. La réponse du juge administratif, acquise après 1996, n'est pas aussi convaincante que la doctrine le laisse entendre.

2. La jurisprudence administrative

Saisi d'un recours contre un décret donnant satisfaction à une extradition *demandée dans un but politique* et fondée sur une convention bilatérale excluant seulement l'extradition sollicitée pour *réprimer une infraction politique*, le Conseil d'État a tiré de la loi française sur l'extradition des étrangers un principe fondamental reconnu par les lois de la République, interdisant d'extrader un étranger poursuivi dans un but politique (CE Ass. 3 juillet 1996, *Koné*, p. 255 ; *RFDA* 1996, p. 870, concl. Delarue, p. 885, note Gaïa ; *GAJA*, n° 90). Cela lui a permis, non pas d'écarter l'application du traité comme contraire à la Constitution, mais, plus subtilement, d'en donner une interprétation neutralisante, comblant le silence du traité à propos des extraditions demandées dans un but politique. Le texte international est lu « conformément » à la norme constitutionnelle consacrée pour l'occasion.

Cet arrêt doit être regardé comme la première et prudente étape d'un processus ayant conduit le juge administratif à consacrer, dans l'ordre juridique interne, une suprématie nuancée de la Constitution sur les normes internationales. Peu après, le Conseil d'État a été plus audacieux et semble avoir reconnu, au moins implicitement, la supériorité de la Constitution (CE Ass. 30 octobre 1998, *Sarran*, p. 368 ; *RFDA* 1998, p. 1081, concl. Maugüé, note Alland ; *GAJA*, n° 93). La haute juridiction était saisie d'un recours pour excès de pouvoir dirigé contre un décret organisant la consultation de la population de la Nouvelle-Calédonie prévue par l'article 76 de la Constitution. La violation par le décret de stipulations du pacte des Nations unies sur les droits civils et politiques et de la Convention européenne des droits de l'homme était alléguée à l'appui du recours. Compte tenu de la stricte conformité du décret à l'article précité de la Constitution, dont il constituait une mesure d'application, de tels moyens revenaient, en réalité, à inviter le juge à examiner la conformité de la Constitution aux traités en cause. Le Conseil d'État oppose à ce moyen le fait que la suprématie conférée aux traités sur les lois par l'article 55 de la Constitution « ne s'applique pas, dans l'ordre interne, aux dispositions de nature constitutionnelle ». En refusant d'examiner le moyen et en appliquant la Constitution au détriment de la norme internationale, la haute juridiction semble s'être prononcée, implicitement mais nécessairement, pour la subordination de cette dernière. Cependant, la solution est strictement circonscrite à l'ordre interne, ce qui réserve l'application du principe de primauté des normes internationales dans l'ordre international. Il est par ailleurs possible de souligner qu'en niant la supériorité des traités sur la Constitution, le Conseil d'État n'affirme pas pour autant expressément la supériorité de la Constitution sur les traités ni même l'égale valeur des textes en cause.

Le pas a toutefois été franchi rapidement à l'occasion d'une affaire où, curieusement, cela ne s'imposait pas (CE 3 décembre 2001, *Syndicat national de l'industrie pharmaceutique*, p. 624 ; *DA* 2002, n° 55, note Cassia). En dépit de l'officialisation de la place éminente de la Constitution dans l'ordre juridique interne, le juge administratif ne se reconnaît pas pour autant la compétence pour s'assurer de la conformité des traités aux normes constitutionnelles (CE 8 juillet 2002, *Commune de Porta*, p. 260, *AJDA* 2002, p. 1005, chr. Donnat et Casas ; CE Ass. 9 juillet 2010, *Fédération nationale de la libre pensée*, p. 268, concl. Keller ; *AJDA* 2010, p. 1635, chr. Liéber et Botteghi).

La nature particulière des directives de l'Union européenne dans le système juridique national a conduit le juge administratif, après le juge constitutionnel, à adapter quelque peu son contrôle (CE Ass. 8 février 2007, *Société Arcelor Atlantique et Lorraine*, p. 55, concl. Guyomar, *RFDA* 2007, p. 564, notes Levade, Magnon, Roblot-Troizier et Canedo-Paris ; *GAJA*, n° 105). Leur transposition peut s'opérer par des mesures réglementaires si leurs dispositions relèvent du domaine réglementaire. Lorsqu'un décret transposant fidèlement une directive est allégué de contrariété à un principe constitutionnel substantiel, le Conseil d'État est en réalité confronté à la mise en cause de la constitutionnalité de cette directive. Pour éviter de se prononcer sur ce point et, le cas échéant, d'avoir à constater l'inconstitutionnalité de la directive, il préfère rechercher si le principe constitutionnel dont la violation est alléguée ne connaît pas un équivalent en droit de l'Union européenne.

Dans l'hypothèse (probablement rare) dans laquelle le droit de l'Union européenne n'offre pas un principe doté d'une effectivité équivalente à celle du principe constitutionnel substantiel dont la violation est alléguée, le juge administratif doit examiner directement la constitutionnalité des dispositions réglementaires contestées.

Si le droit de l'Union connaît une règle ou un principe général équivalent, la question de constitutionnalité de la directive devient alors un problème de compatibilité de la directive avec les principes du droit de l'Union. Le juge administratif opère ainsi une double translation : du côté de la norme contrôlée (la directive étant substituée au décret) et du côté de la norme de référence pour le contrôle (le principe européen étant substitué au principe constitutionnel). En l'absence de difficulté sérieuse sur la conformité de la directive au principe européen, le juge administratif peut alors écarter le moyen tiré de l'inconstitutionnalité du décret. Si, en revanche, le juge éprouve un doute quant à la conformité de la directive au principe européen, le juge national doit renvoyer à la Cour de justice de l'Union européenne le soin de trancher cette question préjudicielle (ce fut le cas dans l'affaire Arcelor). Une fois la décision de la Cour connue, le juge national n'a plus qu'à en tirer les conséquences dans l'affaire dont il est saisi (CE 3 juin 2009, *Société Arcelor Atlantique et Lorraine*, *AJDA* 2009, p. 1710, note Lafaille).

Plusieurs remarques doivent être formulées. Tout d'abord, ce mécanisme particulier n'a lieu d'être mis en œuvre qu'en présence d'une directive précise et inconditionnelle : dans le cas contraire, le débat porterait alors exclusivement sur la constitutionnalité des choix opérés par l'autorité réglementaire nationale. Ensuite, il ne concerne pas le contrôle du respect des règles de compétence et de procédure relevant du droit interne et qui s'opère donc selon les mécanismes habituels. Enfin, et surtout, en dépit de la double translation ci-dessus analysée, le juge se livre bien à un contrôle de la constitutionnalité du décret de transposition, certes « selon des modalités particulières ». Mais la nature constitutionnelle de ce contrôle est avérée, d'une part par son double fondement dans les articles 55 (qui ne confère pas une suprématie dans l'ordre interne aux normes internationales sur les normes constitutionnelles) et 88-1 de la Constitution (qui implique une obligation constitutionnelle de transposition des directives communautaires), d'autre part par le fait qu'un principe constitutionnel qui ne serait pas garanti de façon équivalente en droit de l'Union et auquel une directive porterait atteinte emporterait l'illégalité du décret transposant celle-ci.

La jurisprudence Arcelor assure, à sa façon certes originale, la primauté du droit constitutionnel dans l'ordre juridique interne. Portant sur l'hypothèse dans laquelle c'est un décret qui assure la transposition de la directive européenne, elle a dû être adaptée à celle dans laquelle cette transposition est le fait d'une loi (CE 6 décembre 2012, *Société Air Algérie*, p. 398 ; *AJDA* 2012, p. 2380, chr. Domino et Bretonneau). En ce cas, l'instauration du mécanisme de la question prioritaire de constitutionnalité interdit au juge administratif d'apprécier lui-même le moyen tiré de la constitutionnalité de la loi (et donc de la directive lorsqu'elle est fidèlement transposée) : il ne peut que renvoyer la question au Conseil constitutionnel, lequel devrait en ce cas appliquer la jurisprudence élaborée à l'occasion de la décision 2004-496 DC du 10 juin 2004. Encore n'en va-t-il ainsi que lorsque la loi de transposition fait écran entre l'acte administratif attaqué devant le juge administratif et la Constitution. Si tel n'est pas le cas, le grief d'inconstitutionnalité du décret, ne pouvant être reporté sur la loi de transposition, met en cause la compatibilité de la directive européenne elle-même avec la Constitution. La jurisprudence Arcelor trouve alors à s'appliquer. Or, ainsi que cela a été précédemment signalé, le Conseil d'État, par ce même arrêt Société Air Algérie, a sensiblement restreint la notion d'écran législatif dans le cadre du contrôle de conventionnalité : il l'écarte désormais quand l'acte administratif contesté ne se borne pas à reproduire les dispositions législatives. En conséquence de cette évolution, la jurisprudence Arcelor est susceptible d'être souvent appliquée, même lorsque c'est une loi qui transpose la directive en droit interne. Elle régit également l'hypothèse dans laquelle l'acte administratif attaqué a été pris en vertu d'une loi de transposition contestée, non sur le fondement de dispositions constitutionnelles, mais sur celui de la Convention européenne des droits de l'homme (CE Sect. 10 avril 2008, *Conseil national des barreaux*, p. 129, concl. Guyomar ; *RFDA* 2009, p. 575, concl., p. 606, note Roblot-Troizier, p. 711, note Labayle et Mehdi).

B. La supériorité à la loi

L'article 55 de l'actuelle Constitution, cité plus haut, reprenant l'esprit de l'article 26 de la précédente, attribue sans ambiguïté une supériorité aux traités sur les lois. Sa portée est néanmoins doublement circonscrite : malgré le préambule de 1946 rappelant que la France se conforme aux règles du droit public international, ce qui vise les règles non écrites, la suprématie consacrée par l'article 55 est jugée ne pas profiter à la coutume internationale (CE Ass. 6 juin 1997, *Aquarone*, p. 206, concl. Bachelier) et, cela vient d'être constaté, ne pas s'exercer à l'égard de la Constitution (CE Ass. 30 octobre 1998, *Sarran*, préc.).

La supériorité des traités sur les lois, bien qu'établie par une disposition constitutionnelle, n'est, en outre, pas sanctionnée par le Conseil constitutionnel pour lequel une loi contraire à un traité n'est pas pour autant contraire à la Constitution (CC. 74-54 DC du 15 janvier 1975, p. 19 ; *AJDA* 1975, p. 134, note Rivero). Il refuse, en conséquence, d'assurer le respect de l'article 55 dans le cadre du contrôle de la conformité des lois à la Constitution prévu à l'article 61 alinéa 2. Ce faisant, le Conseil constitutionnel estime ne pas être, en général, le juge de la loi – ce qui l'amènerait à vérifier le respect par celle-ci de la Constitution comme des traités – mais, plus strictement, seulement le juge de la constitutionnalité des lois.

Cette position de principe ne manque pas de surprendre au regard de l'esprit du texte constitutionnel. Il est difficile de prétendre que la violation d'un traité par une loi, en contrariété avec l'article 55, n'est pas un vice d'inconstitutionnalité de cette même loi et que, dès lors, il n'appartient pas au juge de la constitutionnalité des lois de le censurer. Comment, en effet, déduire sans se contredire l'autorité des traités de cet article sans pour autant en garantir le respect dans les mêmes conditions que les autres articles de la Constitution ?

L'incompétence du Conseil constitutionnel peut certes se prévaloir de divers arguments. La Constitution, en définissant précisément les missions du juge constitutionnel, lui confie une compétence d'attribution, laquelle doit, comme toujours, être interprétée strictement. L'article 61 ne charge ainsi le Conseil que de statuer sur la conformité des lois à la Constitution, ce qui semble exclure les traités des normes de référence. Peut-on cependant sérieusement en déduire que la responsabilité de ce contrôle incombe aux juges ordinaires plutôt qu'au juge spécialisé dans le contrôle de la loi, alors que l'article 55 est totalement silencieux quant à l'autorité juridictionnelle compétente ? Quitte à retenir une interprétation stricte de cet article, elle doit privilégier le juge habituel de la loi ! Par ailleurs, le Conseil constitutionnel alléguait initialement l'existence d'une différence de nature entre les contrôles en cause. Le contrôle de la constitutionnalité des lois est absolu et définitif : absolu, puisque la Constitution en tant que loi fondamentale s'impose à toutes les lois imaginables ; définitif, puisque l'inconstitutionnalité, constatée avant la promulgation de la loi, interdit cette dernière. Le contrôle du respect des traités par les lois est, quant à lui, relatif et contingent : relatif dans la mesure où il dépend du champ d'application du traité qui peut ne pas recouvrir exactement celui de la loi contestée ; contingent dans la mesure où, en vertu de l'article 55, l'autorité du traité sur la loi dépend de son application par les autres États signataires. Une loi peut, en effet, être contraire à un traité applicable au moment de sa promulgation mais qui cesse de l'être par la suite, perdant, de ce fait, sa supériorité sur la loi en cause. Le contrôle de constitutionnalité des lois s'exerçant avant leur promulgation interdit de tenir compte de ces possibles évolutions dans l'applicabilité des traités. Or il semble anormal qu'une loi initialement censurée pour contrariété à un traité ne puisse ultérieurement être promulguée alors qu'il ne s'impose plus à elle. Force est de reconnaître la pertinence de cette argumentation. Elle révèle cependant plus l'inadaptation du contrôle abstrait des lois devant le Conseil constitutionnel au problème des normes internationales que l'incompétence radicale et théorique de ce juge. L'instauration d'un contrôle de la constitutionnalité des lois promulguées, grâce au mécanisme de la question prioritaire de constitutionnalité, n'a toutefois pas permis au Conseil constitutionnel d'abandonner la position consacrée en 1975.

Malgré l'abandon du premier argument (CC 89-268 DC du 29 décembre 1989, p. 110), le Conseil constitutionnel réitère régulièrement son refus de connaître de la question (CC 2015-727 DC du 21 janvier 2016).

Elle connaît néanmoins des exceptions liées aux exigences de la participation de la France à l'Union européenne. L'une a déjà été présentée, qui conduit le Conseil constitutionnel, sur le fondement de l'article 88-1, à censurer une loi qui transposerait mal une directive européenne (voir *supra*, p. 62-63). Il borne cependant son contrôle à la censure de l'incompatibilité manifeste entre la loi et la directive (CC 2006-540 DC préc.). Ce même article 88-1 ainsi que les articles 88-2 et 88-3, dans leur rédaction entrée en vigueur à la suite de la propre entrée en vigueur du traité de Lisbonne, marquent le consentement de la France à des transferts de compétence nécessaires à la construction communautaire (union économique et monétaire, libre circulation des personnes, mandat d'arrêt européen, droit de vote et d'éligibilité des ressortissants communautaires aux élections municipales). L'accord est subordonné au respect des modalités prévues dans ces matières par le traité sur l'Union européenne et le traité sur le fonctionnement de l'Union européenne. Le renvoi ainsi explicitement opéré par des dispositions constitutionnelles insère ces normes internationales dans les normes de référence et habilite le Conseil constitutionnel à en vérifier le respect à l'occasion des éventuels recours contres les lois de mise en œuvre (voir, par exemple, CC 2013-314P QPC du 4 avril 2013, p. 523).

Le refus du Conseil d'exercer, hors ces cas particuliers, le contrôle du respect des traités par les lois ne remet pas en cause la qualité de sources du droit reconnue aux normes internationales ni même leur autorité sur les lois. Il impose seulement de rechercher un autre juge pour en connaître.

Sous-section 3
LE RESPECT DES NORMES INTERNATIONALES EN DROIT ADMINISTRATIF

La supériorité des traités sur les lois, posée à l'article 55 de la Constitution, n'est pas purement théorique. Si le Conseil constitutionnel a décliné sa compétence pour la garantir, le juge administratif a admis, plus ou moins aisément, de la faire respecter tant par les actes administratifs que par les lois.

A. Le respect par les actes administratifs

Contrôler la conformité des actes administratifs aux traités suppose qu'aucune autre norme ne s'interpose, notamment une loi. En effet, lorsque l'acte administratif attaqué devant le juge administratif a été pris sur le fondement d'une loi, s'interroger sur le respect du traité conduit à contrôler la loi, par le truchement d'une exception. L'hypothèse en cause, posant le problème du respect des traités par les lois, sera examinée ultérieurement (voir *infra*, B). N'est envisagée ici que celle dans laquelle l'acte administratif est directement confronté à une norme internationale, qu'elle soit originaire ou dérivée.

Le Conseil d'État admet depuis longtemps la possibilité de vérifier la conformité des actes administratifs au droit international. La solution fut acquise sous la IVe République sur le fondement de l'article 26 de la Constitution de 1946, qui donnait « force de loi » aux conventions internationales (CE Ass. 30 mai 1952, *Dame Kirkwood*, p. 291 ; *RDP* 1952, p. 781, concl. Letourneur), et reprise sous l'empire de l'actuel article 55 (par exemple CE Ass. 19 avril 1991, *Belgacem*, p. 152, concl. Abraham). La jurisprudence consacre ainsi explicitement la qualité de source du droit administratif des normes internationales puisqu'elles s'imposent aux actes administratifs.

Cette qualité est néanmoins conditionnée par leur applicabilité en droit interne (voir *supra*, p. 55-58), ce qui implique la reconnaissance de leur effet direct. Lorsqu'il est avéré, il permet même le contrôle du respect de normes internationales non écrites tels que des principes (CE 27 septembre 1985, *France Terre d'asile*, p. 263) ou des règles coutumières (CE Ass. 6 juin 1997, *Aquarone*, p. 206, concl. Bachelier). La proposition très intéressante d'admettre l'invocabilité des normes internationales (non issues de l'Union européenne) dépourvues d'effet direct à l'encontre des actes réglementaires, afin d'inciter précisément les autorités internes à édicter les mesures d'application nécessaires, n'a pas été entendue (R. Abraham, concl. sur CE 23 avril 1997, *GISTI*, *RFDA* 1997, p. 585 ; G. Dumortier, concl. sur CE Ass. 11 avril 2012, *GISTI*, *RFDA* 2012, p. 547).

Valant pour les actes originaires, la supériorité des normes internationales profite logiquement aussi aux actes dérivés, ce qui vise particulièrement les actes de l'Union européenne.

La subordination des actes administratifs, réglementaires ou individuels, aux règlements européens, dotés d'effet direct en vertu de l'article 288 alinéa 2 du Traité sur le fonctionnement de l'Union européenne, ne soulève aucune difficulté (voir par exemple CE 30 décembre 1998, *SA Fromagerie Philipona*, p. 512). La primauté des directives européennes donne lieu, quant à elle, à des solutions nuancées. Ces actes dérivés, cela a déjà été souligné, ne fixent aux États membres que des objectifs qu'ils doivent atteindre par les moyens de leur choix (article 288 alinéa 3 TFUE). Cela implique l'édiction de mesures de transposition qui seront, en France, législatives ou réglementaires au gré des exigences des articles 34 et 37 de la Constitution. Très logiquement, l'État ne peut se prévaloir de la directive tant que la transposition n'a pas été accomplie (CE Sect. 23 juin 1995, *SA Lilly France*, p. 257, concl. Maugüé) et, s'il ne l'opère pas dans les délais fixés, il s'expose à une procédure en manquement à l'initiative de la Commission européenne (articles 258 et suivants : CJCE 7 décembre 2000, *Commission c/ France*, *D.* 2000, IR, p. 175).

Comportant des objectifs destinés aux États membres, la directive européenne s'impose aux actes réglementaires internes. Puisque l'édiction de tels actes de transposition est l'un des moyens de satisfaire ces objectifs, l'incompatibilité des actes réglementaires en vigueur avec ces objectifs les entache d'illégalité. Cela conduit le juge administratif à annuler les actes réglementaires nouvellement édictés et contraires à une directive (CE Sect. 10 mars 1999, *Association ornithologique et mammalogique de Saône-et-Loire*, p. 379, concl. Lamy ; *RFDA* 2000, p. 59, concl. ; p. 409, note Dubouis, p. 664, notes Favoreu, B. G., de Béchillon et Carcassonne), ainsi que les refus d'abroger ceux antérieurement édictés et devenus incompatibles avec elle (CE Ass. 3 février 1989, *Compagnie Alitalia*, p. 44, *RFDA* 1989, p. 391, concl. Chahid-Nouraï, notes Dubouis et Beaud ; *GAJA*, n° 85).

En revanche, parce qu'elle ne comporte précisément que des objectifs à atteindre à l'intention des États membres, la directive européenne n'a longtemps pas été perçue par le juge administratif comme dotée d'un effet direct à l'égard des particuliers (dit « effet vertical »). Cela expliquait le refus du Conseil d'État d'autoriser les particuliers à se prévaloir directement, à l'encontre des actes administratifs individuels, des directives européennes quel que soit leur degré de précision (CE Ass. 22 décembre 1978, *Ministre de l'Intérieur c/ Cohn-Bendit*, p. 254 ; *D.* 1979, J, p. 155, concl. Genevois, note Pacteau).

La jurisprudence Cohn-Bendit a longtemps symbolisé la réticence des juges administratifs vis-à-vis du droit de l'Union européenne. Elle était en contradiction théorique avec la position de la Cour de justice de l'Union européenne, qui reconnaît aux particuliers le droit d'invoquer les directives inconditionnelles et suffisamment précises (CJCE 4 décembre 1974, *Van Duyn*, p. 1337 ; CJCE 5 avril 1979, *Ratti*, p. 1629). Ce faisant, la Cour a choisi d'appliquer les mécanismes du droit international des traités au détriment d'une lecture stricte des dispositions du traité qui excluent que les directives, à la différence des règlements, jouissent d'un effet direct. Cette jurisprudence n'a pu que renforcer la tendance des autorités européennes à élaborer des directives de plus en plus précises et donc de moins en moins conformes à la définition qu'en donne l'article 288 alinéa 3 TFUE. Fort proches matériellement de règlements par la minutie et la précision de leurs dispositions, beaucoup de directives bénéficient ainsi d'un effet direct selon la Cour de justice.

L'opposition entre les jurisprudences administrative et européenne n'était certes pas aussi nette qu'il y paraît. D'une part, dès l'arrêt Cohn-Bendit, le Conseil d'État avait indiqué aux particuliers contestant un acte individuel le moyen de contourner l'interdiction d'invoquer la directive : cette interdiction ne valait qu'« à défaut de toute contestation sur la légalité des mesures réglementaires prises par le gouvernement français pour se conformer » à cette directive. Il suffisait donc aux requérants de mettre en cause, par voie d'exception, la compatibilité de l'acte réglementaire avec la directive pour obtenir, le cas échéant, l'annulation de la décision individuelle attaquée (voir par exemple CE 8 juillet 1991, *Palazzi*, p. 276). Cette possibilité était ouverte dans de nombreux cas tant il est rare qu'une décision individuelle ne soit pas prise sur le fondement d'une norme réglementaire nationale. D'autre part, lorsque, par extraordinaire, une décision individuelle avait été prise dans une matière régie par une directive européenne mais dépourvue de toute législation ou réglementation interne, le juge administratif acceptait que le requérant fasse valoir l'incompatibilité du droit interne – due à son insuffisance ou à son inexistence – avec la directive en cause (CE Ass. 6 février 1998, *Tête*, p. 30, concl. Savoie).

Ces éléments permettaient finalement de considérer que le droit français était, pour l'essentiel, en accord avec le droit de l'Union européenne en ce qu'il permettait au justiciable de faire écarter la norme nationale (législative ou réglementaire) incompatible avec les dispositions d'une directive. Mais si cette « invocabilité d'exclusion » était matériellement ouverte aux particuliers, il ne leur était pas possible de bénéficier directement de l'application de la directive européenne aux lieu et place de la norme nationale (« invocabilité de substitution »).

Concrètement, en assurant la sanction de la violation du droit de l'Union européenne, la jurisprudence administrative ne garantissait pas pour autant l'effectivité de ce droit.

Le pas a été franchi par un arrêt Dame Perreux (CE Ass. 30 octobre 2009, *RFDA* 2009, p. 1125, concl. Guyomar, note Cassia ; *GAJA*, n° 109), qui rappelle que la transposition des directives est à la fois une obligation résultant du Traité sur le fonctionnement de l'Union européenne et une obligation constitutionnelle en vertu de l'article 88-1 de la Constitution. Il en déduit qu'il incombe au juge national de garantir l'effectivité des droits que les individus tiennent de cette obligation à l'égard des autorités publiques. En conséquence, les particuliers pourront désormais lui demander de les faire bénéficier des droits énoncés dans la directive. Il n'en ira cependant ainsi logiquement que lorsque le délai de transposition de cette dernière sera expiré et que ses dispositions seront précises et inconditionnelles.

B. Le respect par les lois

Le Conseil constitutionnel, en déclinant sa compétence pour vérifier le respect des normes internationales par les lois (CC 74-54 DC du 15 janvier 1975, préc.), aurait pu condamner l'article 55 à rester lettre morte, la suprématie des traités n'étant garantie qu'à l'égard des rares actes administratifs non pris en application d'une loi. C'était sans compter sur les juges ordinaires, substituts plus ou moins zélés du juge constitutionnel.

1. Les palliatifs

Un juge dispose de plusieurs moyens pour tenter de minimiser, voire de supprimer le conflit existant entre les normes qu'il doit appliquer. Il peut, tout d'abord, procéder à une délimitation précise des champs d'application respectifs de la loi et du traité. Si les champs ne se superposent pas, le conflit est évité (CE 28 juillet 1999, *Majhoub*, p. 821 ; *DA* 1999, n° 251, obs. Schwartz). En cas contraire, le conflit se limite, le cas échéant, à la seule partie commune aux deux champs. Le juge dispose également du pouvoir d'interpréter les textes confrontés afin de procéder à leur harmonisation. Cet effort d'interprétation, classique à l'égard d'une loi (voir, pour une interprétation conciliant une loi et un traité, CE Sect. 8 juillet 1998, *Bitouzet*, p. 288 ; *AJDA* 1998, p. 639, chr. Raynaud et Fombeur), présente quelque spécificité à l'égard des traités.

Il s'est, en premier lieu, longtemps heurté au refus du juge administratif d'interpréter lui-même les normes internationales. Pour obtenir une telle interprétation, constitutive pour lui d'une question préjudicielle, le juge sursoyait à statuer et renvoyait la difficulté au ministre des Affaires étrangères.

Cette « mutilation de la fonction juridictionnelle [1] » était motivée par la difficulté pour le juge de donner une interprétation sans avoir accès aux travaux préparatoires du traité, ainsi que par la volonté de ne pas perturber la conduite des relations diplomatiques de la France et d'éviter de provoquer l'engagement de la responsabilité de l'État dans la sphère internationale. Il lui semblait donc préférable de solliciter l'avis de l'autorité ayant en charge la négociation des traités, c'est-à-dire le ministre des Affaires étrangères. Cette jurisprudence présentait néanmoins l'inconvénient fondamental de placer l'État, souvent défendeur devant les juridictions administratives, en position de trancher lui-même le litige grâce à l'interprétation donnée par un de ses représentants et qui s'imposait au juge. Il en résultait une violation du droit

1. D. Labetoulle, concl. sur CE Sect. 27 octobre 1978, *Debout*, p. 395.

à un procès équitable découlant de l'article 6, § 1 de la Convention européenne des droits de l'homme, ce qui ne manqua pas de provoquer une condamnation de la France par la Cour européenne des droits de l'homme (CEDH 24 novembre 1994, *Beaumartin c/ France, D.* 1995, J, p. 273, note Prétot). Ladite condamnation n'eut cependant pas de conséquences directes, puisque le revirement attendu avait déjà été opéré (CE Ass. 29 juin 1990, *GISTI*, p. 171, concl. Abraham ; *GAJA*, n° 86). Depuis lors, le juge administratif se reconnaît compétent pour interpréter lui-même des traités, ce qui n'exclut pas la prise en compte, mais comme un simple avis, des interprétations du ministre des Affaires étrangères (CE 25 novembre 1998, *Mme Teytaud*, p. 436). L'État du droit est désormais identique à propos de l'exigence de réciprocité (voir *supra*, p. 56).

En second lieu, l'interprétation des dispositions du droit de l'Union européenne fait l'objet d'une procédure spécifique faisant intervenir la Cour de justice de l'Union européenne. En vertu de l'article 267 TFUE, la Cour est compétente pour statuer, à titre préjudiciel, sur l'interprétation du traité ainsi que sur l'interprétation des actes pris par les institutions de l'Union. Le renvoi de la question préjudicielle, facultatif pour les juridictions subordonnées, est obligatoire pour les juridictions suprêmes et, notamment, pour le Conseil d'État. Comme pour toute question préjudicielle, l'obligation en cause n'existe que si l'interprétation, nécessaire à la solution du litige, présente une difficulté sérieuse. En revanche, lorsque l'acte à interpréter est jugé clair par le juge national, l'obligation disparaît. Le Conseil d'État, après avoir quelque peu abusé de la notion d'acte clair (en retenant, par exemple, une interprétation contraire à celle de la Cour de justice : CE Ass. 22 décembre 1978, *Cohn-Bendit*, préc.), ne répugne plus à renvoyer des problèmes d'interprétation (CE Sect. 11 décembre 1998, *Association Greenpeace France*, p. 469 ; CE Sect. 6 novembre 2009, *Société Monsanto SAS*, req. 313605), à se reporter à l'interprétation donnée dans d'autres affaires par la Cour de justice (CE Sect. 24 janvier 1992, *Association des centres distributeurs E. Leclerc*, p. 39, *RFDA* 1992, p. 499, concl. Hubert) ou à celle qu'elle a donnée dans l'affaire sur des points dont elle n'était pas saisie (CE Ass. 11 décembre 2006, *Société De Groot en Slot Allium BV*, p. 512 ; *RFDA* 2007, p. 372, concl. Séners).

Les deux méthodes permettent parfois d'éviter le conflit entre loi et traité, en jouant sur leurs champs d'application respectifs ou sur leur interprétation. Elles ne connaissent toutefois pas toujours le succès.

2. La sanction de la hiérarchie

Le juge administratif n'a pu éluder le problème de l'autorité des traités sur les lois. Il a reconnu sa compétence pour la sanctionner en deux temps, établissant des distinctions selon que la loi est antérieure ou postérieure au traité.

La primauté de la norme internationale sur la *loi antérieure* peut être garantie sans que le juge saisi ait véritablement à établir une hiérarchie entre les textes en présence. En effet, la question se résout aisément en utilisant les principes régissant l'*application de la loi dans le temps*. Le traité postérieur est considéré comme abrogeant la loi en vigueur incompatible avec lui, sans qu'il soit besoin d'établir sa supériorité hiérarchique sur elle. Peu importe que l'article 55 attribue au traité une préséance, dès lors qu'en lui reconnaissant une valeur égale à celle de la loi (« qui peut le plus, peut le moins ») sa postériorité suffit, en l'espèce, à emporter son application au détriment de la loi antérieure.

Lorsque c'est la loi qui est *postérieure* au traité, le traité peut tout d'abord l'emporter sur la loi si son champ d'application est plus étroit que celui de cette dernière (CE 7 avril 1965, *Secrétaire d'État au Commerce intérieur c/ Hurni*, p. 225). C'est la conséquence du classique principe selon lequel la règle spéciale l'emporte sur la règle générale en cas de contrariété. Si, en revanche, les champs d'application respectifs du traité et de la loi postérieure ne permettent pas une telle solution, le juge ne peut alors raisonner comme en matière d'application de la loi dans le temps. Puisque la norme internationale, en vertu de l'article 55, a une autorité supérieure, la loi n'a pu l'abroger. Assurer la primauté du traité implique alors de sanctionner la loi qui lui est incompatible. Or les juges ordinaires se considèrent comme les garants du respect des lois, ce qui leur interdit de se prononcer sur la validité de ces normes. Saisi d'un recours pour excès de pouvoir contre un acte administratif pris conformément à une loi, elle-même contraire à une norme internationale, le juge administratif devrait donc, *a priori*, rejeter le recours.

a. Le refus initial

Le juge administratif a d'abord exclu de sanctionner la supériorité des traités sur les lois postérieures. L'état du droit initial est exprimé par un arrêt fameux (CE Sect. 1er mars 1968, *Syndicat général des fabricants de semoules de France*, p. 149 ; *AJDA* 1968, p. 235, concl. Questiaux) marquant le refus du Conseil d'État d'écarter un texte de force législative contraire à un règlement de l'Union. Le juge administratif estimait, d'une part, que la supériorité des normes constitutionnelles et internationales ne l'autorisait pas à écarter une loi, d'autre part, et plus précisément, que vérifier le respect d'une norme internationale par la loi, conséquence de l'article 55, constituait un contrôle de la constitutionnalité des lois dévolu au seul Conseil constitutionnel. Lorsque ce dernier refusa à son tour de veiller, dans le cadre de l'article 61 alinéa 2, au respect des traités par les lois au motif, précisément, qu'il ne s'agissait pas d'un contrôle de constitutionnalité (voir *supra*, p. 69-71), le Conseil d'État accepta de modifier, non sa position de principe, mais le fondement de celle-ci par le recours à la seule théorie de la loi-écran (CE Ass. 22 octobre 1979, *Union démocratique du travail*, p. 384 ; *RDP* 1980, p. 531, concl. Hagelsteen ; *AJDA* 1980, p. 39, note B. G.). La combinaison des jurisprudences des deux conseils donnait alors une portée purement théorique à l'affirmation de l'article 55.

La sortie de l'impasse était pourtant d'ores et déjà indiquée par la Cour de cassation. Le juge judiciaire a, en effet, immédiatement interprété la décision du Conseil constitutionnel comme habilitant les juges ordinaires à effectuer le contrôle de la conformité des lois postérieures aux traités (Cass. Mixte 24 mai 1975, *Administration des douanes c/ Société des cafés J. Vabre*, *Bull. civ.*, n° 4, *D.* 1975, J, p. 497, concl. Touffait ; *AJDA* 1975, p. 567, note Boulouis) et à les écarter en cas de contrariété. Il fonde sa compétence non seulement sur la supériorité des traités, principe d'application générale, mais également sur la spécificité de l'ordre juridique né des traités de l'Union européenne, en cause en l'espèce.

L'affirmation du Conseil constitutionnel selon laquelle une loi contraire à un traité n'est pas pour autant contraire à la Constitution a déjà été critiquée. Elle est directement contraire à la lettre de l'article 55 [1]. Refusant de lire ce qui y est écrit, Conseil constitutionnel et Cour de cassation y lisent pourtant ce qui n'y est pas en prétendant que ledit article donne aux juges ordinaires la compétence pour écarter les lois contraires au traité.

Il est vrai que la suprématie des traités sur les lois est une nécessité dans un monde où les relations inter- ou transnationales s'intensifient. Il est également possible que le contrôle de constitutionnalité des lois opéré par le

1. G. Carcassonne, « Faut-il maintenir la jurisprudence issue de la décision 74-54 DC du 15 janvier 1975 ? », *Cahiers du Conseil constitutionnel*, n° 7, 1999, p. 93.

Conseil constitutionnel ne soit pas, dans sa configuration actuelle, adapté à la sanction de la violation des traités. Néanmoins, il est permis d'affirmer que le problème en cause aurait mérité une prise de position du constituant lui-même et non un compromis négocié entre juridictions. L'affaiblissement de l'autorité du Parlement, qui est indirectement au cœur du débat, justifiait une réflexion en dehors des prétoires et du secret des délibérés. Bien que discret, l'affaiblissement allégué est double. D'une part, l'octroi aux juges ordinaires du pouvoir d'écarter une loi remet en cause le dogme selon lequel ils ne sont pas juges de ce genre de normes, qui ne peuvent être contestées que dans le cadre des procédures expressément prévues par la Constitution. D'autre part, l'autorisation donnée par la représentation nationale à la ratification des principaux traités, intervenant *a posteriori*, ne suffit pas à faire oublier que ces normes sont le fruit de négociations menées par le seul gouvernement. L'insertion d'une disposition constitutionnelle claire, même si elle se bornait à entériner les solutions jurisprudentielles évoquées, présenterait l'avantage d'assigner des bases solides à la compétence des juges ordinaires pour faire primer les traités sur les lois. L'autorisation qui leur serait alors donnée d'écarter l'expression de la volonté générale rendrait plus tolérable les atteintes au principe de séparation des pouvoirs constatées.

Tel n'a pas été le cours de l'histoire. Devant le refus obstiné du Conseil d'État de suivre la voie tracée par la Cour de cassation, le Conseil constitutionnel, se prononçant en tant que juge électoral, c'est-à-dire comme un « quasi » juge administratif, lui a montré l'exemple en vérifiant la compatibilité d'une loi électorale avec la Convention européenne des droits de l'homme (CC 21 octobre 1988, *Élections législatives du Val-d'Oise*, p. 183). La position du juge administratif était, en outre, logiquement critiquée par la Cour de justice des Communautés européennes, imposant aux juges nationaux d'appliquer intégralement le droit européen « en laissant inappliquée toute disposition éventuellement contraire de la loi nationale, que celle-ci soit antérieure ou postérieure à la règle communautaire » (CJCE 9 mars 1978, *Administration des finances de l'État c/ SA Simmenthal*, p. 629). Devant semblables pressions, le Conseil d'État ne put persister dans sa position de gardien scrupuleux du texte constitutionnel et dut se résoudre à se reconnaître compétent pour donner pleine effectivité à l'article 55.

b. Le revirement

Le revirement tant attendu a été opéré implicitement par un visa de la disposition constitutionnelle et par la vérification de la compatibilité d'une loi électorale avec les stipulations du traité de Rome (CE Ass. 20 octobre 1989, *Nicolo*, p. 190, concl. Frydman. *RFDA* 1990, p. 813, note Genevois ; *GAJA*, n° 84). Le Conseil d'État a exposé longtemps après que, ce faisant, il ne procédait pas à un contrôle de constitutionnalité de la loi au stade de son application mais que l'article 55 de la Constitution, en affirmant le principe de la supériorité des traités sur les lois, pose une règle de conflits de normes qu'il incombe au juge de respecter pour déterminer celle dont il doit faire application (CE 5 janvier 2005, *Deprez et Baillard*, p. 1 ; *RFDA* 2005, p. 56, note Bonnet). Cette façon de présenter la question des rapports entre les systèmes juridiques interne et international autrement qu'en termes de hiérarchie ne s'est cependant pas imposée.

Le juge administratif conserve une certaine réserve dans l'exercice de sa compétence. Il n'exige pas que la loi soit conforme à la norme internationale comme un acte administratif doit être conforme aux normes supérieures, mais, plus souplement, qu'elle soit *compatible* avec elle. Il tolère donc de légères nuances et reconnaît ainsi une marge de manœuvre au profit du législateur.

Il suffit, à proprement parler, que les normes ne soient pas incompatibles [1].

Le contrôle ainsi opéré depuis l'arrêt Nicolo par le juge administratif a, en revanche, la plus large portée.

En premier lieu, bien que consacré à propos de dispositions du droit de l'Union européenne, il profite aux normes internationales d'origine non européenne, comme la Convention européenne de sauvegarde des droits de l'homme (CE Ass. 21 décembre 1990, *Confédération nationale des associations familiales catholiques*, p. 368, concl. Stirn) ou le Pacte international relatif aux droits économiques, sociaux et culturels (CE Ass. 5 mars 1999, *Rouquette*, p. 37. *RFDA* 1999, p. 357, concl. Maugüé, note Béchillon et Terneyre). Cela conduit le juge administratif à exercer un contrôle des lois au regard de textes consacrant, dans l'ordre international, les droits fondamentaux des individus. Ces droits étant similaires à ceux posés par nos textes constitutionnels, le contrôle de la « *conventionnalité* » des lois est fort proche de celui opéré par le Conseil constitutionnel. Il présente l'avantage d'autoriser un contrôle *a posteriori* du respect des droits et libertés par les lois (voir CE Ass. 21 décembre 1990, *Confédération nationale des associations familiales catholiques*, préc.). Avant que ne soit instauré le mécanisme de la question prioritaire de constitutionnalité, il offrait ainsi un palliatif à l'insuffisance du contrôle de constitutionnalité exclusivement abstrait et *a priori* organisé par l'article 61 de la Constitution. Depuis le 1er mars 2010 et l'entrée en vigueur de la question prioritaire de constitutionnalité, le justiciable dispose de deux voies pour faire écarter une loi en cause dans son litige : il peut, au besoin cumulativement, faire valoir sa contrariété aux droits et libertés constitutionnellement garantis ou son incompatibilité avec les stipulations d'un traité international consacrant

1. C. M., F. D. et Y. A., « Le contrôle de conventionnalité des lois par le Conseil d'État », *AJDA* 1991, p. 91.

les mêmes droits et libertés. Dans le premier cas, le moyen ne pourra pas être tranché par le juge ordinaire qui devra, le cas échéant, le renvoyer au Conseil constitutionnel. Dans le second, en revanche, le juge ordinaire a compétence pour se prononcer lui-même. Si le justiciable invoque cumulativement les deux moyens, celui tiré de l'inconstitutionnalité de la loi sera examiné en priorité (d'où la dénomination du nouveau mécanisme). Ainsi présentée, il semble évident que l'exception d'inconventionnalité est plus avantageuse en raison de son examen immédiat alors que la question prioritaire de constitutionnalité sera examinée au terme d'une procédure pouvant durer jusqu'à six mois. Mais l'exception d'inconstitutionnalité présente l'intérêt d'aboutir, si elle est fondée, à l'abrogation de la loi prononcée par le Conseil constitutionnel alors que le juge ordinaire ne peut écarter l'application de la loi inconventionnelle que dans le seul litige dont il est saisi. Les deux voies intéressent finalement deux catégories distinctes de requérants : les particuliers, désireux avant tout d'obtenir au plus vite satisfaction quant à leur situation individuelle, ont plutôt intérêt à n'invoquer qu'une exception d'inconventionnalité ; les requérants institutionnels (association, syndicats, groupements professionnels, etc.) qui agissent le plus souvent pour que la loi ne soit plus appliquée ont, pour leur part, intérêt à invoquer une exception d'inconstitutionnalité. Évidemment, le choix disparaît si le principe invoqué à l'appui de la contestation de la loi n'existe que dans un seul des registres normatifs.

En deuxième lieu, les lois françaises sont soumises au respect tant du droit international originaire (arrêt Nicolo) que du droit dérivé, qu'il s'agisse des règlements (CE 24 septembre 1990, *Boisdet*, p. 250 ; *LPA* 12 octobre 1990, p. 15, concl. Laroque) ou des directives européennes (CE Ass. 28 février 1992, *SA Rothmans International France*, p. 80, concl. Laroque). La seule limite, quant aux normes internationales de référence, porte sur la coutume internationale qui, tout en étant reconnue comme susceptible d'applicabilité directe, n'est pas visée, selon le Conseil d'État, par l'article 55. Il ne lui appartient donc pas d'en imposer le respect aux lois (CE Ass. 6 juin 1997, *Aquarone*, p. 206, concl. Bachelier ; CE 28 juillet 2000, *Paulin*, p. 317 ; *D.* 2001, p. 411, note Tixier).

La portée de la jurisprudence Nicolo s'apprécie, en troisième lieu, par ses conséquences pour les autorités nationales. Par dérogation au principe de compétence liée du gouvernement pour assurer l'exécution des lois, cette autorité doit refuser de prendre les mesures réglementaires d'application d'une loi contraire à une norme internationale (CE 24 février 1999, *Association des patients de la médecine d'orientation anthroposophique*, p. 29). La juridiction administrative saisie, quant à elle, « peut être invitée à rechercher non seulement si [l]'incompatibilité existait dès l'intervention de [la] disposition législative mais aussi si elle est apparue postérieurement » (CE Sect. 2 juin 1999, *Meyet*, p. 160. *AJDA* 1999, p. 560, chr. Raynaud et Fombeur), à la suite d'un changement dans les circonstances de droit et non simplement dans les circonstances de fait.

Doit être cependant relevée une restriction à l'examen de la conventionnalité des lois : le Conseil d'État refuse de vérifier si la procédure d'adoption d'une loi a respecté les stipulations d'un traité (CE 27 octobre 2015, *Allenbach*, *AJDA* 2015, p. 2376, chr. Dutheillet de Lamothe et Ondinet). Cette solution repose sur le fait que les règles de la procédure législative sont exclusivement déterminées par la Constitution et la loi organique et ne sauraient être modifiées par le jeu de normes internationales.

La conséquence la plus symbolique de la jurisprudence Nicolo réside dans l'engagement de la responsabilité de l'État en cas de violation du droit international. Elle trouve un fondement officiellement différent selon que l'acte interne à l'origine de cette violation est réglementaire ou législatif.

Dans le premier cas, le juge administratif prononce la condamnation de l'État à réparer les préjudices causés en se fondant sur la faute constituée par la violation de la norme internationale. Tel est du moins ce qu'il a affirmé à propos d'un acte réglementaire pris sur le fondement d'une loi elle-même incompatible avec les dispositions d'une directive (CE Ass. 28 février 1992, *Société Arizona Tobacco Products*, p. 78, concl. Laroque). Répugnant à entamer le dogme de l'infaillibilité du législateur, le juge a préféré imputer la faute au pouvoir réglementaire plutôt qu'au législateur, alors même que le premier s'était borné à appliquer la loi qui s'analysait donc comme la source, sinon du préjudice, du moins de la violation de la directive.

Dans le second cas, restant attaché à l'idée que le législateur, porte-parole de la volonté générale, ne peut mal faire et désireux d'exclure, en conséquence, que la responsabilité de l'État soit engagée pour faute lorsqu'une loi est adoptée en méconnaissance des engagements internationaux de la France, le Conseil d'État a posé que l'État était responsable de ce seul fait (CE Ass. 8 février 2007, *Gardedieu*, p. 78, concl. Derepas ; *JCPA* 2007, n° 2083, note Broyelle). En dépit de l'affirmation implicite de ce qu'il s'agit d'une responsabilité sans faute, elle ne peut être analysée *en réalité* que comme un cas de responsabilité pour faute du législateur. Aucun élément, si ce n'est l'opportunité jurisprudentielle, n'aurait dû conduire à la distinguer de celle issue de la jurisprudence Société Arizona Tobacco Products.

En tout état de cause, en acceptant désormais que la responsabilité de l'État soit engagée (pour faute) par le fait d'un acte réglementaire ou (sans faute) du fait d'une loi pris(e) en violation d'une norme internationale, la jurisprudence administrative est en accord avec celle de la Cour de justice (CJCE 19 novembre 1991, *Francovitch*, I, p. 5359 ; *RFDA* 1992, p. 1, note

Dubouis ; CJCE 5 mars 1996, *Brasserie du pêcheur et Factortame*, I, p. 1029, *RFDA* 1996, p. 583, note Dubouis).

Il est remarquable que le Conseil d'État ait à ce point accepté d'exercer le contrôle de la conventionalité des lois françaises, qu'il ne se soit pas contenté de l'effectuer *in abstracto* mais également, le cas échéant, *in concreto*. Cela signifie que même si une loi est compatible théoriquement avec une norme internationale, elle peut se révéler concrètement incompatible avec elle en certaines circonstances et doit alors être écartée dans le cas d'espèce. C'est ce que le Conseil d'État a décidé à propos de la prohibition de l'insémination post mortem et de l'exportation de gamètes à cette fin : la loi française, reconnue en principe compatible avec le droit au respect de la vie privée et familiale, tel qu'il est garanti par l'article 8 de la Convention européenne des droits de l'homme, peut cependant porter une atteinte manifestement excessive à ce droit, eu égard à l'ensemble des circonstances dans une affaire déterminée (CE Ass. 31 mai 2016, *Mme Gonzalez-Gomez*, p. 208, concl. Bretonneau ; *AJDA* 2016, p. 1398, chr. Dutheillet de Lamothe et Odinet ; *RFDA* 2016, p. 740, concl., note Delvolvé). L'audace du Conseil d'État, qui semble ce faisant écarter un interdit législatif pour des considérations d'équité, est cependant mesurée : le contrôle *in concreto* ne donnera que très rarement satisfaction au requérant (voir CE 28 décembre 2017, *Molénat*, req. n° 396571).

Les normes internationales bénéficient aujourd'hui, au terme d'une évolution jurisprudentielle longue et, on le voit, parfois hésitante, d'un statut plus conforme à l'esprit de la Constitution. Ces deux normes, sources qualitativement et quantitativement importantes du droit administratif, sortent considérablement affermies du processus décrit précédemment. Cela n'a pu se faire qu'au détriment d'autres sources, nécessairement affaiblies.

Chapitre II

LES SOURCES AFFAIBLIES

Aussi anciennes que la Constitution ou les traités, d'autres normes, d'importance quantitative considérable, semblent aujourd'hui sur le déclin. Elles ne bénéficient plus du prestige dont elles étaient autrefois parées. Sans que leur place formelle dans la hiérarchie des normes ait changé de quelque façon, leur autorité est moins forte pour plusieurs raisons. Tout d'abord, le renforcement de l'autorité de la Constitution et des traités, en conséquence du contrôle plus étroit de leur respect (voir *supra*, chap. I), implique logiquement une subordination accrue des autres normes que sont la loi, le règlement et la jurisprudence. Ensuite, les sources en cause, d'origine purement interne, perdent peu à peu la place centrale qu'elles occupaient naguère en raison du développement des normes externes, au premier rang desquelles figurent évidemment les actes dérivés du droit de l'Union européenne. De normes initiales, elles se transforment en normes subordonnées, le plus souvent chargées de transposer ou de mettre en œuvre des décisions prises au niveau supérieur. Par ailleurs, devenant pour cette dernière raison des normes essentiellement techniques, sans autre ambition que de tout régler, prévoir et diriger, certaines – la loi et le règlement – sont banalisées par un usage trop intensif. Or « qui dit inflation dit dévalorisation : quand le droit bavarde, le citoyen ne lui prête plus qu'une oreille distraite [1] ». Enfin, la source jurisprudentielle se tarit

---

1. Conseil d'État, « De la sécurité juridique ». *Rapport public 1991*, La Documentation française, 1992, p. 20.

quelque peu en raison, précisément, de l'inflation textuelle qui comble les interstices du droit.

L'affaiblissement ici affirmé ne doit pas être exagéré. Il est diffus, impalpable et se manifeste pour l'instant par une baisse de prestige des normes concernées. Peu important sur le plan juridique, à l'égard duquel il est sans incidence, cet affaiblissement pourrait néanmoins devenir politiquement préoccupant s'il touchait au prestige des organes auteurs de ces normes : les pouvoirs législatif, exécutif et juridictionnel.

Une analyse strictement juridique, nécessairement objective et positive, interdit toutefois encore aujourd'hui de négliger l'étude des sources du droit administratif que demeurent la loi, le règlement et la jurisprudence.

Section I
LES NORMES LÉGALES ET RÉGLEMENTAIRES

L'article 6 de la Déclaration des droits de l'homme de 1789 proclame que « la Loi est l'expression de la volonté générale. Tous les Citoyens ont droit de concourir personnellement, ou par leurs Représentants, à sa formation ». De cette définition, la loi a longtemps tiré une place privilégiée dans la hiérarchie des sources du droit. Elle était même, en pratique, la règle suprême, intouchable, tant que n'existait pas un véritable contrôle de constitutionnalité, puisque la supériorité de la Constitution n'était pas sanctionnée. Mais l'instauration d'un contrôle de constitutionnalité, *a priori* et désormais *a posteriori*, et la reconnaissance du pouvoir du juge ordinaire de vérifier la compatibilité des lois et des traités, ont entraîné un net recul de l'autorité de la loi. Les actes réglementaires, émanant du pouvoir exécutif ou, plus largement, des autorités administratives, ont, quant à eux, depuis longtemps été conçus comme des actes subordonnés à la loi, le plus souvent, mais également à la Constitution, aux traités ou aux principes généraux du droit.

À ces causes de faiblesse, somme toute prévisibles puisque liées à la hiérarchie des normes elle-même, s'en ajoutent de nouvelles, plus conjoncturelles.

Lois et règlements constituent certes les sources principales du droit administratif : en 2011, le gouvernement estimait à respectivement 2 000 et 26 000 le nombre de lois et de règlements en vigueur, auxquels s'ajoutaient plus de 28 000 circulaires en 2013. Cette masse, née d'une inflation normative contemporaine, provoque à elle seule une dévalorisation de la norme.

En outre, les textes ne sont pas seulement de plus en plus nombreux, ils sont encore de plus en plus longs comme le révèle le volume toujours plus important du *Journal officiel* (plus de 25 000 pages en 2015). Le conseil de Sieyès, sage, mais également ambigu, qui souhaitait que les textes, notamment constitutionnels, soient courts et… obscurs, n'inspire plus les rédacteurs des lois et règlements. La longueur, due à l'excessive technicité des normes posées, entraîne par contrecoup leur rapide obsolescence et donc leur vertigineuse instabilité : on ne compte plus, par exemple, les modifications de l'ordonnance du 2 novembre 1945 sur l'entrée et le séjour des étrangers et du code qui lui a succédé. Les incohérences au sein d'un même texte ne sont en conséquence pas rares, ce qui nécessite évidemment l'édiction de nouveaux textes.

Il ne suffit plus d'être juriste – ce qui en soi n'était déjà pas satisfaisant s'il est vrai que nul n'est censé ignorer la loi – pour se diriger dans certains maquis juridiques : il faut être un juriste très spécialisé. Se revendiquer « honnête juriste », sur le modèle de l'« honnête homme » de la Renaissance, devient hélas éminemment suspect… « S'il est vrai que la complication va de pair avec le progrès (dont elle serait l'inévitable rançon), on doit reconnaître que le droit administratif a beaucoup progressé [1]. »

Paradoxalement, la dégradation de la norme s'exprime également par son imprécision croissante et l'apparition de textes purement incantatoires. Parmi bien d'autres exemples, l'article L 210-1 du code de l'environnement (« L'eau fait partie du patrimoine commun de la nation. Sa protection, sa mise en valeur et le développement de la ressource utilisable, dans le respect des équilibres naturels, sont d'intérêt général… ») ou l'article 1er de la loi du 9 juin 1999 (« L'exploitation des enfants par le travail doit être fermement combattue et dénoncée ») sont particulièrement édifiants. Réceptacle de déclarations solennelles affligeantes de banalité, modeste à force d'ambition, la loi se réduit parfois à un guide de bonne conduite à forte connotation morale. Et le rappel par le Conseil constitutionnel de ce que « la loi a pour vocation d'énoncer des règles et doit par suite être revêtue d'une portée normative » (CC 2004-500 DC du 29 juillet 2004, p. 72) n'a guère été suivi d'effet.

L'affaiblissement des normes légales et réglementaires est, dans ces conditions, inéluctable : quel crédit accorder à ce droit « mou », volatile, gazeux, en expansion constante, intelligible par de rares initiés ? Ainsi des circulaires successives incitant à une utilisation raisonnée des circulaires (voir celle du 17 juillet 2013) ou du pouvoir réglementaire (voir celle du 26 juillet 2017). Qu'espérer également de l'obligation de réaliser une étude d'impact lors de l'élaboration des projets de lois instaurée à la suite de la révision constitutionnelle du 23 juillet 2008 (voir la loi organique du 15 avril 2009) ?

La relance du processus de codification depuis 1989 n'a pas sensiblement amélioré l'état (médiocre) du droit… Conçue à *droit constant*, à la différence des

1. R. Chapus, « L'administration et son juge. Ce qui change », *EDCE* 1992, n° 43, p. 259.

grandes codifications napoléoniennes, elle consiste « simplement » à ordonner l'ensemble des textes en vigueur, domaine par domaine, sans les modifier [1]. Bien que l'objectif, profondément irréaliste, de codification de l'ensemble du droit français en 2000 n'ait pas été atteint, le travail accompli n'est pas négligeable (création, par exemple, de codes de la propriété intellectuelle en 1992, de la consommation en 1993, des juridictions financières en 1994, des collectivités territoriales en 1996, de l'environnement en 2007, de la sécurité intérieure en 2012 ou des relations entre le public et l'administration en 2016). Il a été, signe ô combien révélateur, retardé par l'encombrement du Parlement, chargé d'adopter la partie législative de ces codes. D'où le recours à la procédure des ordonnances pour faciliter l'adoption de certains codes (dont celui de justice administrative en 2000). Et encore faut-il constater que, bien souvent, les codes sont modifiés à peine entrés en vigueur par l'effet du déferlement continuel de nouvelles normes légales ou réglementaires.

En tant que sources du droit administratif, celles-ci doivent être examinées conjointement puisque l'actuelle Constitution organise une répartition des compétences entre les pouvoirs législatifs et réglementaires. La comparaison des autorités respectives des normes en cause est, par ailleurs, riche d'enseignements.

Sous-section 1

Les domaines respectifs

Sous les Républiques antérieures, fortement attachées à l'idée que la loi est l'expression de la volonté générale, le législateur jouissait d'une compétence illimitée l'autorisant à s'intéresser à n'importe quel sujet. La loi était d'ailleurs significativement définie par un

1. Voir dossier spécial in *AJDA* 1997, p. 639.

simple critère formel : il s'agissait de l'acte fait par les organes exerçant le pouvoir législatif et selon la procédure législative. Bien que critiquée [1], cette présentation faisait du vote de la loi un acte de souveraineté, statuant de façon initiale et inconditionnée. Le règlement n'était en conséquence qu'un acte de complément, presque toujours d'exécution des lois. Semblable conception des domaines législatifs et réglementaires avait des conséquences excessives. Compétent pour tout, le législateur ne pouvait faire face à l'ensemble de ses responsabilités, préférant parfois, par pusillanimité politique, se préoccuper de problèmes mineurs et déléguant au pouvoir réglementaire la compétence pour régler les autres par la technique des décrets-lois, ancêtres des ordonnances actuelles. L'idéal révolutionnaire était perverti pour déboucher sur un paradoxe : au législateur les dispositions techniques, au pouvoir réglementaire les problèmes de société.

Renforcé par l'apparente instabilité ministérielle, symbole des IIIe et IVe Républiques, ce travers incita le constituant à introduire dans l'actuel texte constitutionnel un système profondément original conjuguant un régime normal et des régimes exceptionnels.

A. Le régime normal

La Constitution de 1958 prévoit, pour la première fois, une répartition des matières entre le législateur et le pouvoir réglementaire et instaure des mécanismes garantissant le respect des deux domaines ainsi déterminés.

1. R. Carré de Malberg, *La Loi, expression de la volonté générale*, Sirey, 1931.

1. La délimitation des domaines

Les articles 34 et 37 alinéa 1er de la Constitution contiennent une innovation très symbolique puisqu'ils assignent à la loi et au pouvoir réglementaire des sphères de compétence distinctes. Cela signifie d'emblée que le législateur ne peut plus intervenir en n'importe quel domaine. La souveraineté parlementaire est par ce seul fait singulièrement compromise. Plus remarquable encore est la consécration de la compétence du pouvoir réglementaire en tant qu'autorité normatrice de principe, le législateur n'ayant qu'une compétence d'attribution. La pratique constitutionnelle a cependant permis de relativiser fortement la portée du bouleversement annoncé.

a. Le schéma théorique

En théorie, la loi se définit désormais comme l'acte voté par le Parlement et qui fixe les règles ou détermine les principes fondamentaux de diverses matières. L'article 34 ajoute ainsi au classique critère formel de définition de la loi, lié à la procédure d'édiction, un élément matériel tenant à son domaine d'intervention.

Certes, des textes constitutionnels antérieurs avaient déjà attribué explicitement compétence au législateur pour intervenir en certains domaines. Divers articles de la Déclaration des droits de l'homme réservent au législateur le soin de fixer les limites indispensables à l'exercice de plusieurs droits et libertés (liberté individuelle, liberté d'opinion, liberté d'expression, droit de propriété). De la même manière, le préambule de la Constitution de 1946 confie au législateur le soin de concrétiser certains droits (égalité des sexes, droit de grève) ou la Charte de l'environnement renvoie à la loi la détermination des conditions et des limites applicables aux droits et devoirs qu'elle consacre.

Ces diverses dispositions n'avaient cependant pas pour but de tracer une frontière entre domaines législatif et réglementaire mais, plus simplement, d'habiliter le législateur à organiser des droits et libertés posés au niveau constitutionnel. Tout autre est le sens des différents alinéas de l'article 34 et de quelques dispositions éparses dans le texte constitutionnel : ils délimitent précisément les matières dans lesquelles le pouvoir législatif est compétent. Dans certaines d'entre elles, ce pouvoir *fixe les règles*, visant notamment « les droits civiques et les garanties fondamentales accordées aux citoyens pour l'exercice des libertés publiques », « la nationalité, l'état et la capacité des personnes », « la détermination des crimes et délits ainsi que les peines qui leur sont applicables ; [...] la création de nouveaux ordres de juridiction », « le régime électoral des assemblées parlementaires », « la création de catégories d'établissements publics » ou « les nationalisations d'entreprises et les transferts de propriété d'entreprises du secteur public au secteur privé ». Dans les autres matières, comme « la libre administration des collectivités locales », « l'enseignement », « le régime de la propriété, des droits réels et des obligations civiles et commerciales » ou « le droit du travail », le législateur ne peut déterminer que les *principes fondamentaux.*

En comparaison, la délimitation du domaine réglementaire est fort brève. Son champ n'en est que plus large, car il s'étend à « toutes les matières autres que celles qui sont du domaine de la loi » (article 37 alinéa 1er). Le rapprochement de ces deux articles révèle une conception radicalement nouvelle des rapports entre la loi et le règlement. Par le fait même que la loi se voit assigner un domaine particulier, idée déjà fortement iconoclaste, elle ne bénéficie que d'une compétence d'attribution, définie par soustraction au domaine réglementaire. Les titulaires de ce dernier deviennent les autorités de principe pour l'édiction des textes généraux.

Compétent dès lors que le législateur ne l'est pas, le pouvoir réglementaire résultant de l'article 37 alinéa 1er est dit *autonome.* L'*autonomie* désigne le fait que ce pouvoir est mis en œuvre en toute indépendance par rapport au pouvoir législatif. Cette autonomie n'a pourtant pas de portée absolue puisqu'elle ne s'étend pas aux autres normes supérieures : les règlements autonomes sont donc soumis au respect de la Constitution, des traités et des normes jurisprudentielles [1]. Autorité normative de principe, le pouvoir réglementaire autonome jouit d'un domaine indéfini dont relèvent notamment la structure de l'administration étatique, les procédures juridictionnelles administratives et civiles ou la répression des atteintes au domaine public.

Outre l'édiction de normes en dehors du domaine législatif, le pouvoir réglementaire assure toujours l'*exécution des lois.* Moins symbolique, cette compétence n'en est pas moins importante lorsque, conformément à la lettre de l'article 34, la loi doit se borner à déterminer les principes fondamentaux d'une matière. Cette compétence, qui découle de l'article 21 de la Constitution, selon lequel le Premier ministre « assure l'exécution des lois », se traduit par l'obligation d'édicter les mesures réglementaires nécessaires à l'application d'une loi. S'il convient qu'une loi dispose de ses textes d'application le plus rapidement possible afin que la volonté du législateur ne soit pas paralysée, un *délai raisonnable* est accordé au pouvoir réglementaire pour rédiger ces textes. Passé ce délai, qui s'apprécie au cas par cas, le juge administratif accepte d'annuler le refus du Premier ministre d'édicter les actes nécessaires et peut même, depuis la loi du 8 février 1995, lui enjoindre sous astreinte de le faire dans un délai déterminé (voir par exemple CE 20 mai 2015, *Société Pneutech SAS*, p. 700, req. 380726). Le retard, lorsqu'il est source de préju-

1. R. Chapus, « De la soumission au droit des règlements autonomes », *D.* 1960, chr., p. 119.

dices pour les administrés, entraîne, sur recours de leur part, la condamnation de l'État à les réparer (CE 27 novembre 1964, *Veuve Renard*, p. 590, concl. Galmot ; CE 30 décembre 2009, *Département de la Seine-Saint-Denis*, p. 940).

b. La pratique

La pratique de la Ve République a permis de relativiser fortement le bouleversement des compétences porté par les articles 34 et 37. Le retour à la tradition antérieure a été favorisé par trois phénomènes.

Tout d'abord la liste des matières relevant du législateur est formulée en termes si généraux qu'elle couvre l'essentiel, quantitativement comme qualitativement, de l'activité normative. L'article 34 détaille cette compétence en treize alinéas couvrant l'ensemble des libertés publiques et individuelles fondamentales (droits civiques, indépendance et pluralisme des médias, droit des personnes, propriété privée, droit du travail, droit syndical, sécurité sociale, enseignement) ainsi que toutes les obligations auxquelles la vie en société assujettit les individus (défense nationale, impôts, droit pénal, obligations civiles et commerciales) et un certain nombre de matières concernant les institutions (élections parlementaires, organisation juridictionnelle, libre administration des collectivités locales, création d'établissements publics). L'article 34 réserve encore au législateur le vote des lois de finances, des lois de financement de la sécurité sociale et des lois de programmation qui déterminent les objectifs de l'action de l'État ou définissent les orientations pluriannuelles des finances publiques.

Par ailleurs, l'interprétation des dispositions en cause par le Conseil constitutionnel et le Conseil d'État a encore élargi le domaine législatif au détriment de la compétence du pouvoir réglementaire. C'est ainsi que, contrairement à la lettre du texte constitutionnel, il n'est pas fait de distinction entre les matières dont la loi fixe les règles et celles dont elle ne doit déterminer que les principes fondamentaux. Le législateur est donc libre de régler dans les moindres détails tout domaine évoqué à l'article 34, et ce au détriment du pouvoir réglementaire d'exécution des lois. Le domaine réglementaire, théoriquement de droit commun, se révèle en pratique très résiduel.

Enfin, le législateur ne s'embarrasse pas des limites de sa propre compétence et n'hésite pas à s'immiscer dans le domaine réglementaire. Cela se fait souvent avec l'accord tacite du gouvernement, voire à son initiative, lorsque ce dernier préfère voir endosser la responsabilité politique de certaines décisions par les représentants du peuple (par exemple en matière de prescription quadriennale des dettes publiques : CC 97-181 L du 16 décembre 1997, p. 139). Une telle inflexion du système constitutionnel est possible en dépit des mécanismes de sanction de la répartition des compétences.

2. La sanction de la délimitation

La Constitution a prévu plusieurs procédures permettant de garantir le respect des sphères de compétence respectives du législateur et du pouvoir réglementaire.

Les plus nombreuses assurent la protection du domaine réglementaire contre les visées expansionnistes du législateur. Leur sophistication confirme la volonté du constituant d'ériger le pouvoir réglementaire en autorité normative de principe dotée des moyens de résister aux pressions légales. Le Parlement étant visé par ces procédures, la compétence du Conseil constitutionnel s'est logiquement imposée. L'article 41 permet au gouvernement ou au président de l'assemblée saisie, au cours de la procédure législative, d'opposer une exception d'irrecevabilité à une proposition de loi ou à un amendement ne relevant pas du domaine de la loi. Si le désaccord persiste avec le président de l'assemblée intéressée, ce dernier ou le gouvernement peut saisir le Conseil constitutionnel qui va trancher le différend. L'article 37 alinéa 2 organise, quant à lui, deux procédures de « délégalisation », visant à faire constater qu'une loi antérieurement votée et promulguée est intervenue hors du domaine législatif. Le Conseil constitutionnel, saisi par le gouvernement, autorise ce dernier à modifier par décret les lois en cause lorsqu'elles sont postérieures à la Constitution de 1958 (par exemple CC 2010-219 L du 11 février 2010 à propos de dispositions d'une loi de 1972 répartissant les attributions territoriales de l'État entre le préfet de région et le préfet du département). Les lois antérieures et touchant à une matière aujourd'hui réglementaire peuvent être, quant à elles, modifiées par décrets pris après avis du Conseil d'État (CE 3 février 1999, *Nodière*, p. 8). La question s'est également posée de savoir si le respect du domaine réglementaire pouvait être assuré par le Conseil constitutionnel dans le cadre du classique contrôle de la constitutionnalité des lois. Depuis 1982 (CC 82-143 DC du 30 juillet 1982, p. 57), le Conseil constitutionnel s'interdit de censurer des dispositions législatives empiétant sur le domaine réglementaire. Surprenante, cette position se recommande d'abord de solides raisons pragmatiques : les intrusions législatives en matière réglementaire permettent souvent au texte d'être immédiatement applicable sans qu'il soit besoin d'attendre les décrets d'application et parfois même s'imposent lorsque les aspects quantitatifs ou techniques, qui relèvent de la compétence réglementaire, jouent un rôle décisif dans l'adoption de la loi. Ensuite, d'un point de vue juridique, le gouvernement dispose de mécanismes (articles 37 alinéa 2 et 41) pour défendre son champ de compétence. Leur non-usage témoigne de ce qu'il consent, voire provoque l'immixtion législative. Il serait, en outre, paradoxal que ce soient des parlementaires, fussent-ils de l'opposition, qui prennent l'initiative de défendre le domaine réglementaire contre les excès du Parlement... Pour tenir compte de ces éléments mais ne pas laisser sans conséquence le vote de dispositions législatives dans le domaine réglementaire, le Conseil constitutionnel a, un temps, accepté de constater ces empiétements, dans le cadre de son contrôle de la constitutionnalité des lois de l'article 61. Sans pour autant censurer les dispositions en cause, il prononçait leur déclassement et accordait ainsi au pouvoir réglementaire la faculté de les modifier lui-même à l'avenir, sans avoir à mettre en œuvre la procédure de déclassement prévue à l'article 37 alinéa 2 de la Constitution (CC 2005-512 DC du 21 avril 2005, p. 72). Cette jurisprudence étant désormais abandonnée (CC 2012-649 DC du 15 mars 2012), le système des articles 34 et 37 reste dépourvu de sanction, ce qui confère aux autorités concernées la possibilité de s'y soustraire, en dépit du principe selon lequel une autorité n'a pas la disposition de sa compétence.

L'état du droit relatif à la protection du domaine réglementaire contraste singulièrement avec celui concernant la protection symétrique du domaine législatif. Dirigé par hypothèse contre des actes réglementaires, ce contrôle incombe logiquement aux juridictions administratives. Un acte administratif réglementaire méconnaissant l'étendue du domaine législatif est illégal pour violation des articles 34 et 37 (CE 21 novembre 2008, *Union des chirurgiens de France*, p. 430). Cette sévérité s'explique par le fait que la Constitution a prévu une procédure particulière par laquelle le pouvoir réglementaire peut être autorisé à décider en lieu et place du législateur (voir *infra*).

Il ressort de la pratique des articles 34 et 37 comme de celle des mécanismes prévus pour en garantir le respect que la compétence de droit commun du pouvoir réglementaire est pure affirmation théorique. La loi jouit encore, sous l'actuelle Constitution, d'une prédominance matérielle. Il convient toutefois de prendre en compte divers régimes exceptionnels dérogeant au système que l'on vient de présenter.

B. Les régimes exceptionnels

La Constitution de 1958 aménage diverses dérogations au régime normal de répartition des compétences. L'ancien article 92 (aujourd'hui abrogé) a permis au gouvernement de prendre par ordonnance, dans les mois suivant l'entrée en vigueur de la Constitution, les mesures nécessaires à la mise en place et au fonctionnement des pouvoirs publics, à la vie de la nation, à la protection des citoyens et à la sauvegarde des libertés. L'article 92 donnant « force de loi » auxdites ordonnances, elles ne se sont pas bornées à intervenir dans le domaine législatif, mais ont été prises dans l'exercice du pouvoir législatif. Cela explique que le juge administratif ait décliné sa compétence pour en connaître, même pour celles de leurs dispositions intervenues dans le domaine réglementaire (CE 12 février 1960, *Société Eky*, p. 101, *S.* 1960, III, p. 131, concl. Kahn).

La révision constitutionnelle du 28 mars 2003 permet désormais (article 74-1) au gouvernement d'étendre les dispositions de nature législative en vigueur en métropole aux collectivités d'outre-mer visées à l'article 74 et à la Nouvelle-Calédonie. Ce transfert est opéré par des ordonnances prises en conseil des ministres, après avis des assemblées délibérantes intéressées et du Conseil d'État, qui deviennent caduques en l'absence de ratification par le Parlement dans le délai de dix-huit mois suivant leur publication.

D'autres dispositions constitutionnelles, les articles 38 et 16, appellent de plus amples développements.

1. Les ordonnances de l'article 38

Aux termes de l'article 38 alinéa 1er de la Constitution, « le Gouvernement peut, pour l'exécution de son programme, demander au Parlement l'autorisation de prendre par *ordonnances* pendant un délai limité des mesures qui sont normalement du domaine de la loi ». Le mécanisme ainsi instauré, rappelant celui des *décrets-lois* souvent pratiqué sous les Républiques antérieures, permet au pouvoir réglementaire d'intervenir en matière législative sans pour autant exercer le pouvoir législatif proprement dit. Cela découle des conditions posées et du statut juridique des ordonnances.

L'initiative du recours aux ordonnances appartient au gouvernement qui doit présenter précisément le programme pour lequel il sollicite l'autorisation d'empiéter sur le domaine législatif. Curieusement, le Conseil d'État estime que l'habilitation donnée par le Parlement à un gouvernement peut être mise en œuvre par son successeur, dès lors que le délai d'habilitation n'est pas expiré (CE 5 mai 2006, *Schmitt*, p. 220 ; *AJDA* 2006, p. 1362, chr. Landais et Lenica). L'accord éventuel du législateur se manifeste par une *loi d'habilitation* qui le dessaisit momentanément de sa compétence dans les matières concernées. Le dessaisissement du législateur constitue la principale différence avec les anciens décrets-lois. Cependant, si le gouvernement ne soulève pas une exception d'irrecevabilité (article 41) au cours des travaux préparatoires à une loi ne respectant pas le champ d'une loi d'habilitation, cette immixtion n'est pas sanctionnée dans le cadre du contrôle de constitutionnalité de ladite loi (CC 86-224 DC du 23 janvier 1987, p. 8 ; *RFDA* 1987, p. 287, notes Genevois et Favoreu). Le Conseil constitutionnel vérifie que les dispositions de la loi d'habilitation ne sont, ni par elles-mêmes, ni par les conséquences qui en découlent nécessairement, contraires à une règle ou à un principe de valeur constitutionnelle et souligne qu'elles ne sauraient avoir ni pour objet ni pour effet de dispenser le gouvernement de respecter les normes constitutionnelles, internationales ou européennes (CC 2005-521 DC du 21 juillet 2005, p. 121).

L'habilitation du gouvernement ne vaut que pour une période donnée à l'expiration de laquelle le législateur recouvre sa compétence (article 38 dernier alinéa). Il en résulte que les ordonnances ne peuvent plus être modifiées ou abrogées que par une loi pour leurs dispositions qui relèvent du domaine législatif (CE Ass. 11 décembre 2006, *Conseil national de l'ordre des médecins*, p. 510, *AJDA* 2007, p. 133, chr. Landais et Lenica) ; pour les autres, un décret en conseil des ministres pris après avis du Conseil d'État suffit (CE 30 juin 2003, *Fédération régionale ovine du Sud-Est*, p. 293). C'est la conséquence du parallélisme des compétences et de l'article 38 alinéa 2 qui précise que les ordonnances sont prises en conseil des ministres après avis du Conseil d'État – ce qui implique qu'elles soient signées par le Président de la République et contresignées par les ministres responsables (CE 17 juin 2019, *Compagnie nationale des conseils en propriété industrielle*, req. 400192). Elles entrent en vigueur dès leur publication, mais deviennent caduques si un projet de loi de ratification n'est pas déposé devant le Parlement avant la date fixée par la loi d'habilitation. Cette exigence est purement formelle : le seul dépôt, même sans commencement d'examen, suffit à éviter la caducité du texte.

Le statut juridique de l'ordonnance dépend de l'attitude du Parlement vis-à-vis des ordonnances déposées devant lui. Tant qu'il ne les ratifie pas, elles conservent leur nature d'actes administratifs réglementaires contestables, par le biais d'un recours pour excès de pouvoir (CE Ass. 19 octobre 1962, *Canal, Robin et Godot*, p. 552 ; *GAJA*, n° 75) ou d'une exception d'illégalité (CE Sect 14 avril 1999, *Syndicat des médecins libéraux*, p. 139), devant le juge administratif. À l'exclusion de l'immixtion dans le domaine législatif, autorisée par la loi d'habilitation, sont invocables non seulement le moyen tiré de la violation du champ de la loi d'habilitation (CE 13 juillet 2006, *France Nature Environnement*, p. 337) mais également ceux alléguant la contrariété à des principes généraux du droit ou à des normes internationales dans la mesure où la loi ne fait pas écran. La contestation de leur inconstitutionnalité a connu une évolution remarquable à la suite de l'affirmation par le Conseil constitutionnel de ce que les dispositions d'une ordonnance « doivent être regardées, dès l'expiration du délai de l'habilitation et dans les matières qui sont du domaine législatif, comme des dispositions législatives au sens de l'article 61-1 de la Constitution. Leur conformité aux droits et libertés que la Constitution garantit ne peut donc être contestée que par une question prioritaire de constitutionnalité » (CC déc. 2020-851 QPC du 3 juillet 2020). Le Conseil d'État, acceptant cette légère atteinte à sa compétence, en a déduit qu'il pouvait encore annuler une ordonnance non ratifiée, postérieurement à l'expiration du délai d'habilitation, en cas de contrariété avec d'autres règles de valeur constitutionnelle que les droits et libertés que la Constitution garantit (CE Ass. 16 décembre 2020, *Fédération CFDT finances*, req. nº 440258). Par ailleurs, comme le Conseil constitutionnel dans le cadre du contrôle de constitutionnalité des lois, le juge administratif veille à ce que l'autorité réglementaire exerce pleinement la compétence qui lui est attribuée par la loi d'habilitation. Il censure l'incompétence négative que constitue le renvoi à des décrets d'application (CE Ass. 3 juillet 1998, *Syndicat des médecins d'Aix et région*, p. 266).

Le vote d'une *loi de ratification* par le Parlement confère *rétroactivement* force de loi à l'ordonnance. Depuis la révision constitutionnelle du 23 juillet 2008, cette ratification doit être expresse, ce qui met fin à la pratique des ratifications implicites consacrée antérieurement. Le Conseil constitutionnel et le Conseil d'État admettaient, en effet, que « la ratification de tout ou partie des dispositions d'une ordonnance [...] peut résulter d'une loi qui, sans avoir cette ratification pour objet direct, l'implique nécessairement » (CC 86-224 DC du 23 janvier 1987, préc. ; CE 29 octobre 2004, *Sueur*, p. 393, concl. Casas ; *AJDA* 2004, p. 2383, chr. Landais et Lenica). Cette ratification implicite était constatée, notamment, lorsqu'une loi reprenait les dispositions d'une ordonnance ou renvoyait à elles. Elle avait cependant pour inconvénient de n'être officialisée que de manière hypothétique. Tant qu'un juge, saisi de la question, ne l'avait pas affirmée, une incertitude persistait sur la valeur des dispositions de l'ordonnance.

L'ordonnance ratifiée ne peut donner lieu qu'à un contrôle indirect : soit de constitutionnalité devant le Conseil constitutionnel à l'occasion de l'examen de la loi de ratification (CC 86-224 DC du 23 janvier 1987, préc.) ou d'une question prioritaire de constitutionnalité une fois la disposition ratifiée (CE 13 juin 2018, *Conseil national de l'ordre des infirmiers*, p. 505), soit de compatibilité avec des normes internationales devant le juge administratif à l'occasion d'un recours pour excès de pouvoir contre une mesure d'application de cette ordonnance. L'ordonnance ratifiée ne peut plus être modifiée que par une loi, sauf pour le gouvernement à obtenir une nouvelle habilitation ou à déclencher la procédure de délégalisation de celles de ses dispositions intervenues en matière réglementaire.

La présence du législateur, systématique au début (loi d'habilitation), éventuelle à la fin (loi de ratification) du processus d'édiction des ordonnances, nuance l'atteinte au régime normal de répartition des compétences que ces actes concrétisent. Le Parlement exprime clairement son consentement. Le second régime exceptionnel est beaucoup moins protecteur de la sphère législative.

2. L'article 16

L'article 16 de la Constitution attribue au Président de la République le pouvoir de prendre les mesures exigées par les circonstances en cas de menace grave et immédiate interrompant le fonctionnement régulier des pouvoirs publics. L'objectif de ces mesures doit être d'assurer aux pouvoirs publics constitutionnels, dans les moindres délais, les moyens d'accomplir leur mission. Concentrant en ses mains, en raison de circonstances exceptionnellement graves, les pouvoirs législatif et réglementaire, le Président est alors délié du respect des articles 34 et 37.

La mise en œuvre d'une telle atteinte au principe de séparation des pouvoirs est relativement encadrée par l'article 16 qui prévoit la consultation des plus hautes autorités de l'État (Premier ministre, présidents des assemblées, Conseil constitutionnel) et l'information de la nation par un message avant le recours à l'article 16. Pendant l'exercice des pouvoirs exceptionnels, la Constitution prévoit la réunion de plein droit du Parlement qui ne peut, de plus, être dissous, ainsi que la consultation du Conseil constitutionnel sur chacune des mesures prises. Depuis la révision constitutionnelle de 2008, cet organe est également chargé de veiller, selon certaines modalités, à ce que l'usage de l'article 16 ne se prolonge pas après la fin des circonstances ayant justifié sa mise en œuvre. Celles-ci n'ont été réunies qu'au plus fort de la crise algérienne en 1961.

Le Conseil d'État, saisi d'un recours, a alors précisé le régime juridique des actes pris dans ce cadre (CE Ass. 2 mars 1962, *Rubin de Servens*, p. 143 ; *RDP* 1962, p. 294, concl. Henry ; *GAJA*, n° 74). La décision du Président de la République d'y recourir est qualifiée d'acte de gouvernement, ce qui désigne un acte de nature non administrative car touchant aux relations entre les pouvoirs publics constitutionnels et qui, de ce fait, échappe à tout contrôle juridictionnel. La nature et donc le régime contentieux des mesures prises durant la période d'application de l'article 16 dépendent du domaine dans lequel elles interviennent. Lorsque le Président de la République prend une décision entrant, en période normale, dans la sphère législative, elle est un acte législatif dont il n'appartient pas au juge administratif de connaître. En revanche, si la mesure relève du domaine réglementaire, elle est un acte réglementaire susceptible de recours pour excès de pouvoir. Le juge n'a pas eu l'occasion de statuer sur des décisions de ce type et n'a donc pas précisé le contrôle auquel elles sont soumises. L'audace dont a fait apparemment preuve le Conseil d'État dans l'arrêt Rubin de Servens, en osant admettre la recevabilité des recours dirigés contre les actes intervenus en matière réglementaire, pourrait toutefois se révéler bien vaine. En effet, si les actes en cause violent des dispositions législatives ou des principes généraux du droit, ils ne sont pas pour autant illégaux. Il suffit de considérer que, comme seule une loi peut écarter une autre loi ou un principe général du droit, ces mesures sont en réalité de nature législative. Le juge ne pourra donc en connaître. La recevabilité des recours est alors limitée aux actes intervenus dans la sphère réglementaire et respectueux des lois et normes jurisprudentielles, autrement dit aux actes légaux ! Elle est exclue, en revanche, pour les actes les plus suspects…

La séparation des domaines législatifs et réglementaires est beaucoup moins étanche qu'une lecture rapide des articles 34 et 37 peut le laisser croire. La compétence de principe du pouvoir réglementaire est largement théorique, le pouvoir législatif bénéficiant d'une latitude d'action à peine réduite par rapport aux régimes antérieurs. Ces deux sources du droit administratif, dont les sphères de compétence sont inséparables, se distinguent par leur autorité respective.

Sous-section 2

L'AUTORITÉ RESPECTIVE

L'autorité d'une norme dépend de l'organe qui l'édicte et, plus précisément, de la place de celui-ci dans la hiérarchie des sources du droit. De ce point de vue, il est acquis depuis longtemps que la loi, œuvre du Parlement, a une autorité supérieure à celle des actes réglementaires, émanant du pouvoir exécutif. L'autorité d'un acte dépend également des possibilités de contestation qui sont ouvertes à son encontre. L'acte qui échappe à toute censure, comme la loi sous la IIIe République, jouit évidemment, en fait, d'une puissance égale à celle de la Constitution. Celui dont la remise en cause est aisée, l'annulation possible, ne bénéficie que d'une autorité modeste. À tous ces égards, la loi et le règlement, à des degrés certes variables, sont aujourd'hui des sources à l'autorité affaiblie.

A. La loi

L'étude de l'autorité de la loi relève traditionnellement du droit constitutionnel. Elle dépend, en effet, de la place du titulaire du pouvoir législatif dans la hiérarchie organique et du type de loi examiné. L'autorité de la loi sera appréhendée ici brièvement, à travers le rappel du respect qui lui est dû et des possibilités de la contester qui sont néanmoins ouvertes.

Le respect de la loi en vigueur s'impose non seulement aux juridictions ordinaires, mais encore à toutes les autorités administratives. L'autorité qui s'attache à l'expression de la volonté générale est symbolisée par la *promulgation*, acte par lequel le chef de l'État atteste l'existence de la loi et donne l'ordre aux autorités publiques de l'observer et de la faire observer (CE Ass.

8 février 1974, *Commune de Montory*, p. 93 ; *RDP* 1974, p. 1511, concl. Rougevin-Baville).

Le contrôle de la loi s'opère aujourd'hui doublement.

L'organisation d'un contrôle de constitutionnalité des lois n'est pas une innovation de la Ve République. Un Comité constitutionnel existait sous le régime précédent. Doté de pouvoirs réduits, il ne fut saisi qu'une fois. L'actuel Conseil constitutionnel, avant le 1er mars 2010, ne pouvait connaître d'une loi qu'avant sa promulgation dans le cadre d'un contrôle *a priori*, et uniquement sur saisine du Président de la République, du Premier ministre, des présidents des deux assemblées ou de soixante députés ou sénateurs. Le juge constitutionnel a néanmoins su utiliser toutes les potentialités du bloc de constitutionnalité pour mieux y soumettre le législateur. Il s'était, par ailleurs, reconnu compétent pour apprécier la conformité d'une loi promulguée à la Constitution à l'occasion de l'examen d'une loi nouvelle qui la modifie, la complète ou affecte son domaine (CC 85-187 DC du 25 janvier 1985, p. 4), sauf si la loi dont il est saisi se contente de mettre la précédente en application. Cette initiative prétorienne n'a guère donné de résultats (voir cependant CC 99-410 DC du 15 mars 1999, p. 51 ; *AJDA* 1999, p. 324, note Schoettl).

Il a fallu attendre la révision constitutionnelle du 23 juillet 2008 et l'entrée en vigueur le 1er mars 2010 de la question prioritaire de constitutionnalité qu'elle crée, pour que soit enfin organisé en France un véritable contrôle *a posteriori* et concret de la constitutionnalité des lois. Il conforte la compétence exclusive du Conseil constitutionnel en matière de contrôle de la constitutionnalité des lois : les juridictions ordinaires, notamment administratives, qui s'étaient depuis longtemps déclarées incompétentes en la matière en raison de la théorie de la loi-écran, ne peuvent se prononcer elles-mêmes. Elles doivent renvoyer au Conseil les questions incidentes de constitutionnalité des lois que leur posent les justiciables dans le cadre des litiges dont elles connaissent. Après un filtrage opéré par le Conseil d'État ou la Cour de cassation selon le cas, le Conseil constitutionnel peut désormais examiner le respect, par les lois promulguées, des droits et libertés garantis constitutionnellement. En cas de violation, l'abrogation de la loi, éventuellement avec un effet différé, est prononcée par le juge constitutionnel. Ce mécanisme comble une carence régulièrement critiquée de l'effectivité de la protection des droits constitutionnels telle qu'elle était organisée antérieurement en France mais il contribue évidemment à affaiblir encore un peu plus l'autorité de la loi et n'améliore pas la sécurité juridique en cas d'abrogation d'une loi (CE Ass. 13 mai 2011, *Mme M'Rida*, p. 211, concl. Geffray).

L'autre type de contrôle auquel est assujettie la loi a été longuement présenté dans le chapitre précédent : il s'agit du respect des conventions internationales, exigées par l'article 55 de la Constitution. Depuis l'arrêt Nicolo (CE Ass. 20 octobre 1989, *Nicolo*, p. 190, concl. Frydmann ; *GAJA*, n° 84), le juge administratif accepte de vérifier, sur demande d'une partie à un litige dépendant de l'application d'une loi, si cette dernière est bien compatible avec une norme internationale d'effet direct. Ce contrôle de conventionnalité est très souvent sollicité. Il a à ce point habitué le juge administratif à contrôler la loi que celui-ci accepte désormais, on l'a vu, de ne pas se borner à un contrôle *in abstracto* mais, en présence de circonstances particulières dans un litige, de constater l'inconventionnalité *in concreto* de la loi (CE Ass. 31 mai 2016, *Mme Gonzalez-Gomez*, p. 208, concl. Bretonneau).

Subordonnée à la constitution et aux normes internationales, la loi est en revanche depuis toujours hiérarchiquement supérieure aux actes réglementaires. Cette supériorité est logique lorsque ces derniers sont pris pour son exécution, sur le fondement de l'article 21 de la Constitution. Elle n'est pas moins certaine à l'égard des règlements autonomes de l'article 37 de la Constitution. En théorie, ces actes, édictés dans des matières où aucune loi ne devrait être votée, sont libérés de toute contrainte légale. Il est néanmoins fréquent, cela a été noté, que le législateur déborde du domaine de l'article 34. L'autorité réglementaire se trouve alors liée par les dispositions législatives tant qu'elle n'a pas sollicité leur délégalisation selon les procédures de l'article 37 alinéa 2.

B. Le règlement

La notion d'acte réglementaire et le régime juridique de ces actes seront traités au tome 2 de cet ouvrage. Il est toutefois indispensable, pour justifier de leur qualité de source du droit, de noter qu'il s'agit d'actes *administratifs unilatéraux* à portée *générale et impersonnelle.* Cela signifie qu'ils modifient l'ordonnancement juridique par eux-mêmes, sans le consentement de leurs destinataires, lesquels sont déterminés abstraitement, en fonction de leur situation présente ou future. Par ces éléments matériels, l'acte réglementaire ressemble à la loi (TC 16 juin 1923, *Septfonds,* p. 498 ; *S.* 1923, III, p. 49, note Hauriou) dont il ne se distingue que par la qualité de l'organe qui l'édicte. Ce seul élément suffit pourtant à le doter d'une autorité juridique bien moins forte.

1. Les titulaires du pouvoir réglementaire

Les titulaires du pouvoir réglementaire sont particulièrement nombreux et de nature fort variée. Certains sont désignés par la Constitution, d'autres tirent leur pouvoir des nécessités pratiques sans bénéficier d'aucune habilitation textuelle. Certains sont compétents à l'échelle du territoire national, d'autres à l'échelon local. Certains agissent comme autorités étatiques, d'autres comme autorités décentralisées. Leur présentation, indispensable pour comprendre l'autorité de ces actes, gagne à suivre, lorsqu'elle existe, la hiérarchie organique interne à l'administration.

a. Le Premier ministre et le Président de la République

La Constitution attribue le pouvoir réglementaire aux deux têtes de l'exécutif. L'article 21 énonce, en effet, que le Premier ministre exerce le pouvoir réglementaire sous réserve des dispositions de l'article 13, lequel donne compétence au Président de la République pour signer les décrets délibérés en Conseil des ministres. Le chef du gouvernement est donc le titulaire de principe du pouvoir réglementaire, le chef de l'État n'ayant qu'une compétence d'attribution réduite aux actes délibérés en conseil des ministres. La pratique, conforme pour l'essentiel à ce schéma théorique, a toutefois révélé quelques difficultés qui tiennent à l'étendue de la compétence du Président de la République et à la reconnaissance ancienne d'un pouvoir réglementaire non prévu par les textes.

Il importe tout d'abord de cerner le critère de la compétence d'attribution du Président de la République. Que faut-il entendre par *décret délibéré en conseil des ministres ?* Cette délibération peut-elle résulter de la simple volonté du Président ou doit-elle être imposée par un texte ? La seconde hypothèse étant rarement rencontrée, l'étendue de la compétence réglementaire du chef de l'État varie sensiblement selon la réponse retenue. Il ne faut pas s'étonner des hésitations jurisprudentielles à ce sujet, compte tenu de l'enjeu quant à l'équilibre des pouvoirs au sein de l'exécutif. Le Conseil d'État a initialement considéré que seul importait le passage en conseil des ministres, quelle qu'en soit la raison (CE Ass. 24 novembre 1976, *Syndicat national du personnel de l'énergie atomique CFDT*, p. 465), ce qui favorisait le Président de la République au détriment du Premier ministre. Puis, cohabitation aidant, la haute juridiction a limité la compétence du Président aux seuls décrets dont un texte prévoit qu'ils sont délibérés en conseil des ministres (CE 10 octobre 1987, *Syndicat autonome des enseignants de médecine,* p. 310) [1]. Un nouveau revirement, consacrant le retour à la solution initiale, a marqué la fin des hésitations (CE Ass. 10 septembre 1992, *Meyet,* p. 327, concl. Kessler). En ne fixant aucun critère à la compétence réglementaire du Président de la République, le Conseil d'État atténue fortement la portée de la compétence de droit commun reconnue par la Constitution au Premier ministre. Il en va d'autant plus ainsi que se produit un effet de « cliquet » : la compétence présidentielle obtenue sur un texte est presque définitivement acquise au détriment de celle du Premier ministre puisque, en vertu du principe du parallélisme des compétences, le Président peut seul modifier ou abroger des décrets précédemment délibérés en conseil des ministres (CE 27 avril 1994, *Allamigeon,* p. 191). La compétence du Premier ministre n'est rétablie que si le décret en conseil des ministres lui attribue le pouvoir de modification (CE 9 septembre 1996, *Ministre de la Défense c/ Collas,* p. 347 ; *D.* 1997, J, p. 129, note Gohin). Le Président de la République dispose donc librement de sa compétence : il peut l'élargir, en attrayant un décret en conseil des ministres, ou la réduire, en décidant de rendre la compétence au chef du gouvernement. Politiquement opportun, un tel système repose malheureusement sur une lecture audacieuse des articles 21 et 13 de la Constitution et sur un accommodement avec le principe selon lequel une autorité n'est pas maître de sa compétence.

La deuxième difficulté apparaît lorsque, comme cela se produit parfois, le Président de la République signe un décret réglementaire alors même que le conseil des

1. Voir aussi R. Chapus, « Le statut des décrets réglementaires délibérés en conseil des ministres », *D.* 1988, chr., p. 199.

ministres n'en a pas délibéré. Le strict respect de la Constitution et de la compétence du Premier ministre devrait justifier l'annulation d'un tel acte pour incompétence de son auteur. La position du juge administratif est cependant plus souple, élaborée pour tenter d'éviter une annulation purement formelle alors que l'esprit de la Constitution est respecté. En effet, le Conseil d'État constate que, en vertu de l'article 19 de la Constitution, les décrets du Président de la République doivent être contresignés par le Premier ministre. Il considère alors la signature du Président comme surabondante et le décret comme émanant du Premier ministre (CE Ass. 27 avril 1962, *Sicard,* p. 279). Le contreseing devient ainsi le seing de l'autorité dont émane l'acte en droit : le décret du Président de la République peut en effet être considéré comme un décret du Premier ministre, affublé d'une signature présidentielle neutralisée.

Pour autant, la requalification opérée ne sauve pas nécessairement le décret en cause. Encore faut-il que les ministres compétents l'aient eux-mêmes contresigné. Un rapide exposé des règles de contreseing est ici nécessaire. Si l'article 19 exige, pour les actes du Président de la République, le contreseing des « ministres responsables », l'article 22 soumet les actes du Premier ministre au contreseing des « ministres chargés de leur exécution ». La distinction s'explique par l'irresponsabilité politique du Président de la République : lorsque ce dernier édicte un décret, il est indispensable de le faire assumer par celles des autorités de l'exécutif qui sont politiquement responsables devant le Parlement. C'est ainsi que l'article 19 exige que les décrets présidentiels soient contresignés tant par le Premier ministre que par les ministres responsables. Le Conseil d'État définit ces derniers comme ceux « auxquels incombent, à titre principal, la préparation et l'application des actes en cause » (CE Sect. 10 juin 1966, *Pelon*, p. 384). Le contreseing des actes du Premier ministre a une tout autre signification puisque, celui-ci étant directement responsable devant l'Assemblée nationale, il matérialise simplement l'unité et la solidarité gouvernementale quant au texte concerné. Il se traduit en conséquence par la signature des ministres chargés de l'exécution de cet acte, c'est-à-dire ceux qui ont compétence « pour signer ou contresigner les mesures réglementaires ou individuelles que comporte nécessairement l'exécution de ces actes » (CE Ass. 27 avril 1962, *Sicard*, préc.).

Ces éléments relatifs au contreseing étant donnés, le problème qui justifiait ce rappel se résout aisément. Le décret présidentiel non délibéré en conseil des ministres a été normalement contresigné par les ministres responsables (article 19). Cet acte étant requalifié en décret du Premier ministre par le juge administratif, il convient alors de savoir si lesdits ministres peuvent être également considérés comme les ministres chargés de l'exécution au sens de l'article 22 (même arrêt). Si tel est le cas, le décret, formellement signé par le Président de la République, peut être considéré comme un décret du Premier ministre légalement contresigné. Si tel n'est pas le cas, le même décret est illégal pour vice de forme.

La troisième difficulté tient au fait que les articles 21 et 37 n'épuisent pas le pouvoir réglementaire des autorités responsables de l'exécutif. Au pouvoir réglementaire d'exécution des lois et au pouvoir réglementaire autonome s'ajoute un pouvoir réglementaire de police, consacré sous la IIIe République, sans base textuelle précise, au profit du chef de l'État (CE 8 août 1919, *Labonne*, p. 737 ; *GAJA*, n° 33). Sa raison d'être réside dans la nécessité de pourvoir, par des mesures adaptées, au maintien de l'ordre public sur l'ensemble du territoire national quand bien même aucune loi n'aurait habilité l'autorité exécutive à intervenir. Élaboré pour pallier les lacunes des lois constitutionnelles de 1875 quant aux pouvoirs du chef de l'État, ce pouvoir réglementaire original persiste aujourd'hui (CE 17 février 1978, *Association dite « Comité pour léguer l'esprit de la résistance »*, p. 82). Cela surprend d'autant plus que la

Constitution semble exhaustive au sujet des fondements du pouvoir réglementaire et confère, qui plus est, au législateur (et à lui seul) la compétence pour l'exercice des libertés publiques, souvent mises en cause par les mesures de police. Mais la sauvegarde de l'ordre public au niveau national, qui exige une prise de décision rapide, exclut que le Parlement en soit chargé. C'est logiquement au pouvoir exécutif, et plus précisément au Premier ministre, que le juge administratif attribue aujourd'hui ce pouvoir de prendre les mesures de police générale applicables à l'ensemble du territoire et justifiées par les nécessités de l'ordre public, qu'il rattache au pouvoir réglementaire que détient cette autorité en vertu des articles 21 et 37 de la Constitution (CE 28 décembre 2017, *Association nationale d'assistance aux frontières pour les étrangers*, p. 400).

b. Les ministres

La Constitution ne place pas les ministres parmi les autorités titulaires du pouvoir réglementaire à l'échelon national. Il semble normal, en effet, de n'y placer, hormis le Président de la République, que le Premier ministre, chef du gouvernement. Outre qu'un élargissement provoquerait un émiettement préjudiciable du pouvoir réglementaire au niveau national, l'unité gouvernementale impose la concentration du pouvoir réglementaire général en une seule main. La jurisprudence administrative s'est conformée à la lettre comme à l'esprit de la Constitution pour dénier un pouvoir réglementaire général aux ministres (CE Sect. 23 mai 1969, *Société Distillerie Brabant*, p. 264, concl. Questiaux).

Par compensation, le Conseil d'État leur a toutefois reconnu, comme à toute autorité administrative, une sorte de pouvoir paraéglementaire. Il s'exerce par l'intermédiaire de *lignes directrices* (terme désormais substitué à celui de *directives*, source d'un risque de confusion avec les actes du même nom émanant des institutions européennes) et consiste à formuler, à l'intention des subordonnés, des principes d'action dans le but d'uniformiser leurs pratiques sur certains textes (CE Sect. 11 décembre 1970, *Crédit foncier de France*, p. 750, concl. Bertrand ; *GAJA*, n° 78 [1]). Générales et opposables aux administrés, ces lignes directrices ne lient cependant pas absolument les autorités administratives visées qui peuvent s'en écarter pour des raisons d'espèce. Ces actes sont ainsi de nature hybride, proche de la décision réglementaire par leur opposabilité, proche des actes non décisoires (circulaires, recommandations, etc.) par la possibilité de s'en écarter.

Titulaires, même en l'absence de texte, du pouvoir d'adresser des lignes directrices à leurs subordonnés, les ministres exercent, par ailleurs, dans certaines hypothèses, un pouvoir qui, pour être circonscrit, n'en est pas moins véritablement réglementaire. En premier lieu, l'article 21 de la Constitution autorise le Premier ministre à déléguer aux autres membres du gouvernement certains de ses pouvoirs, parmi lesquels figure le pouvoir réglementaire. Néanmoins, fidèle à son absence de formalisme, le juge administratif admet que, lorsqu'est exigée l'édiction d'une décision par un arrêté ministériel, le contreseing par le ministre compétent du décret qui l'édicte suffit (CE 1er avril 1998, *Union hospitalière privée*, p. 114). En deuxième lieu, le législateur peut également habiliter un ministre à exercer un pouvoir réglementaire. Bien que non exceptionnelle, cette pratique soulève une difficulté d'ordre constitutionnel proche de celle provoquée par l'attribution d'un pouvoir réglementaire aux autorités administratives indépendantes (voir ci-après). Les ministres disposent, en troisième lieu, comme tout chef de service intégré à l'Administration, au sens organique du terme, d'un pouvoir réglementaire sans base textuelle. La portée en est cependant strictement limitée à l'édiction des

1. Nous renvoyons là encore au tome 2 du présent ouvrage.

mesures nécessaires au bon fonctionnement des services placés sous l'autorité du chef de service (CE Sect. 7 février 1936, *Jamart*, p. 172 ; *S.* 1937, III, p. 113, note Rivero ; *GAJA*, n° 44). Ces mesures peuvent concerner les agents du service et réglementer leur situation, notamment quant à l'exercice du droit de grève (CE Ass. 7 juillet 1950, *Dehaene*, p. 450 ; *RDP* 1950, p. 691, concl. Gazier, note Waline ; *GAJA*, n° 57) ou au contrôle de leur congé de maladie (CE 19 janvier 2000, *Fédération Justice CFDT*, *DA* 2000, n° 91, obs. R.S.). Elles peuvent également viser les utilisateurs du service mais en se bornant alors à compléter ou à préciser les textes en vigueur (CE 8 décembre 2000, *Frérot*, p. 589). En quatrième et dernier lieu, le juge administratif n'hésite pas à reconnaître au profit d'un ministre la détention d'un pouvoir réglementaire, lorsqu'aucune des hypothèses précédentes n'est en cause et que la nécessité l'impose (CE Ass. 3 mars 2004, *Association Liberté, information, santé*, p. 113 ; *RFDA* 2004, p. 581, concl. Le Chatelier).

c. Les autorités administratives indépendantes

Le mouvement de dérégulation de l'activité économique amorcé depuis une vingtaine d'années s'est notamment traduit par la création d'organismes étatiques nouveaux. Leur dénomination d'*autorités administratives indépendantes* souligne qu'ils ne sont pas dotés de la personnalité morale (sauf pour certains plus récemment créés et dénommés « autorités publiques indépendantes »), mais simplement placés hors de la hiérarchie administrative traditionnelle. Ils sont chargés d'élaborer, d'appliquer et de faire respecter les règles du jeu dans divers secteurs. Parmi les nombreux exemples de cette catégorie toujours plus fournie, se distinguent la Commission nationale de l'informatique et des libertés (CNIL, loi du 6 janvier 1978), l'Autorité de la concurrence (substituée, par la loi du 4 août 2008 au

Conseil de la concurrence), le Conseil supérieur de l'audiovisuel (CSA, loi du 17 janvier 1989), ou la Commission de régulation de l'électricité (CRE, loi du 10 février 2000). Le législateur a doté une bonne partie d'entre elles d'un pouvoir réglementaire, à la notable exception du Défenseur de droits (et de son prédécesseur, le Médiateur).

La question s'est alors posée de savoir si des autorités autres que le Président de la République et le Premier ministre pouvaient bénéficier d'un pouvoir réglementaire grâce à l'habilitation du législateur. Deux arguments s'y opposent. Tout d'abord, les articles 21 et 13 de la Constitution définissent de manière exhaustive les autorités dotées de ce pouvoir à l'échelon national. Ensuite, le jeu normal de la séparation des pouvoirs interdit au pouvoir législatif de s'immiscer dans la désignation des titulaires du pouvoir réglementaire. En sens inverse, il est possible de faire valoir que la difficulté en cause, aperçue à propos des autorités administratives indépendantes, n'a pas empêché que des lois anciennes ne confèrent un pouvoir réglementaire à des ministres ou aux préfets. L'argument, bien que peu juridique dans la mesure où l'existence de pratiques douteuses ne saurait légitimer leur reproduction, n'est pas étranger à la position adoptée par le Conseil constitutionnel. Censurer l'attribution légale du pouvoir réglementaire aux autorités administratives indépendantes aurait été délicat tant pour la cohérence de l'ordre juridique que pour des raisons de bonne administration. Le Conseil a donc admis la constitutionnalité du procédé tout en lui assignant des limites relativement strictes.

Il a d'abord rappelé que les articles 21 et 13 de la Constitution confèrent au Premier ministre, sous réserve des pouvoirs reconnus au Président de la République, l'exercice du pouvoir réglementaire à l'échelon national. Ces articles ne font cependant pas obstacle à ce que le législateur confie à une autorité de l'État autre que le Premier ministre le soin de fixer des normes permettant de mettre en œuvre une loi, à la condition que cette habilitation ne concerne que des mesures de portée limitée tant par leur champ d'application que par leur contenu (CC 88-248 DC du 17 janvier 1989, p. 18). Le Conseil constitutionnel a par ailleurs précisé que le pouvoir réglementaire du Premier ministre doit rester supérieur à celui attribué à des autorités concurrentes (CC 86-217 DC du 19 septembre 1986, p. 141), et ne saurait, notamment, être soumis, pour son exercice, à l'avis conforme d'une telle autorité (CC 2006-544 DC du 14 décembre 2006, p. 129).

Cet ensemble jurisprudentiel est riche d'enseignement. Du point de vue de la méthode, il révèle le pragmatisme et la prudence du Conseil constitutionnel. Ce dernier n'hésite pas à prendre en considération la pratique antérieure afin de ne pas consacrer de principes rendant *a posteriori* inconstitutionnelles certaines lois depuis longtemps appliquées. La même préoccupation apparaît dans la décision donnant partiellement valeur constitutionnelle à la compétence des juridictions administratives (CC 82-224 DC du 23 janvier 1987, p. 8, voir *infra*, p. 146-147). Sur le fond, le Conseil constitutionnel pose une règle dont la portée dépasse le seul cas des autorités administratives indépendantes. Les autorités administratives non titulaires constitutionnellement d'un pouvoir réglementaire (autorités administratives indépendantes, ministres, autorités déconcentrées ou décentralisées) ne sauraient jouir que d'un pouvoir réglementaire subordonné, limité dans sa portée et dans son champ.

d. Les titulaires à l'échelon local

À l'échelon local, les autorités organiquement administratives sont soit *déconcentrées*, c'est-à-dire intégrées à la hiérarchie de l'administration d'État et soumises au pouvoir hiérarchique, soit *décentralisées*, c'est-à-dire dotées d'une personnalité juridique distincte de celle de l'État et de pouvoirs propres exercés sous le contrôle *a posteriori* du représentant de ce dernier.

Les autorités déconcentrées que sont les préfets et sous-préfets disposent du pouvoir réglementaire dans les mêmes conditions restrictives que les ministres. Ils n'exercent ce pouvoir qu'en cas d'habilitation émanant du Premier ministre ou du législateur, ou, comme tout chef de service, à l'égard des services déconcentrés de l'État placés sous leur autorité (CE Sect. 7 février 1936, *Jamart*, préc.). Dans l'un et l'autre cas, ce pouvoir réglementaire est strictement limité et ne peut être qualifié d'initial mais de second. Les préfets sont également dotés du pouvoir de police administrative générale, qui leur permet d'édicter toute mesure, notamment réglementaire, de maintien de l'ordre public dépassant le ressort d'une seule commune de leur département (article L 2215-1, 3 °CGCT). Ce dernier pouvoir les distingue des ministres qui ne peuvent jamais être que des autorités de police spéciale, aux attributions plus limitées.

Si les organes des autorités décentralisées que sont les communes, les départements et les régions disposent depuis longtemps du pouvoir réglementaire, le fondement de ce dernier est resté très incertain jusqu'à la révision constitutionnelle du 28 mars 2003. L'alinéa 3 de l'article 72 affirme désormais que ces organes « disposent d'un pouvoir réglementaire pour l'exercice de leurs compétences », « dans les conditions prévues par la loi ». Cette reconnaissance ne leur confère pas un pouvoir réglementaire initial et concurrent de celui dont dispose le Premier ministre. Le pouvoir réglementaire des collectivités locales est subordonné et limité dans son champ matériel aux mesures qu'appelle l'intérêt communal, départemental ou régional.

Outre le pouvoir réglementaire des chefs de service dont peuvent également bénéficier les autorités locales, il est d'abord possible que le législateur attribue l'exercice d'un pouvoir réglementaire à un organe d'une collectivité décentralisée. Il semble néanmoins que les exigences posées par le Conseil constitutionnel à propos des autorités administratives indépendantes s'imposent ici aussi. Relèvent de cette hypothèse les pouvoirs de police confiés par diverses lois aux autorités exécutives locales que sont les maires (article L 2212-1 CGCT) et les présidents de conseils généraux (article L 3221-4 CGCT). En dehors de toute habilitation législative, la jurisprudence admet que les collectivités locales jouissent d'un pouvoir réglementaire pour préciser les modalités d'application d'une disposition légale, inapplicable directement et n'ayant pas renvoyé à un décret d'application. Le silence du législateur, interprété comme une habilitation implicite, autorise les collectivités locales à déterminer chacune pour elle-même les mesures réglementaires nécessaires (CE 13 février 1985, *Syndicat communautaire d'aménagement de l'agglomération nouvelle de Cergy-Pontoise*, p. 37). Semblable solution consacre nécessairement l'existence d'un pouvoir réglementaire des collectivités locales sans doute fondé sur la libre administration des collectivités locales et l'article 72 de la Constitution. Sa portée est toutefois très circonscrite dans la mesure où le juge administratif censure tout règlement local pris pour fixer les modalités d'application d'une loi intéressant les collectivités locales et qui a renvoyé l'édiction de ces mesures à un décret. La carence éventuelle du pouvoir réglementaire national n'est alors pas considérée comme une habilitation implicite donnée aux autorités locales (CE Avis 20 mars 1992, *Département du Calvados*, p. 123 ; *AJDA* 1992, p. 292, concl. Toutée). Cet arrêt confirme implicitement mais nécessairement que le pouvoir réglementaire des autorités décentralisées, s'il peut quelquefois exister même sans texte en conséquence de l'article 72 de la Constitution, n'est jamais qu'un pouvoir second et subsidiaire.

e. Les personnes privées

Des personnes de droit privé intervenant en matière d'administration, au sens matériel du terme (voir introduction), peuvent également exercer un pouvoir réglementaire. L'admission d'un tel pouvoir, originale dans notre droit administratif, si fortement déterminé par des considérations organiques, est naturellement assortie de strictes conditions. On se contentera de souligner ici que ce pouvoir ne profite qu'aux personnes privées chargées, par une personne publique, de gérer un service public (ordres professionnels, fédérations sportives, fédérations de chasseurs, etc.), et dotées pour ce faire de prérogatives de puissance publique. Cela se traduira différemment selon que le service public géré est de nature administrative (CE Sect. 22 novembre 1974, *Fédération des industries françaises d'articles de sport*, p. 577, concl. Théry) ou industrielle et commerciale (TC 15 janvier 1968, *Époux Barbier*, p. 789, concl. Kahn ; *GAJA*, n° 77). L'étude de ce pouvoir, au tome 2 de cet ouvrage, confirmera qu'il s'agit d'un pouvoir réglementaire second, soumis au respect des règlements édictés par les titulaires constitutionnels de ce pouvoir comme de toutes les normes supraréglementaires. Il y a là une manifestation des conséquences de l'autorité spécifique des actes réglementaires.

2. L'autorité des actes réglementaires

L'acte réglementaire est une source du droit administratif dans la mesure où, comme la loi, il fixe des normes générales et impersonnelles. Le règlement est un *acte-règle*, au sens donné par Duguit à cette expression : c'est un acte édicté avec l'intention de produire une modification dans les règles de droit [1], soit par ajout d'une

1. L. Duguit, *Traité de droit constitutionnel*, *op. cit.*, t. 1, 1927, p. 327.

règle nouvelle, soit par modification ou suppression d'une règle existante.

Comme tels, les règlements sont seuls, parmi les actes administratifs, à pouvoir prétendre à la qualité de source du droit. Les *contrats administratifs* n'en constituent pas une. Certes, lorsqu'elle contracte avec un tiers, l'administration se lie et elle engage sa responsabilité en ne respectant pas ses obligations. Par ailleurs, la jurisprudence admet depuis longtemps que certaines clauses contractuelles déploient leurs effets à l'égard des tiers qui peuvent en demander l'application (CE 21 décembre 1906, *Syndicats des propriétaires et contribuables du quartier Croix-de-Seguey-Tivoli*, p. 962, concl. Romieu ; *GAJA*, n° 15). Ces éléments, qui montrent que les contrats administratifs sont sources *de droits*, ne suffisent pourtant à les considérer comme sources *du droit*. En effet, la violation de stipulations contractuelles n'est sanctionnée que par la responsabilité de l'administration, et les clauses déployant des effets envers des tiers au contrat doivent cette spécificité à leur nature d'actes unilatéraux réglementaires. Les droits nés d'un contrat ne lient donc que les seules parties à celui-ci sans ajouter à l'ordonnancement juridique comme le font la loi ou l'acte réglementaire [1]. Les *actes administratifs individuels*, qui sont, à l'instar des règlements, des actes unilatéraux, ne possèdent pas plus que les contrats la qualité de source du droit administratif. Ils constituent, au contraire, le moyen de concrétiser le droit, de l'appliquer à telle ou telle personne ou situation sans rien ajouter à l'ordonnancement juridique qui n'y soit en puissance. Ces actes sont, au premier chef, soumis à l'autorité des actes réglementaires.

Cette autorité se manifeste d'emblée par le respect qui leur est dû. Les actes réglementaires s'imposent unilatéralement à leurs destinataires – les administrés – et

1. Voir D. de Béchillon, « Le contrat comme norme dans le droit public positif », *RFDA* 1992, p. 15.

ils lient même les autorités qui les ont édictés, en vertu de l'adage latin *tu patere legem quam ipse fecisti* (CE 16 mai 2008, *Département du Val-de-Marne*, p. 579). L'administration est ainsi tenue de respecter les règlements en vigueur lorsqu'elle détermine la situation particulière d'un administré. Peu importe alors la hiérarchie entre les organes administratifs auteurs des normes en cause : l'acte réglementaire, même émanant d'une autorité subordonnée, s'impose à l'autorité supérieure dans l'exercice de son pouvoir de décision individuelle dès lors, évidemment, que l'acte individuel entre dans le champ d'application de l'acte réglementaire (CE 3 juillet 1931, *Commune de Clamart, S.* 1932, III, p. 1, note Bonnard).

L'autorité attachée aux actes réglementaires n'est malgré tout pas invariable. En effet, comme cela ressort des développements antérieurs, les titulaires du pouvoir réglementaire sont eux-mêmes hiérarchiquement ordonnés. Il en découle que les actes réglementaires pris par les autorités inférieures doivent être conformes à ceux émanant des autorités hiérarchiquement supérieures. Par exemple, l'arrêté d'un préfet doit respecter les dispositions d'un arrêté ministériel, lui-même édicté conformément à un décret du Premier ministre. Cette hiérarchie organique se combine parfois avec une hiérarchie formelle lorsqu'une même autorité réglementaire peut prendre des actes selon des procédures plus ou moins solennelles. Ainsi, parmi les actes du Premier ministre, les décrets pris après avis du Conseil d'État s'imposent-ils aux décrets « simples », qui eux-mêmes l'emportent sur les arrêtés que cette autorité peut également édicter.

Outre les actes réglementaires supérieurs, les règlements doivent respecter les autres normes composant le bloc de légalité (Constitution, traités, lois et principes généraux du droit). Toute contrariété sera censurée, puisque les actes réglementaires sont des actes contestables de deux façons. Il est possible d'obtenir soit l'*annulation* du règlement illégal, au moyen d'un recours pour excès de pouvoir exercé devant le juge administratif, soit sa *déclaration d'illégalité* après avoir contesté sa légalité par voie d'exception. Si la première voie de droit est enfermée dans le délai de recours de droit commun (deux mois à compter de la publication de l'acte), l'exception d'illégalité des actes réglementaires, en revanche, est perpétuelle. Bien qu'elle ne provoque que l'inapplicabilité de l'acte dans le litige concerné et non sa disparition rétroactive comme une annulation, l'exception d'illégalité démontre que le temps n'efface pas les illégalités. L'autorité de chose décidée attachée aux actes réglementaires est donc relativement fragile : elle ne profite qu'aux actes légaux. Il ne saurait en aller autrement pour la source inférieure du droit administratif.

Le partage de la compétence normative entre la loi et le règlement opéré par la Constitution justifie que ces deux sources du droit aient été étudiées conjointement. Il ne faut cependant pas déduire de l'ordre d'examen des questions ainsi retenu pour des raisons pédagogiques l'immédiate subordination du règlement à la loi. L'ultime source du droit administratif à présenter, la jurisprudence, est, en effet, supérieure à la source réglementaire.

Section II
Les normes jurisprudentielles

En introduction de ce manuel, il a été affirmé que le droit administratif est un droit essentiellement jurisprudentiel, puisque les grandes notions sur lesquelles il repose ont été élaborées de manière prétorienne. Les lois, les règlements et même la Constitution ou les traités utilisent ou renvoient à des concepts conçus à l'origine par le juge administratif.

Un tel pouvoir créateur ne manque pas d'étonner : doté d'une faible légitimité démocratique, censé, dans la théorie classique de la séparation des pouvoirs, se borner à faire respecter la loi, le juge ne devrait pas figurer au nombre des sources du droit. Tel est d'ailleurs le sens de l'article 5 du Code civil, qui prohibe les arrêts de règlement et interdit en conséquence aux juges de prononcer par voie de disposition générale sur les causes qui leur sont soumises. Le réalisme conduit néanmoins à interdire aux juges de refuser de statuer en raison du silence, de l'obscurité ou de l'insuffisance de la loi ce qui constituerait un déni de justice prohibé par l'article 4 du Code civil. Le juge est alors habilité à interpréter le texte obscur ou silencieux et à combler ses éventuelles lacunes. Un pouvoir créateur de normes apparaît ainsi.

Or l'action administrative a longtemps été peu encadrée par les textes. Saisi de recours, le juge administratif a donc dû élaborer, à la place des sources classiques du droit que sont la loi et le règlement, les règles nécessaires à la conciliation des intérêts de l'administration avec les droits des administrés.

Ce pouvoir créateur s'est exercé non par des arrêts de règlement mais par des *arrêts de principe.* Le droit français, à la différence du droit anglo-saxon, ignore en effet le système du précédent et de la coutume jurisprudentielle. Il procède par à-coups : un arrêt suffit à susciter une nouvelle règle, à opérer un revirement sans qu'une accumulation de solutions convergentes soit nécessaire. Le pouvoir normatif jurisprudentiel est cependant limité par les conditions de sa mise en œuvre : destiné à pallier les insuffisances du droit écrit à l'occasion d'un litige à trancher, il est tributaire de l'exercice d'un recours. La création normative jurisprudentielle a dépendu du hasard.

L'œuvre est néanmoins immense, puisque, cela a été souligné et sera vérifié tout au long de cet ouvrage, la plupart des notions fondamentales du droit administratif sont le fruit de la jurisprudence. Que serait le droit administratif sans les notions d'acte administratif unilatéral, de contrat administratif, de domaine public, de service public, etc. ? Parce qu'elles sont aujourd'hui moins des contraintes que des outils, davantage un cadre opérationnel qu'un corset juridique, ces notions n'ont plus leur place dans l'étude de la source jurisprudentielle. Il convient de noter, par ailleurs, qu'elles ont mûri dans un dialogue constant avec la doctrine et que celle-ci, plus libre de ses réflexions parce que exclue des sources formelles du droit, a largement contribué à la cohérence des solutions particulières et à l'harmonie du droit administratif (voir *Doctrine*, p. 298) [1].

L'objet de ces développements sera plus étroit, voué aux normes jurisprudentielles les plus visibles, celles dont le juge impose positivement le respect à l'action administrative. Il n'est pas incongru d'affirmer que la source jurisprudentielle est aujourd'hui affaiblie, le droit écrit ayant tendance à l'emporter sur le droit non écrit.

Sous-section 1

L'ÉLABORATION DES NORMES JURISPRUDENTIELLES

Il importe de souligner d'emblée que le juge administratif n'est pas l'auteur exclusif des normes jurisprudentielles s'appliquant au droit administratif. D'autres juges y concourent.

Les juridictions judiciaires ont parfois à connaître de véritables contentieux administratifs sur habilitation légale et peuvent, dans ce cadre, contribuer à l'affinement des notions sinon à l'élaboration de véritables principes jurisprudentiels (Cass. 1re civ. 21 décembre 1987, *Bull. civ.*, I, n° 348 ; *RFDA* 1988, p. 771, concl.

1. J. Rivero, « Jurisprudence et doctrine dans l'élaboration du droit administratif », *EDCE* 1955, n° 9, p. 27.

Charbonnier, p. 774, note Pacteau : insaisissabilité des biens des personnes publiques). Deux domaines l'illustrent significativement. La Cour d'appel de Paris est, par dérogation au principe de séparation des autorités, compétente pour statuer sur les recours dirigés contre certaines décisions émanant d'autorités administratives indépendantes, à l'exemple de l'Autorité de la concurrence. Dans le cadre de ce contentieux, les juridictions judiciaires utilisent librement des notions de droit public qu'elles opposent à cette autorité administrative indépendante (Cass. com. 16 mai 2000, *Bull. civ.*, IV, n° 99). Le Code pénal (article 121-2) prévoyant la condamnation de certaines personnes morales de droit public pour les infractions commises dans l'exercice d'activités susceptibles de faire l'objet de conventions de délégations de service public, le juge judiciaire répressif est amené à donner sa propre définition de la convention de délégation de service public (Cass. crim. 3 avril 2002, *Bull. crim.*, n° 77).

Le Conseil constitutionnel est également compétent pour formuler des principes portant sur le droit administratif à l'occasion de son contrôle de constitutionnalité des lois. Soucieux d'échapper à l'accusation récurrente du « gouvernement des juges », il prend soin toutefois d'assigner une base textuelle aux principes qu'il énonce, interdisant de la sorte de les considérer comme de véritables principes jurisprudentiels (CC 71-44 DC du 16 juillet 1971, p. 29 : liberté d'association). Il n'en va autrement que lorsque lesdits principes ont des antécédents dans la jurisprudence administrative (CC 79-105 DC du 27 juillet 1979, p. 33 ; *RDP* 1979, p. 1705, note Favoreu : continuité des services publics).

Nous touchons ici à la délicate question de l'origine des normes jurisprudentielles. Le juge, quel qu'il soit, ne saurait consacrer de principes totalement étrangers à la tradition juridique française, voire incompatibles avec l'ordre juridique. Il est en conséquence enclin à se fonder, dans son œuvre créatrice, sur des dispositions existantes, mais ne valant que dans un cadre déterminé, qu'il va généraliser (CE Ass. 1er juillet 1988, *Billard et Volle*, p. 268 ; Dr. Soc. 1988, p. 775, concl. Van Ruymbecke, p. 512, note Lachaume) ou considérer comme inspirées d'un principe général (CE Ass. 3 février 1989, *Compagnie Alitalia*, p. 44 ; *RFDA* 1989, p. 391, concl. Chahid-Nouraï, notes Beaud et Dubouis ; *GAJA*, n° 83 ; CE Ass. 8 juillet 2005, *Société Alusuisse-Lonza France*, p. 311, concl. Guyomar ; *RFDA* 2006, p. 375, note Plessix). Par ce procédé prudent, il concilie son obligation de statuer en comblant, au besoin, les failles du droit applicable, et son souci de ne pas affirmer trop ostensiblement son pouvoir normatif.

Le juge peut encore, afin de ménager au pouvoir réglementaire une possibilité de se soustraire à la règle élaborée, limiter l'impérativité de celle-ci. En ne lui donnant qu'une portée supplétive, il admet qu'une disposition réglementaire contraire puisse y faire obstacle. La règle jurisprudentielle supplétive n'est donc utilisée qu'en l'absence de texte contraire, ce qui ménage au pouvoir réglementaire la possibilité de l'écarter. Parmi les illustrations de cette catégorie, peuvent être cités le principe selon lequel, en l'absence de texte contraire, l'appel formé contre un jugement n'est pas suspensif (CE 30 juillet 2003, *M. Djelida*, *AJDA* 2003, p. 1527) ou celui ne donnant aucun droit au renouvellement d'un détachement arrivé à échéance (CE 21 octobre 2011, *Mme Bartolo*, p. 500).

Il reste qu'en consacrant un principe jurisprudentiel, quelle que soit sa portée, et en en imposant le respect, de gré ou de force, à l'administration, le juge administratif crée du droit. Il est naïf de n'y voir qu'un simple pouvoir de constatation, de formulation de normes existant en puissance dans l'ordonnancement juridique. La preuve en est que certains principes, tels l'ancien principe selon lequel « le silence vaut refus » (aujourd'hui abandonné par l'article L 231-1 CRPA), ont pu être, au même moment, refusés par le Conseil d'État mais consacrés par le Conseil constitutionnel (CE Ass. 27 février 1970, *Commune de Bozas*, p. 139 ; CC 69-55 DC du 26 juin 1969, p. 27). Il est plus réaliste d'affirmer que le juge choisit le moment où il estime être en mesure, compte tenu du contexte social, d'ajouter une nouvelle règle (sur l'ancien principe ci-dessus, voir l'alignement du Conseil d'État : CE 14 février 2001, *Ministre de l'Emploi et de la Solidarité*, p. 793). Pour créer des principes jurisprudentiels, le juge administratif apprécie la suffisante maturité de l'ordre juridique, en s'appuyant, le cas échéant, sur des dispositions qui trahissent l'orientation favorable du droit. Les approches tendant à minimiser de manière excessive le pouvoir créateur du juge, tout comme celles qui le radicalisent, échouent à rendre compte de la réalité.

Le juge administratif a d'ailleurs lui-même, implicitement mais nécessairement, reconnu son propre pouvoir normatif en se reconnaissant, à l'instar de l'autorité réglementaire ou législative, le pouvoir de déterminer les conditions d'application dans le temps des règles nouvelles qu'il pose (CE Ass. 16 juillet 2007, *Société Tropic travaux signalisation*, p. 360, concl. Casas ; *JCPA* 2007, n° 2227, note Seiller). Elles peuvent désormais être privées de l'effet « rétroactif » que leur valait jusqu'alors leur application mécanique à des faits litigieux antérieurs à leur consécration (Jean Rivero, « Sur la rétroactivité de la règle jurisprudentielle », *AJDA* 1968, p. 15).

Sous-section 2

LE CONTENU DES NORMES JURISPRUDENTIELLES

Il est impossible et parfaitement inutile de dresser une liste exhaustive des principes jurisprudentiels. Leur histoire est ancienne, puisque indissociable de la fonction juridictionnelle, mais leur connaissance est relativement récente. Ce n'est, en effet, qu'au milieu du XXe siècle que furent officialisés leur existence et leur régime juridique. Par un arrêt Aramu (CE Ass. 26 octobre 1945, p. 213 ; *D.* 1946, p. 158, note Morange), le Conseil d'État a rangé le respect des droits de la défense parmi « les principes généraux du droit applicables même en l'absence de texte » et a ouvert ainsi une voie qui sera très empruntée par la suite. Certains principes, particulièrement généraux, sont déclinés selon les circonstances. Tel le principe d'égalité des citoyens devant la loi qui se concrétise en une égalité devant le service public (CE Ass. 25 juin 1948, *Société du journal L'Aurore*, p. 289 ; *GAJA*, n° 55), devant l'accès aux emplois publics (CE Ass. 28 mai 1954, *Barel*, p. 308 ; *GAJA*, n° 64), devant le domaine public (CE Sect. 2 novembre 1956, *Biberon*, p. 403), devant les charges publiques (CE Ass. 7 février 1958, *Syndicat des propriétaires de forêt de chênes-lièges d'Algérie*, p. 74), ou devant la justice (CE Ass. 12 octobre 1979, *Rassemblement des nouveaux avocats de France*, p. 371). D'autres, plus homogènes, n'en ont pas moins une portée considérable : on citera la liberté d'aller et venir (CE 20 mai 1955, *Société Lucien et Cie*, p. 276), la liberté du commerce et de l'industrie (CE Ass. 13 mai 1983, *SA René Moline*, p. 191), la possibilité de former un recours pour excès de pouvoir contre tous les actes administratifs unilatéraux (CE Ass. 17 février 1950, *Ministre de l'Agriculture c/ Dame Lamotte*, p. 110 ; *GAJA*, n° 56), le principe du caractère contradictoire de la procédure (CE Sect. 12 mai 1961, *Société La Huta*, p. 313) ou l'interdiction de licencier une femme enceinte pour cette raison (CE 8 juin 1973, *Dame Peynet*, p. 406, concl. Grévisse).

La source jurisprudentielle est loin de se tarir puisque sont régulièrement formulés de nouveaux principes généraux du droit en rapport avec les évolutions de la société et leur perception par le juge administratif.

Parmi les plus récents, peuvent être cités le respect de la dignité de la personne humaine après la mort (CE Ass. 2 juillet 1994, *Milhaud*, p. 194), le libre choix du médecin par le malade (CE 27 avril 1998, *Syndicat des médecins libéraux*, *RFDA* 1998, p. 972), la liberté contractuelle (CE 27 avril 1998, *Cornette de Saint-Cyr*, p. 177 ; *AJDA* 1998, p. 831, concl. Maugüé), ou le principe de sécurité juridique (CE Ass. 24 mars 2006, *Société KPMG*, p. 154 ; *RFDA* 2006, p. 463, concl. Aguila, note Moderne ; *D.* 2006, p. 1191, note Cassia ; *GAJA*, n° 104).

Si le juge cède parfois aux sollicitations répétées des requérants (par exemple pour la liberté contractuelle), il ne s'estime pas lié par leurs allégations quant à l'existence d'un principe général du droit. Il a notamment refusé de consacrer un principe d'anonymat des copies dans l'enseignement supérieur (CE 1er avril 1998, *Jolivet*, p. 117), le caractère de principe de la « règle » du double degré de juridiction (CE 17 décembre 2003, *Meyet*, *AJDA* 2004, p. 712, concl. Martin) ou celui de la séparation des fonctions d'ordonnateur et de comptable (CE 22 février 2008, *Syndicat national des services du Trésor*, FO, p. 55).

Sous-section 3

L'AUTORITÉ DES NORMES JURISPRUDENTIELLES

Cette autorité a été aperçue par Jean de Soto peu de temps avant l'arrêt Aramu (note sous CE 5 mai 1944, *Dame veuve Trompier-Gravier*, *D.*, 1945, J, p. 110 ; *GAJA*, n° 50) et magistralement approfondie par les travaux de René Chapus [1].

---

1. Voir « De la soumission au droit des règlements autonomes », *D.* 1960, chr., p. 119 ; « De la valeur juridique des principes généraux du droit et des autres règles jurisprudentielles du droit administratif », *D.* 1966, chr., p. 99.

La démonstration repose sur la place des juges, auteurs des normes jurisprudentielles, dans la hiérarchie des sources organiques du droit. Chargés de faire respecter la loi par les justiciables, au rang desquels figure l'administration, les juges administratifs sont logiquement eux-mêmes soumis à la loi. Ainsi, il a été souligné *supra* que, sauf en matière de conformité des lois aux traités internationaux, les juges administratifs s'interdisent de porter une appréciation sur les textes de loi gouvernant les litiges dont ils sont saisis. En conséquence, les principes qu'ils élaborent ne sauraient contredire une disposition législative : ils ont donc une valeur inférieure à la loi, devant laquelle ils cèdent. Seul le législateur est compétent pour décider de les écarter ou de dispenser l'administration de les respecter dans un domaine particulier. Cela explique que ces principes soient parfois, par approximation, qualifiés de principes de valeur législative : l'expression ne désigne pas leur autorité juridique intrinsèque, mais le fait que seule une loi explicite peut les rejeter.

Liés par les lois, les juges administratifs sont, en revanche, compétents pour contraindre l'administration au respect du bloc de légalité, au sein duquel figurent les principes généraux du droit qu'ils élaborent. Pour s'imposer à toute l'action administrative, ces principes ont donc nécessairement une valeur supérieure aux actes les plus élevés dans la hiérarchie des actes administratifs que sont les décrets réglementaires, actes à portée générale et impersonnelle émanant des plus hautes autorités administratives.

La valeur des normes jurisprudentielles posées par les juges administratifs est ainsi doublement définie, selon René Chapus, par un maximum et un minimum : elle est, selon la formule qu'il a proposée, « infra-législative et supra-décrétale ». La démonstration vaut pour toutes les normes jurisprudentielles, qu'elles soient impératives, comme les principes généraux du droit, ou simplement supplétives, comme les règles générales de procédure applicables en l'absence de disposition textuelle contraire. Liée exclusivement à la place du juge dans la hiérarchie des sources du droit, qui est invariable, elle ne dépend pas de la portée donnée par ce juge aux normes qu'il élabore. La démonstration vaut ensuite à l'égard de tous les actes administratifs, fussent-ils des règlements autonomes (CE Sect. 26 juin 1959, *Syndicat général des ingénieurs-conseils*, p. 394 ; *RDP* 1959, p. 1004, concl. Fournier ; *GAJA*, n° 70). En effet, ces derniers actes, bien que pris en des matières échappant à la compétence du législateur (voir *supra*, p. 98), restent administratifs. En tant que tels, ils sont susceptibles d'un contrôle par le juge de l'excès de pouvoir et soumis au respect des mêmes normes que les règlements traditionnels : la Constitution, les traités et les principes généraux du droit. La spécificité des règlements autonomes réside dans leur domaine d'intervention et non dans leur force juridique.

La démonstration de la valeur juridique des principes généraux du droit, faite au début des années 1960, a été fragilisée ultérieurement par l'œuvre du Conseil constitutionnel. Ce dernier a construit une jurisprudence parallèle à celle du juge administratif sous l'effet de deux phénomènes qui n'étaient pas nécessairement prévisibles. Il a d'abord accepté, en 1971, d'élargir le bloc de constitutionnalité aux textes intégrés au préambule de l'actuelle Constitution, ce qui l'a conduit, on le sait, à donner pleine effectivité juridique à de nombreux droits et libertés. L'élargissement de sa saisine aux parlementaires à compter de 1974, et la multiplication des recours qu'elle a provoquée, lui ont permis de construire à son tour une œuvre jurisprudentielle. Nombre de principes jusqu'alors consacrés par le seul juge administratif ont été repris par le Conseil constitutionnel pour en imposer le respect au législateur. Or, en transposant le raisonnement précédent, il fallait désormais conclure à la valeur supralégislative et infraconstitutionnelle des principes utilisés par le juge de la loi.

Comment admettre qu'un même principe soit doté de valeurs distinctes selon le juge qui le fait respecter ?

Plusieurs éléments permettent de résoudre la difficulté sans rejeter radicalement la démonstration du professeur Chapus. En premier lieu, il a été souligné *supra* que le Conseil constitutionnel, par prudence, préfère assigner un fondement textuel aux principes qu'il reconnaît. Il s'agit donc de principes écrits, et non jurisprudentiels, sauf dans un nombre très limité de cas, illustrés principalement par le principe de continuité des services publics (CC 79-105 DC du 25 juillet 1979, p. 33). Cela réduit significativement le champ du problème évoqué plus haut, puisqu'il n'existe que très peu de principes véritablement jurisprudentiels communs aux juges administratifs et constitutionnels.

En deuxième lieu, et cela découle du constat précédent, les juges administratifs acceptent aujourd'hui de transformer des principes généraux du droit en principes écrits lorsque le juge constitutionnel leur a conféré une base textuelle. Ce ne sont alors plus des principes jurisprudentiels dont la violation est censurée mais des principes de droit écrit. Les jugements et arrêts y trouvent une meilleure assise et cela limite les risques de critique d'un « gouvernement des juges ». Le phénomène s'est produit à propos du principe d'égal accès aux emplois publics, désormais fondé sur l'article 6 de la Déclaration des droits de l'homme (CE 2 mars 1988, *Blet et Sabiani*, *DA*, 1988, n° 250), ou du principe d'égalité devant les charges publiques, dorénavant issu de l'article 13 du même texte (CE Ass. 28 mars 1997, *Société Baxter*, p. 114). Ce faisant, les juges font prévaloir un principe écrit à valeur constitutionnelle sur un principe général du droit. Relève de la même volonté le fait d'assigner un fondement textuel à un principe pourtant encore qualifié de principe général du droit (CE Ass. 8 décembre 1978, *GISTI*, p. 493 ; Dr. Soc. 1979, p. 57, concl. Dondoux ; *GAJA*, n° 80), ou de reprendre, sans en préciser l'autorité juridique, un principe découvert par le Conseil constitutionnel (CE 29 mai 1992, *Association amicale des professeurs du Muséum d'histoire naturelle*, p. 216). Il y a là un facteur d'unification de l'ordre juridique et un précieux moyen de déterminer la valeur des principes en cause. Même s'ils ont nécessité un effort d'interprétation du texte de référence par le juge, ces principes doivent cependant être considérés comme contenus dans le texte de référence et comme des principes écrits. Ils ont donc la valeur du texte qui les fonde, laquelle peut-être législative, voire constitutionnelle. Ce dernier cas est illustré par l'énoncé par le Conseil d'État de principes fondamentaux reconnus par les lois de la République (CE Ass. 3 juillet 1996, *Koné*, p. 255 ; *RFDA* 1998, p. 1081, concl. Maugüé, note Alland ; *GAJA*, n° 90). Il se borne alors, en effet, à interpréter la Constitution (en l'espèce les dispositions du préambule de celle de 1946 créant cette catégorie de principes) comme il interprète bien souvent la loi.

En troisième lieu, et en limitant le propos aux seuls principes ne jouissant pas aujourd'hui d'une base textuelle, le fait que leur valeur varie d'un juge à l'autre n'est pas aberrant. Seul importe le résultat : il faut et il suffit que les principes jurisprudentiels dont le juge administratif impose le respect à l'administration aient une valeur supradécrétale. Peu importe qu'ils aient également, en raison d'une jurisprudence concordante du Conseil constitutionnel, une valeur infraconstitutionnelle. Tout dépend du juge qui les applique et des normes sur lesquelles ils prévalent. Le langage commun explique cela en soulignant que « qui peut le plus, peut le moins ».

En conclusion, la question de la valeur des principes généraux du droit ne se pose que pour ceux d'entre eux qui sont réellement le fruit d'une création prétorienne et qui ne disposent pas, en conséquence, d'une assise textuelle dictant leur place dans la hiérarchie des normes. Cette question ne reçoit pas une réponse parfaitement tranchée puisque, s'il est certain que les principes purement prétoriens opposés par le juge administratif à l'Administration ont une valeur au moins supra-décrétale, il n'est pas exclu qu'ils jouissent en réalité d'une valeur constitutionnelle.

Il reste que le foisonnement contemporain des textes tend à limiter le pouvoir créateur des juges, dont les principes jurisprudentiels se font de plus en plus techniques. Combinés avec leur souci de les doter, dès qu'ils le peuvent, d'un fondement textuel, ces éléments témoignent d'un certain affaiblissement de la source jurisprudentielle. Il est possible de s'en réjouir dans la mesure où le législateur et l'exécutif semblent, dans une démocratie, les seules sources légitimes du droit. Le phénomène est néanmoins regrettable en ce que les juges, par leur pratique quotidienne du droit et leur incomparable connaissance des imperfections de celui-ci, sont, du point de vue technique, les mieux armés pour en modérer les excès ou, inversement, en corriger les faiblesses.

Deuxième partie

L'ORDRE JURIDICTIONNEL ADMINISTRATIF

Bien que présentée *supra* comme une source affaiblie du droit administratif, la jurisprudence, on le sait, en a construit les notions fondamentales et poursuit une œuvre qui complète de manière indispensable les autres sources de ce droit. Négliger de présenter l'ordre juridictionnel qui en est l'auteur serait s'interdire de comprendre comment, en théorie et en pratique, des juges ont contribué à élaborer ce droit. Reporter cette étude à des chapitres ultérieurs rendrait difficile la compréhension, dans l'intervalle, de bien des solutions, tant il est vrai que les normes jurisprudentielles sont le fruit des méthodes juridictionnelles utilisées. Parallèlement, n'ayant pas le pouvoir de formuler des arrêts de règlement, les juges sont étroitement corsetés par les mécanismes contentieux qui structurent leur action. Ces derniers constituent donc un prisme déformant qu'il faut maîtriser pour avoir une correcte vision de l'œuvre jurisprudentielle. De nombreuses décisions juridictionnelles ne révèlent en effet leur véritable portée qu'au lecteur averti des subtilités du contentieux. Quelques exemples permettent de le comprendre. Le refus de la qualité d'acte de gouvernement à une décision contestée se comprend implicitement dans l'admission de la compétence de l'ordre juridictionnel administratif. De la même façon, la recevabilité du recours pour excès de pouvoir contre un acte négocié avec des partenaires sociaux implique qu'il ne constitue pas un contrat mais un acte unilatéral. Seule l'analyse procédurale permet de comprendre l'apport discret mais important, tant en droit qu'en fait, de telles solutions contentieuses. C'est particulièrement vrai de l'ordre juridictionnel administratif dont les méthodes reflètent l'originalité de l'organisation et des recours par lesquels il est saisi.

Chapitre I

L'ORGANISATION DE L'ORDRE JURIDICTIONNEL

Le miracle qu'a constitué la soumission de l'administration au droit a été souligné dès l'introduction de ce manuel. Sans y revenir, il importe à présent de montrer comment cette soumission, concrétisée par l'existence d'un contrôle juridictionnel, n'a pu réussir que grâce aux rapports très particuliers qu'entretient depuis toujours l'administration avec ses juges. Ceux-ci ne sont pas seulement chargés de censurer les écarts de l'administration à l'occasion des recours dont ils sont saisis ; ils peuvent être, en amont, associés à la prise de décisions administratives. Cette collaboration à l'élaboration de certaines décisions leur a permis, en dehors de tout contexte contentieux et dans la sérénité, de sensibiliser l'administration aux exigences du principe de légalité. La mission de conseil de l'administration dévolue aux organes mêmes chargés de la juger n'est pas la moindre originalité de l'organisation de l'ordre juridictionnel administratif. Elle est prolongée par la structure de cet ordre qui n'est qu'en apparence identique à celle de l'ordre judiciaire. Certes, le Conseil d'État est, comme la Cour de cassation dans l'ordre judiciaire, la juridiction suprême au sein de l'ordre administratif, dans la mesure où il peut connaître, par le biais du pourvoi en cassation, de tous les jugements rendus par les juridictions inférieures. Mais, à la différence de la Cour de cassation qui épuise en cela ses pouvoirs, le Conseil d'État dispose d'autres chefs de compétence qui l'amènent à être présent à tous les degrés et renforcent encore sa domination au sein de l'ordre. Ces éléments d'originalité sont hérités tant de la grande confusion qui a présidé à l'apparition de ce qui allait devenir l'ordre juridictionnel administratif, que des réformes ultérieures trop souvent menées dans l'urgence et sans esprit de système.

Plus de deux siècles après la création du Conseil d'État par la Constitution du Consulat, le 22 frimaire an VIII (13 décembre 1799), la juridiction administrative connaît encore de substantielles évolutions. Ce sont des éléments importants de sa spécificité qui sont aujourd'hui adaptés pour satisfaire les exigences contemporaines du droit à un procès équitable. L'efficacité de l'intervention du juge administratif en est accrue sans que l'organisation des relations de l'administration et de ses juges et l'agencement de l'ordre juridictionnel soient perturbés.

Section I
L'ADMINISTRATION ET SES JUGES

L'administration française n'est pas en rapport avec les seuls juges de l'ordre administratif. Les subtilités du principe de séparation des autorités (voir *infra*, troisième partie) et les dérogations qui y sont apportées la confrontent souvent à des juges judiciaires. Apparemment paradoxale, cette affirmation s'impose pourtant dans la mesure où diverses solutions jurisprudentielles et dispositions législatives ont depuis longtemps attribué aux juridictions judiciaires la connaissance de contentieux proprement administratifs (appréciation de la légalité d'actes administratifs par les juridictions répressives, recours contre les décisions de certaines autorités administratives indépendantes...). Si, théoriquement, les juges compétents peuvent alors être qualifiés de juges administratifs [1], ils n'en restent pas moins organiquement des juges judiciaires, relevant de la Cour de cassation – sauf à considérer que cette dernière devient elle-même une juridiction administrative lorsqu'elle connaît de ces contentieux, ce qui serait quelque peu audacieux... Sans nier l'intérêt théorique et pratique de l'attribution de véritables contentieux administratifs aux juridictions judiciaires, son étude doit néanmoins être écartée des développements à venir comme trop marginale. Dès lors, examiner les rapports de l'administration et de ses juges amène principalement à traiter du cas des juridictions administratives, juges « naturels » de l'activité administrative.

Il a été montré dans l'introduction de ce manuel comment, en conséquence des textes révolutionnaires prohibant l'immixtion des juges ordinaires dans l'activité administrative et réagissant contre les empiétements des parlements de l'Ancien Régime (art. 13 de la loi des 16-24 août 1790, décret du 16 fructidor an III), furent créés des organismes administratifs chargés d'examiner les litiges liés à cette activité. Les étapes de l'apparition de l'ordre juridictionnel administratif ont également été retracées, ainsi que les différents critères proposés (en vain) par la doctrine pour rendre compte du droit spécifique élaboré par ces juridictions nouvelles.

Leur qualité de « juge naturel » de l'administration a été implicitement consacrée au plus haut niveau par le Conseil constitutionnel. En effet, ce dernier a d'abord érigé en principe fondamental reconnu par les lois de la République l'indépendance des juridictions administratives vis-à-vis des pouvoirs législatif et exécutif, en se fondant sur une seule loi, celle du 24 mai 1872, qui accordait initialement au Conseil d'État la justice déléguée (CC 80-119 DC du 22 juillet 1980, p. 46). Cette

1. R. Drago, « Le juge judiciaire, juge administratif », *RFDA* 1990, p. 757.

protection constitutionnelle de l'indépendance supposait logiquement la reconnaissance de l'existence constitutionnelle des juridictions administratives. Sinon, de quelle indépendance vis-à-vis du législateur pourrait jouir un ordre juridictionnel dont l'existence serait susceptible d'être remise en cause par le vote d'une simple loi ? Statuant sur la loi organique relative à la question prioritaire de constitutionnalité, le Conseil constitutionnel a plus récemment confirmé cette existence constitutionnelle en présentant le Conseil d'État et la Cour de cassation comme les « juridictions placées au sommet de chacun des deux ordres de juridiction reconnus par la Constitution » (CC déc. 2009-595 DC du 3 décembre 2009, p. 206).

Le juge constitutionnel avait auparavant constitutionnalisé une partie de la compétence des juridictions administratives (CC 86-224 DC du 23 janvier 1987, p. 8 ; *RDP*, 1987, p. 1341, note Gaudemet ; *RFDA* 1987, p. 287, note Genevois ; *GAJA*, n° 82) en érigeant en principe fondamental reconnu par les lois de la République « celui selon lequel relève en dernier ressort de la compétence de la juridiction administrative l'annulation ou la réformation des décisions prises, dans l'exercice des prérogatives de puissance publique, par les autorités exerçant le pouvoir exécutif, leurs agents, les collectivités territoriales de la République ou les organismes publics placés sous leur autorité ou leur contrôle ». Excluant les contentieux de la réparation et de l'exception, celui des contrats, celui des décisions prises par des personnes privées chargées d'une mission de service public, à l'égard desquels les juridictions judiciaires sont parfois compétentes en vertu de textes particuliers, le champ de la compétence constitutionnelle des juges administratifs s'identifie au contentieux par voie d'action des décisions de puissance publique prises par des personnes publiques. Tel est, aux yeux du Conseil constitutionnel, leur attribution « naturelle ». Il n'en exclut pas moins les « matières réservées par nature à l'autorité judiciaire » et prévoit la faculté pour le législateur, dans un souci de bonne administration de la justice, de déroger à ce principe, de façon précise et limitée, afin d'éviter des morcellements de compétence. Élaborée à propos du transfert à l'ordre judiciaire des recours contre les décisions du Conseil de la concurrence, autorité administrative indépendante, cette jurisprudence a conduit le juge constitutionnel à censurer l'octroi à cet ordre de la compétence en matière de décisions de reconduite à la frontière (CC 86-261 DC du 28 juillet 1989, p. 81).

Ces juridictions administratives, désormais titulaires d'une compétence partiellement constitutionnelle, entretiennent des rapports ambigus avec l'administration dans la mesure où il n'est pas toujours aisé de les en distinguer. L'administration de la justice administrative, comme la notion même de juridiction administrative, reflètent cette relative confusion entre l'administration et ses juges.

Sous-section 1

LES RAPPORTS DE L'ADMINISTRATION ET DE SES JUGES

La liaison souvent dénoncée entre l'administration et ses juges puise ses origines dans l'histoire, mais elle s'alimente aujourd'hui de raisons renouvelées. Alors que le XIXe siècle a marqué l'émancipation du juge administratif en distinguant fonction juridictionnelle et fonction administrative, un certain mélange des genres est désormais admis.

A. La séparation organique

L'objet des présents développements n'est pas de contester qu'à l'origine la confusion entre l'administration et son juge était totale. Cela résultait du simple fait que les révolutionnaires avaient interdit aux juges ordinaires, au nom du principe de séparation des pouvoirs, de connaître des fonctions, actes et agents administratifs, pour éviter que ne se renouvellent les excès des parlements de l'Ancien Régime, trop prompts à s'immiscer dans l'action administrative. Ne pouvant, toujours pour respecter la séparation des pouvoirs, créer des juridictions spéciales pour statuer en ces matières, les révolutionnaires ont choisi de les confier à des organismes administratifs spécialisés.

Rapidement, des conseils de préfecture, juges d'attribution en premier ressort, bénéficièrent de la justice déléguée (loi du 28 pluviôse an VIII). Comme ils étaient présidés par le préfet et composés d'administrateurs, la justice administrative locale ne bénéficiait d'aucune autonomie par rapport à l'administration. À l'échelon supérieur, l'identification était encore plus marquée puisque les juges de droit commun en premier ressort étaient les ministres eux-mêmes, qui tranchaient ainsi les litiges liés à l'activité de leurs propres services. Le Conseil d'État, juge d'attribution en premier ressort et de droit commun en appel, n'était qu'un organe consultatif, proposant au chef de l'État des projets d'arrêt que celui-ci était libre de suivre ou non : la justice était encore, à ce niveau, retenue. Le principe « juger l'administration c'est encore administrer » structurait alors l'organisation de la justice administrative. Cette dernière était dans tous les sens du terme… administrée.

Le privilège de l'administration, à la fois juge et partie, suscita des critiques à compter du milieu du XIXe siècle. Elles mirent en avant le fait que si une bonne connaissance de la spécificité de l'action administrative est éventuellement nécessaire pour juger celle-ci, le simple bon sens exige que soit opérée une stricte séparation entre le juge et l'administration. Administrer ou juger, il fallait choisir, ne fût-ce que pour éviter que ne pèse sur les décisions rendues une funeste suspicion de complaisance envers l'administration.

Pour y parvenir, les juridictions administratives durent d'abord se faire admettre de l'administration, en faisant preuve non d'indulgence mais de persévérance, non d'audace mais de persuasion. Elles amenèrent leur justiciable habituel à mieux accepter le contrôle, à se plier à des exigences de légalité toujours plus contraignantes. L'émancipation fut brièvement consacrée en 1848, sous la IIe République, par l'octroi de la justice déléguée au Conseil d'État mais, retirée sous le second Empire, elle ne lui fut définitivement reconnue que par la loi du 24 mai 1872. Au moins en appel, l'administration était enfin détachée de son juge.

Fort de cette indépendance nouvelle, accrue symboliquement par la reconnaissance de la spécificité du droit appliqué aux litiges administratifs (TC 8 février 1873, *Blanco*, 1er suppl., p. 61, concl. David ; *GAJA*, n° 1), le Conseil d'État put ensuite mettre fin à l'incongru système du ministre-juge (CE 13 décembre 1889, *Cadot*, p. 1148, concl. Jagerschmidt ; *GAJA*, n° 5), avant que des décrets-lois de 1926 ne retirent au préfet la présidence des conseils de préfecture. À cette date, les juridictions administratives constituèrent enfin un ordre juridictionnel structurellement indépendant de l'administration, son justiciable habituel.

De cette lente évolution subsistent cependant des vestiges qui rendent parfois difficile la distinction des fonctions administrative et juridictionnelle.

B. Les liens fonctionnels

L'ambiguïté soulignée des relations entre l'administration et ses juges n'a pas disparu avec l'arrêt Cadot. Si les rapports organiques sont éclaircis, ce n'est pas toujours le cas des fonctions.

En premier lieu, les juges administratifs conservent de leur origine historique certains caractères d'administrateurs. Anciens organes consultatifs de l'administration pour la gestion quotidienne et pour le contentieux, ils ont gardé des attributions consultatives qu'ils exercent comme organes administratifs en complément de leurs fonctions juridictionnelles. C'est particulièrement net pour le Conseil d'État, qui reste un organe de conseil du gouvernement (et exceptionnellement du Parlement, en vertu de l'article 39 al. 5 de la Constitution issu de la révision du 23 juillet 2008), pouvoir qu'il exerce au travers de ses six sections administratives (Intérieur, Travaux publics. Administration, Finances, Sociale, Rapports et études [1]). Consulté obligatoirement sur les projets de loi et d'ordonnances (art. 38 et 39 de la Constitution ; CC 2003-468 DC du 3 avril 2003, *AJDA* 2003, p. 1625, note Viel), sur les projets de décret abrogeant des lois antérieures à 1958 (art. 37 al. 2 de la Constitution) ou pour lesquels une disposition légale ou réglementaire l'exige (décret en Conseil d'État), le Conseil d'État se prononce tant sur la conformité au droit que sur l'opportunité du projet – ce qu'il ne saurait prendre en considération dans le cadre de ses fonctions juridictionnelles. Il peut en proposer l'abandon ou la modification. Bien que le Conseil d'État considère que le défaut de consultation de ses sections administratives, lorsqu'elle est obligatoire, entache l'acte ensuite édicté d'un vice constitutif d'un

1. Sur la répartition des compétences entre elles, voir CE 29 décembre 1999, *Compagnie des mandataires judiciaires à la liquidation des entreprises du ressort de la Cour d'appel de Paris*, req. 205077.

moyen d'ordre public (CE 17 juillet 2013, *Syndicat national des professionnels de santé au travail*, p. 219, concl. Vialettes), son avis ne lie pas le gouvernement. Ce dernier peut, par ailleurs, solliciter l'avis du Conseil sur des difficultés juridiques qu'il rencontre (port de signes religieux à l'école en 1989, régularisation des sans-papiers en 1996) ou lui demander de procéder à une étude sur un domaine du droit en vue d'une éventuelle réforme (bioéthique en 1988 et 1999, interdiction du port du voile intégral en 2010). Les tribunaux administratifs, qui ont succédé aux conseils de préfecture, peuvent également être consultés par les préfets (art. R 212-1 CJA), mais le sont en fait rarement. Cette association d'organes ayant une compétence juridictionnelle à l'action administrative n'est pas le seul trait contemporain de l'assimilation fonctionnelle du juge et de l'administration.

En second lieu, en effet, doit être soulignée la tendance contemporaine à la juridictionnalisation de l'action administrative. Bien des administrations ont une activité relativement proche de celle d'une juridiction. Tel est le cas notamment des organes disciplinaires de la fonction publique, des autorités administratives indépendantes chargées de réguler certains secteurs économiques et disposant pour ce faire de pouvoirs de sanction, ou, plus généralement, de toutes les autorités pouvant prononcer des sanctions administratives. Si le critère matériel de la juridiction est l'exercice d'une fonction de répression disciplinaire [1], force est de reconnaître la ressemblance entre de telles activités administratives et la fonction juridictionnelle. Elle a d'ailleurs pour conséquence leur soumission à un régime inspiré de la procédure juridictionnelle. Le Conseil constitutionnel a ainsi conditionné le pouvoir de sanction des

1. R. Chapus, « Qu'est-ce qu'une juridiction ? La réponse de la jurisprudence administrative », *Mélanges Eisenmann*, Cujas, 1975, p. 265.

autorités administratives au respect, parfois assoupli, des grands principes du droit pénal que sont le respect des droits de la défense, le principe de légalité des délits et des peines, le principe de nécessité des peines ou le principe de non-rétroactivité de la loi pénale d'incrimination plus sévère (CC 88-248 DC du 17 janvier 1989, p. 28). De son côté, le Conseil d'État accepte de vérifier le respect de l'article 6 § 1 de la Convention européenne des droits de l'homme, qui pose le droit à un procès équitable, au cours de procédures administratives à caractère punitif (CE Sect. 3 décembre 1999, *Didier*, p. 399, *AJDA* 2000, p. 26, chr. Guyomar et Collin ; *GAJA*, n° 95). Ce faisant, il se range à l'interprétation extensive donnée au champ d'application de cette stipulation internationale par la Cour européenne des droits de l'homme. Bien que conçu pour régir des procédures juridictionnelles, l'article 6 § 1, qui vise notamment « toute accusation en matière pénale », est désormais appliqué à des procédures matériellement juridictionnelles même si elles ne sont pas le fait d'organes juridictionnels. Cette évolution jurisprudentielle sous la pression du droit international devrait contribuer à renforcer la juridictionnalisation de la fonction administrative [1], que Duguit pressentait déjà au début du XXe siècle dans le domaine disciplinaire [2], et qu'il justifiait par le besoin, toujours plus pressant, d'accorder à tous les individus une protection aussi complète que possible contre l'arbitraire.

Le dépassement de ces ambiguïtés entre la fonction juridictionnelle et la fonction administrative suppose de déterminer en quoi consiste la mission de juger l'administration.

---

1. J.-F. Brisson, « Les pouvoirs de sanction des autorités de régulation et l'article 6 § 1 », *AJDA* 1999, p. 847.

2. L. Duguit, *Traité de droit constitutionnel*, *op. cit.*, t. 3, 1930, p. 278.

Sous-section 2

La notion de juridiction administrative

Les principales juridictions administratives (Conseil d'État, tribunaux administratifs, cours administratives d'appel, Cour des comptes...) sont identifiées depuis longtemps. Pour les autres, le texte créateur leur reconnaît le plus souvent cette qualité soit explicitement, soit implicitement (en organisant un appel ou un pourvoi en cassation contre leurs décisions). Il est pourtant des organismes dont la nature n'est pas tranchée par le législateur et que le juge, éventuellement saisi, aura à qualifier d'autorité administrative ou de juridiction pour en tirer diverses conséquences. À titre d'exemple, l'autorité compétente pour créer l'organe en cause variera selon que lui sera reconnue la qualité de juridiction (compétence du législateur) ou d'autorité administrative (compétence du pouvoir réglementaire). De cette distinction dépendent également l'autorité des décisions prises par cet organe, les voies de recours recevables à leur encontre, etc.

Le juge administratif, ainsi tenu d'établir les critères de la qualité de juridiction administrative, s'est heurté à une redoutable difficulté.

On le constate, en premier lieu, à propos de la notion même de *juridiction*. Elle se définit en fonction d'un faisceau d'indices au sein desquels le critère fonctionnel est, semble-t-il, privilégié (CE Ass. 12 décembre 1953, *de Bayo*, p. 544 ; *RPDA* 1954, p. 3, concl. Chardeau). Il consiste à vérifier que l'organe en question est chargé de résoudre un litige selon des règles de droit, définition la plus communément admise de l'activité juridictionnelle. La qualité de juridiction pourra, à ce titre et par exemple, être reconnue à certains organismes de répression disciplinaire ou à la Cour nationale du droit d'asile. Ce critère fonctionnel n'étant pas toujours suffisant pour lever certaines incertitudes, il lui est parfois adjoint ou substitué d'autres critères formels ou procéduraux permettant de reconnaître ou d'exclure la qualité de juridiction. Seront alors examinés la composition de l'organe à qualifier (nombre, origine et qualité des membres), les méthodes d'examen des dossiers (respect du contradictoire, motivation des décisions, etc.), le type de décisions rendues et leur autorité (CE Sect. 11 septembre 2000, *X, DA* 2000, n° 234). Bien qu'utiles pour compléter l'impression d'ensemble que recherche le juge, ces critères ont pour faiblesse de faire découler la qualité de juridiction d'éléments qui devraient en être la conséquence. Ainsi, l'autorité attachée à la décision rendue dépend de la nature, juridictionnelle ou administrative, de l'organe dont elle émane et non l'inverse ! Qui plus est, la juridictionnalisation de l'action administrative signalée plus haut, en uniformisant les procédures administratives et juridictionnelles, rendra ces critères complémentaires de moins en moins pertinents.

Des imperfections identiques se rencontrent, en second lieu, pour la détermination du caractère administratif ou judiciaire de la juridiction. S'il existe quelques juridictions (Conseil constitutionnel, Tribunal des conflits) dont les décisions ne sont pas susceptibles de recours devant le Conseil d'État ou la Cour de cassation et qui ne sont donc rattachées à aucun des deux ordres juridictionnels, les autres doivent nécessairement appartenir à l'un ou à l'autre. Lorsque les textes créateurs ne permettent pas de trancher la question, le juge administratif, s'il vient à en être saisi, la résout principalement au regard de la nature des litiges soumis à la juridiction en cause. Ce critère matériel le conduit à qualifier d'administrative la juridiction saisie de questions de droit public (CE 7 février 1947, *D'Aillières*, p. 50 ; *RDP* 1947, p. 68, concl. Odent, note Waline ; *GAJA*, n° 54). Le caractère tautologique d'un tel raisonnement étant difficilement niable, l'analyse est parfois complétée par des considérations formelles ou procédurales qui encourent les mêmes reproches que lorsqu'elles interviennent pour distinguer juridiction et autorité administrative.

Tels sont les éléments qui permettent, en cas de silence du législateur, d'apprécier la qualité de juridiction d'un organisme innommé. Qualifié de juridiction administrative, il constituera nécessairement, au sein des juges de l'administration, une juridiction spécialisée, les juridictions à compétence générale étant depuis longtemps bien connues.

Section II
LES JUGES DE L'ADMINISTRATION

L'originalité de l'ordre juridictionnel administratif, évidente dans l'organisation des rapports entre l'administration et son juge, se manifeste également par la diversité des organes qui le composent et la répartition des compétences entre eux.

Sous-section 1
LES JURIDICTIONS COMPÉTENTES

L'ordre juridictionnel administratif n'est pas sorti tout armé du cerveau de Bonaparte en l'an VIII (voir *Origines*, p. 320). D'une part, l'Ancien Régime a été une source d'inspiration, qui avait placé auprès du roi un Conseil chargé de l'aider dans la gestion des affaires administratives et le traitement des dossiers contentieux. D'autre part, il était difficile d'imaginer, au début du Consulat, la postérité et les évolutions que devaient connaître le Conseil d'État et les conseils de préfecture, nouvellement créés. Dès 1806, par exemple, est distinguée au sein du Conseil d'État une commission spécialisée dans le traitement des litiges. La structure de l'ordre juridictionnel a profondément évolué au cours des deux siècles qui ont suivi.

L'ensemble ne peut être présenté en opposant les juridictions de droit commun à des juridictions spécialisées tant, nous le verrons, la répartition des compétences en son sein est complexe. Le Conseil d'État, juge suprême de cet ordre et omniprésent, mérite une place à part. Les tribunaux administratifs et cours administratives d'appel, très similaires organiquement et fonctionnellement, peuvent, quant à eux, être rapprochés. Les autres juridictions, dites spécialisées, n'appellent que des développements succincts, dans le cadre d'un manuel de droit administratif général.

A. Le Conseil d'État

Outre ses attributions consultatives, le Conseil d'État, juridiction suprême de l'ordre administratif, est susceptible de connaître de toutes les décisions rendues par les juridictions subordonnées. Il exerce cette compétence juridictionnelle dans le cadre de la section du contentieux, elle-même divisée en dix chambres (antérieurement dénommées sous-sections) entre lesquelles les contentieux sont répartis par matière. Les jugements sont rendus par des formations dont le caractère plus ou moins solennel est un bon indice de la difficulté juridique ou « politique » de l'affaire, et donc de l'importance de la décision qui la tranche. L'essentiel des dossiers est traité par des jugements émanant d'une ou de deux chambres réunies. Les plus importants sont renvoyés devant la section du contentieux, dénomination malencontreuse de l'une des formations de jugement de la section du contentieux, qui, à côté des six sections administratives, assure la fonction juridictionnelle dévolue au Conseil d'État. La section du contentieux – entendue ici comme formation de jugement – est composée des juges les plus expérimentés (art. R 122-18 CJA : son président, ses trois présidents adjoints, les présidents des chambres et le rapporteur). La formation la plus solennelle est l'assemblée du contentieux, qui est saisie des litiges délicats, de ceux sur lesquels la position du Conseil est attendue, ou à l'occasion desquels un important revirement de jurisprudence est envisagé. Sa composition explique l'autorité particulière de ses décisions : elle comprend (art. R 122-20 CJA) le vice-président du Conseil d'État, les présidents de section (donc, outre le président de la section du contentieux, les six présidents des sections administratives), les trois présidents adjoints de la section du contentieux, le président de la chambre d'instruction, les quatre présidents de chambre les plus anciens dans leurs fonctions en dehors du précédent, le rapporteur. À titre indicatif, en 2019, les chambres jugeant seules ont rendu 3 601 arrêts, les chambres réunies 1 269, la section du contentieux 21 et l'assemblée du contentieux 8. À ces chiffres s'ajoutent les 3 165 ordonnances rendues par des juges statuant seuls et 472 autres rendues en référé.

La présidence du Conseil d'État est assurée par le vice-président, selon l'étrange formule de l'article L 121-1 CJA héritée de l'époque durant laquelle le chef du gouvernement présidait cette institution. Les membres du Conseil d'État (environ deux cents personnes en service au sein de l'institution) se divisent en deux catégories. Les personnels de carrière (le vice-président, les présidents de section, les conseillers d'État en service ordinaire, les maîtres des requêtes et les auditeurs) sont recrutés à la sortie de l'École nationale d'administration ou, selon des quotas stricts, par des nominations au « tour extérieur », ce qui garantit un brassage des hommes, des idées et donc l'ouverture de l'institution à la société. Ces membres de carrière participent en principe à la fois aux fonctions consultatives et aux fonctions juridictionnelles selon le principe de la double appartenance qui contribue, quant à lui, à l'unité des fonctions du Conseil d'État et à la prise de conscience par ses membres des nécessités de l'action administrative. À côté d'eux, des maîtres des requêtes et des conseillers d'État en service extraordinaire, nommés respectivement pour quatre ou cinq ans en raison de leurs compétences et expériences, constituent un personnel « hors carrière » qui participe, selon les cas, aux attributions consultatives et/ou juridictionnelles du Conseil. Le statut des membres du Conseil, bien que particulier, est rattaché au statut général de la fonction publique de l'État, ce qui les assimile à de simples fonctionnaires, à la différence de leurs homologues judiciaires. En outre, ils n'ont pas la qualité de magistrat (CE Ass. 2 février 1962, *Beausse*, p. 82), de sorte que la compétence pour définir leur statut aurait dû échapper au législateur, lequel, aux termes de l'article 34 de la Constitution, fixe les règles concernant le statut des magistrats. Le législateur est cependant compétent dans la mesure où les fonctions dévolues aux membres de cette juridiction touchent, selon le Conseil d'État lui-même, à une liberté fondamentale accordée aux citoyens pour l'exercice des libertés publiques (CE 29 décembre 1993, *Syndicat de la juridiction administrative*, p. 378). L'indépendance, indispensable en matière juridictionnelle, n'est pas garantie par les textes. Elle est néanmoins solidement protégée par une tradition d'inamovibilité de fait et par un avancement à l'ancienneté.

B. Les tribunaux administratifs et les cours administratives d'appel

La loi du 28 pluviôse an VIII (17 février 1800) avait créé des conseils de préfecture départementaux, ayant une compétence d'attribution en premier ressort pour le contentieux administratif et dotés, à la différence du Conseil d'État, du pouvoir de justice déléguée. Transformés, pour cause d'inactivité chronique, en juridictions interdépartementales en 1926, ils devinrent, par le décret-loi du 30 septembre 1953, les tribunaux administratifs. Ce changement d'appellation manifeste la totale autonomie acquise par ces juridictions vis-à-vis de l'administration étatique déconcentrée. L'octroi aux tribunaux administratifs de la qualité de juge de droit commun en premier ressort constitue l'apport le plus notable de la réforme de 1953. Il s'agissait alors de désengorger le Conseil d'État qui en était titulaire depuis l'abandon par l'arrêt Cadot, en 1889, de la théorie du ministre-juge.

Il existe aujourd'hui quarante-deux tribunaux administratifs, dont trente et un en métropole. Outre leur fonction consultative auprès des préfets, ils peuvent exercer une mission de médiation afin de prévenir le contentieux (articles L 213-1 et suivants du CJA). Leur activité est néanmoins essentiellement contentieuse au travers de formations qui, comme devant le Conseil d'État, sont plus ou moins solennelles selon la difficulté ou l'enjeu des affaires.

Créées par la loi du 31 décembre 1987, les cours administratives d'appel sont les dernières-nées des juridictions administratives. Au nombre de huit (une neuvième devant être créée à Toulouse, fin 2021), elles sont compétentes pour examiner la plupart des appels formés contre les jugements rendus par les tribunaux administratifs de leur ressort.

Tribunaux administratifs et cours administratives d'appel présentent des traits communs. D'une part, leurs quelque mille deux cents membres sont issus du même corps, bénéficiant d'un statut particulier au sein du statut général de la fonction publique qui garantit leur inamovibilité et justifie leur qualité de magistrat (déniée, rappelons-le, aux membres du Conseil d'État). Le recrutement s'effectue, en principe, parmi les élèves de l'ENA, mais un recrutement direct par voie de concours externe et interne est organisé chaque année pour compenser les recrutements insuffisants par cette voie. Des recrutements par le tour extérieur ou après détachement existent également. D'autre part, les règles de procédure à respecter devant ces deux types de juridictions étaient codifiées, jusqu'à l'adoption en 2000 d'un Code de justice administrative à vocation générale, dans un texte unique, le Code des tribunaux administratifs et cours administratives d'appel. Cette proximité procédurale n'exclut pas, naturellement, certaines spécificités liées notamment au degré auquel interviennent ces juridictions.

C. Les juridictions administratives spéciales

L'ordre juridictionnel administratif ne se résume pas aux trois catégories de juridictions jusqu'ici présentées. Le Conseil d'État connaît, en effet, par le jeu des voies de recours, des décisions rendues par environ neuf cents juridictions administratives spéciales, dont une trentaine seulement statuent au niveau national. Leur particularité est de ne juger que des contentieux qui leur sont expressément dévolus par les textes par soustraction à la compétence des juridictions de droit commun : ce sont des juridictions d'attribution.

Leur extrême diversité transparaît de leurs multiples domaines d'intervention (enseignement, ordres professionnels, secteur social, finances publiques...), de la variété des décisions qu'elles sont susceptibles de prendre (annulation d'actes administratifs, sanction disciplinaire, quitus ou débet de comptables publics...), de leur composition dissemblable (juges professionnels, échevinage, juges non professionnels) ou encore de la procédure suivie devant chacune d'elles. La synthèse exhaustive en est particulièrement délicate [1].

Elles peuvent néanmoins être classées suivant le contrôle auquel elles sont soumises de la part du Conseil

1. M. Degoffe, V° « Juridictions administratives spécialisées », *Rép. D. Cont. Adm.*

d'État, qui peut connaître de leurs décisions par la voie du pourvoi en cassation, lorsqu'elles sont rendues en premier et dernier ressort (Cour des comptes statuant sur les comptes des comptables publics de l'État) ou en dernier ressort (chambre disciplinaire nationale du Conseil national de l'ordre professionnel des médecins), ou, plus rarement, par la voie de l'appel dirigé contre leurs décisions rendues en premier ressort (commissions du contentieux de l'indemnisation des rapatriés). Dans le but de préserver l'unité de l'ordre juridictionnel administratif, le Conseil d'État a rangé au nombre des principes généraux du droit la possibilité d'exercer, même sans texte, des pourvois en cassation contre toute décision rendue en dernier ressort par une juridiction administrative (CE Ass. 7 février 1947, *D'Aillières*, p. 50 ; *RDP* 1947 p. 68, concl. Odent ; *GAJA*, n° 54).

Les juridictions administratives spéciales ne sauraient être négligées, car certaines d'entre elles sont très anciennes ou prestigieuses (la Cour des comptes), ont une intense activité juridictionnelle (Cour nationale du droit d'asile) ou sont fréquemment l'objet de critiques (les juridictions disciplinaires des ordres professionnels). En outre, elles connaissent d'une bonne part du contentieux administratif en premier ressort ainsi qu'en rend compte chaque année le rapport d'activité figurant dans le rapport public du Conseil d'État.

Sous-section 2

La compétence des juridictions

La détermination de la compétence des juridictions administratives peut faire intervenir deux critères. Tout d'abord, un critère matériel (domaine de la décision administrative contestée ou type de recours exercé contre elle) permet de désigner la catégorie de juridictions administratives compétentes pour en connaître. Si une seule juridiction compose cette catégorie, ce critère est suffisant. Ainsi, pour le recours en cassation, seul le Conseil d'État est compétent. En revanche, si plusieurs juridictions identiques sont envisageables, il importe de savoir laquelle est territorialement compétente. Ce critère territorial est fondamental pour savoir, par exemple, quel tribunal administratif saisir du litige, une fois acquis qu'aucune juridiction d'attribution en premier ressort n'est compétente.

La double analyse, matérielle d'abord, territoriale ensuite, que doit mener chaque justiciable est évidemment source d'erreurs. Il est cependant possible au tribunal administratif ou à la Cour administrative d'appel qui s'estime saisi(e) à tort de renvoyer le dossier à la juridiction qui lui paraît compétente (article R 351-3 CJA). En cas de difficultés particulières ou d'appréciation divergente de la juridiction de renvoi, il appartient au président de la Section du contentieux du Conseil d'État de déterminer la juridiction compétente. Compte tenu de ces possibilités, il est compréhensible que soit limitée, par contrecoup, la contestabilité de la compétence de la juridiction saisie. D'une part, lorsque celle-ci l'a été sur renvoi d'une autre juridiction administrative et qu'elle n'a pas contesté cette transmission auprès du président de la Section du contentieux du Conseil d'État, sa compétence ne peut plus être remise en cause (article R 351-9 CJA). D'autre part, lorsqu'un tribunal administratif a été saisi et que son incompétence territoriale n'a été invoquée ni par les parties ni par lui-même, elle ne pourra plus l'être en appel ou en cassation (article R 312-2 CJA). Ces deux dispositions nuancent sensiblement le caractère d'ordre public traditionnellement reconnu au moyen d'incompétence du juge et qui permettait à ce dernier comme aux parties de soulever ce moyen en tout état de la procédure.

Cette présentation anticipe celle de la répartition très originale des recours entre les différentes juridictions administratives. Sa relative complexité conduit à examiner successivement le premier ressort, l'appel et la cassation. Il en résulte que, contrairement à la Cour de cassation dans l'ordre judiciaire, le Conseil d'État dispose de chefs de compétences du sommet à la base de l'ordre.

A. Le premier ressort

Les tribunaux administratifs sont depuis 1953 juges de droit commun en premier ressort du contentieux administratif (art. L 211-1 CJA), par transfert d'une compétence que le Conseil d'État exerçait depuis l'arrêt Cadot (1889). Leur compétence de droit commun signifie que tout litige doit leur être soumis en première instance sauf texte contraire. En conséquence, elle ne se définit que négativement comme englobant tout ce qui n'est pas de la compétence d'une autre juridiction. Il est donc nécessaire, avant de saisir un tribunal administratif, de vérifier que le litige en cause n'est pas attribué, par un texte, à un autre juge administratif.

Si aucun texte ne déroge, dans un domaine donné, à la compétence de droit commun des tribunaux administratifs, il convient de déterminer lequel d'entre eux est territorialement compétent. En principe, est compétent le tribunal dans le ressort duquel l'autorité signataire de l'acte attaqué a son siège (art. R 312-1 CJA). Mais semblable solution, compte tenu de la centralisation administrative française, pourrait conduire à la saturation du tribunal administratif de Paris, dans le ressort duquel les plus éminentes autorités administratives ont leur siège. Il a donc été prévu de très nombreuses exceptions pour tenter de répartir équitablement la compétence territoriale (art. R 312-6 à R 312-19 CJA) et admis qu'en matière contractuelle les parties peuvent, à certaines conditions, choisir leur tribunal (art. R 312-2 et R 312-11 CJA).

Lorsque, en vertu d'un texte, la compétence échappe aux tribunaux administratifs, elle peut être attribuée à une juridiction administrative spéciale. Cette hypothèse, rappelée pour mémoire, ne sera pas examinée dans le cadre de ce manuel tant sont nombreuses ces juridictions et spécifiques les compétences dont elles jouissent. Un texte peut aussi donner compétence en premier ressort à une autre juridiction administrative à compétence générale. Il peut s'agir de cours administratives d'appel (voir art. R 311-2 et suivants CJA). Plus fréquemment, le texte peut désigner le Conseil d'État pour connaître du recours en premier ressort, auquel cas il sera seul juge du recours puisque aucun appel ou pourvoi en cassation ne saurait être ouvert à l'encontre des arrêts rendus par la juridiction suprême de l'ordre administratif.

Parmi les chefs de compétence du Conseil d'État en premier ressort (art. R 311-1 CJA), certains lui permettent de connaître des recours contre des actes d'importance nationale. Ainsi des recours contre les décrets et ordonnances, contre les actes réglementaires des ministres et des autres autorités à compétence nationale et contre leurs circulaires et instructions de portée générale, contre les décisions prises par les organes de treize autorités administratives indépendantes précisément identifiées, des recours en interprétation et des recours en appréciation de légalité des actes précédemment cités. De la même façon, lui sont dévolus les litiges concernant le recrutement et la discipline des agents publics nommés par décret du président de la République ainsi que les actions en responsabilité dirigées contre l'État pour durée excessive de la procédure devant la juridiction administrative.

Jusqu'à un décret du 22 février 2010, le Conseil d'État connaissait également de certains litiges de moindre importance qui ne relevaient de la compétence d'aucun tribunal administratif. Cela concernait, par exemple, les litiges nés hors des territoires soumis à la juridiction des tribunaux administratifs. Ils sont désormais attribués au tribunal administratif de Paris (art. R 312-19 CJA).

B. L'appel et la cassation

L'*appel* est une voie de recours ouverte à l'encontre des décisions de justice rendues en premier ressort. Elle est en conséquence exclue à l'égard des jugements rendus en premier et dernier ressort, lesquels ne sont susceptibles que d'un pourvoi en cassation. Fréquente à l'égard des décisions des juridictions administratives spécialisées, cette restriction a été étendue aux jugements rendus par les tribunaux administratifs dans certaines affaires mineures (par exemple, contentieux indemnitaire inférieur à 10 000 € ; voir pour le reste article R 811-1 CJA). L'appel concrétise le double degré de juridiction puisque le juge d'appel, à la différence du juge de cassation, examine tant la régularité que le bien-fondé du jugement contesté.

La compétence en appel a sensiblement évolué au sein de l'ordre administratif en raison de la création des cours administratives d'appel. En vertu de la loi du 31 décembre 1987 puis de celle du 8 février 1995, elles sont devenues, par étapes, compétentes pour connaître des appels formés contre la plupart des jugements des tribunaux administratifs. Comme ces derniers sont juges de droit commun du contentieux administratif, il est évident que les cours connaissent de l'essentiel, quantitativement, des appels au sein de cet ordre. Il n'en reste pas moins que leur compétence n'est, qualitativement, qu'une compétence d'attribution ; elles ne sont en droit que des juridictions d'appel d'exception. Cela découle de la définition de leur compétence qu'a donnée le législateur : exprimée exclusivement par référence aux décisions rendues en premier ressort par les tribunaux administratifs, elle n'a pas vocation à la généralité (art. L 211-2 CJA). La cour administrative d'appel compétente territorialement est celle dans le ressort de laquelle le tribunal administratif auteur du jugement attaqué a son siège. Pour les autres décisions rendues en premier ressort, l'appel sera porté devant d'autres juridictions d'attribution en appel (comme, par exemple, les chambres disciplinaires des instances nationales des ordres professionnels) ou, pour le reste, devant le Conseil d'État. Ce dernier ne connaît certes plus que d'une quantité infime d'appels dirigés contre des jugements de première instance, mais, en droit, il reste le juge d'appel compétent lorsque aucun texte ne précise le contraire. Il a ainsi conservé, après 1987 et 1995, la compétence de droit commun en appel qu'il exerçait antérieurement. Celle-ci est d'ailleurs assortie de compétences particulières, soustraites aux cours, à l'égard de jugements de tribunaux administratifs (recours en appréciation de légalité, contentieux des élections municipales et départementales). Hormis ces dernières hypothèses, la compétence de droit commun du Conseil d'État lui permet de connaître des quelques appels dirigés contre des jugements de juridictions spéciales non dévolus à des instances d'appel particulières.

La répartition de la compétence en *cassation*, cela ne saurait surprendre, est, quant à elle, univoque : le Conseil d'État est seul à en connaître. Ce chef de compétence lui vaut d'être le juge suprême de l'ordre administratif puisque, par le jeu du pourvoi en cassation qui est ouvert même sans texte à l'encontre de toute décision rendue en dernier ressort par une juridiction administrative (CE Ass. 7 février 1947, *D'Aillières*, p. 50 ; *RDP* 1947, p. 68, concl. Odent, note Waline ; *GAJA*, n° 54), tout jugement peut lui être soumis. Il n'en examinera cependant que la régularité, étant en ce domaine, comme la Cour de cassation, juge du droit et non du fait. Cela lui suffit pour faire prévaloir ses vues et assurer l'unité de la jurisprudence au sein de l'ordre. En tout état de cause, il est autorisé, après avoir prononcé l'annulation d'une décision rendue en appel, à statuer lui-même au fond, sans renvoyer à une juridiction subordonnée, dans l'intérêt d'une bonne administration de la justice (CE 24 juillet 2019, *Mme D.*, p. 330).

Le rôle prééminent du Conseil d'État a encore crû grâce à la loi du 31 décembre 1987 qui, tout en le soulageant d'une large part de la compétence en appel, a institué un mécanisme destiné à compenser sa perte d'emprise sur les juridictions du fond. L'article L 113-1 CJA autorise les tribunaux administratifs et cours administratives d'appel à lui renvoyer, par une « mesure d'administration de la justice » (CE 7 juillet 2000, *Clinique chirurgicale du Coudon*, p. 313), les questions de droit nouvelles présentant une difficulté sérieuse et se posant dans de nombreux litiges (CE 30 janvier 2019, *M. Fernandez*, p. 8). La fréquente consultation du Conseil sur le sens et la portée de textes nouveaux ou sur la solution théorique à donner à des questions nouvelles a pour principal mérite de réduire les risques de contradiction entre juridictions subordonnées et, dans le cas probable où l'avis serait suivi par celles-ci, de dissuader les parties d'exercer une voie de recours contre la décision rendue.

La présentation organique des juges administratifs ainsi achevée a fait ressortir les rapports, parfois ambigus, de ce juge avec l'administration. Elle ne suffit toutefois pas à rendre compte de l'originalité du droit administratif. Pour mieux le comprendre, une étude des mécanismes d'ordre proprement contentieux est indispensable tant les recours recevables devant les juridictions de cet ordre ont façonné la plupart des concepts qu'utilise ce droit.

Chapitre II
LES RECOURS JURIDICTIONNELS

La procédure contentieuse n'a pas une bonne réputation. Symbolisant le droit aride où se délecte le seul juriste chicanier, la technique procédurale serait le domaine des esprits bornés ou, au mieux, l'ultime recours lorsque le dossier est perdu d'avance sur le fond. Le qualificatif de « procédurier » est ainsi le plus souvent peu flatteur pour son destinataire. Pourtant, en droit privé comme en droit public, bien des litiges se gagnent et se perdent sur ce terrain. La procédure est un art où, à l'instar de la guerre, l'emporte le plus fin stratège, celui qui a su déplacer le terrain de discussion, prendre l'ennemi à revers ou dévoiler ses arguments au moment opportun.

Sur un plan plus théorique, l'importance, soulignée *supra*, de la jurisprudence dans la formulation des notions du droit administratif rend indispensable une présentation même sommaire de la procédure administrative contentieuse, bien qu'elle constitue depuis longtemps une discipline spécifique, le contentieux administratif. Elle permet de mieux comprendre les méthodes du juge, ses pouvoirs, leurs limites et donc l'infrastructure du droit administratif.

Le paradoxe est que les grands principes du contentieux administratif ont eux-mêmes été posés par le juge administratif... Les multiples textes tendant à encadrer la procédure administrative contentieuse, dont la connaissance et la maîtrise sont indispensables, ne portent pas sur l'essentiel. S'ils font parfois référence aux notions de recours pour excès de pouvoir, de recours de plein contentieux ou d'intérêt à agir, ils ne les définissent jamais, laissant ce soin à la jurisprudence qui, du reste, en est à l'origine. Le pouvoir créateur prétorien se manifeste encore aujourd'hui, comme le montre la création *ex nihilo* d'une voie d'accès au juge pour faire homologuer des transactions (CE Ass. 6 décembre 2002, *Syndicat intercommunal des établissements du second cycle du second degré de l'Haÿ-les-Roses*, *RFDA* 2003, p. 291, concl. Le Chatelier, p. 302, note Pacteau) ou l'ouverture aux tiers de la possibilité de saisir le juge du contrat (CE Ass. 4 avril 2014, *Département de Tarn-et-Garonne*, p. 70, concl. Dacosta ; *RDP* 2014, p. 732, débat Braconnier, Dacosta ; *RFDA* 201, p. 438, note Delvolvé ; *GAJA*, n° 112). L'entrée en vigueur, en janvier 2001, d'un Code de justice administrative qui rassemble enfin les textes épars relatifs au Conseil d'État et ceux, pour l'essentiel codifiés, portant sur les tribunaux administratifs et les cours administratives d'appel, ne change rien à ce constat. La codification est, en effet, aujourd'hui réduite à la compilation des textes en vigueur : elle n'a pas pour ambition de décrire exhaustivement l'état du droit, lequel inclut nombre de normes jurisprudentielles non écrites.

L'arbitraire administratif n'a pu être éradiqué qu'en l'absence d'arbitraire juridictionnel et grâce à l'élaboration par étapes d'un droit processuel propre, pour l'essentiel, aux juridictions administratives. S'autolimitant pour mieux répondre aux requêtes des administrés dans le respect des impératifs de l'action administrative, le juge a confirmé, comme l'avait énoncé Ihering, que la forme, « ennemie jurée de l'arbitraire », est la « sœur jumelle de la liberté » [1].

Ainsi conçue comme le point de friction entre intérêts privés et intérêt général, destinée à maintenir l'équilibre entre eux, la procédure administrative contentieuse se

1. R. von Ihering, *L'Esprit du droit romain*, Marescq et Ainé, 3e éd., 1886-1888, t. 3, p. 158.

distingue sensiblement de la procédure civile. Cela se manifeste évidemment par l'instauration d'une stricte et originale distinction des recours, mais également dans les conditions d'exercice et d'examen de ces recours.

Section I
LA DISTINCTION DES RECOURS

Pour régir les différents types d'action ouverte, la procédure civile établit traditionnellement une double distinction fondée, d'une part, sur la nature (réelle, personnelle ou mixte) et, d'autre part, sur l'objet (mobilier ou immobilier) de l'action exercée. Le justiciable n'a donc qu'à respecter les règles de compétence et de recevabilité gouvernant l'action qu'il a décidé d'intenter.

Le contentieux administratif semble plus contraignant puisque, les actions ouvertes étant prédéterminées et en nombre limité, la requête doit être formulée pour s'identifier à l'une d'elles. La distinction des recours agit comme un corset, obligeant l'administré à formuler son action en fonction du recours et non son recours en fonction de son action.

Deux présentations doctrinales complémentaires ont tenté de rendre compte de l'état du droit. La première est l'œuvre de Laferrière et se fonde sur les pouvoirs attribués au juge [1]. Elle distingue le *contentieux de pleine juridiction* dans lequel le juge dispose des pouvoirs les plus étendus (annulation, réformation, condamnation pécuniaire), le *contentieux de l'annulation* qui n'accorde que ce pouvoir au juge, le *contentieux de la déclaration*, destiné seulement à obtenir du juge une interprétation ou une appréciation d'un acte sans que celui-ci soit

1. *Traité de la juridiction administrative et des recours contentieux*, Berger-Levrault, 1887 (reprint, 1989), t. I, p. 15.

remis en cause, et le *contentieux de la répression*, débouchant sur le prononcé d'une sanction. Cette classification, surtout en ce qu'elle oppose les contentieux de la pleine juridiction et de l'annulation, bénéficie d'un écho en jurisprudence qui en déduit certaines différences de régime entre les recours (juge compétent, délai pour agir, ministère d'avocat...). Elle est cependant peu stimulante, car elle repose sur les pouvoirs du juge, c'est-à-dire sur un critère formel et surtout étranger au litige. Duguit a, en conséquence, proposé de lui substituer une classification binaire fondée sur le type de question posée au juge [1]. Selon Duguit, tout litige se ramène soit à une pure question de droit objectif, c'est-à-dire de conformité au droit en vigueur, soit à une question d'appréciation des droits subjectifs d'une personne donnée. Plus satisfaisante intellectuellement, relativement compatible avec la précédente, cette présentation n'a toutefois pas été retenue en jurisprudence.

Pour tenter de concilier ces deux constructions doctrinales, il semble possible de retenir, comme en procédure civile, une distinction s'intéressant à l'objet du litige : celui-ci peut viser un acte ou une personne.

Sous-section 1
LES CONTENTIEUX DES ACTES

Ce sont les recours en cause qui marquent le mieux l'originalité du contentieux administratif ; ils découlent de la règle fondamentale du droit public français (CE Ass. 2 juillet 1982, *Huglo*, p. 257 ; *AJDA* 1982, p. 657, concl. Biancarelli, note Lukaszewicz) selon laquelle les décisions administratives sont exécutoires. Cela signifie qu'elles s'appliquent *a priori*, sans le consentement de leurs destinataires. C'est le « privilège du préalable », qualifié ainsi par Hauriou pour souligner le fait que

1. *Traité de droit constitutionnel*, *op. cit.*, t. 2, 1928, p. 435.

l'administration n'a pas besoin de saisir préalablement un juge pour imposer sa volonté. Les destinataires se voient, en contrepartie de leur obligation d'exécution *a priori*, ouvrir divers recours permettant, *a posteriori*, de soumettre l'acte à l'appréciation du juge. Ces recours peuvent être présentés selon les pouvoirs dont dispose le juge pour statuer.

A. L'annulation

L'annulation de l'acte, c'est-à-dire sa disparition rétroactive et *erga omnes*, est le seul pouvoir dévolu au juge du *recours pour excès de pouvoir* lorsqu'il estime l'acte attaqué devant lui entaché d'illégalité. Élaboré au XIXe siècle au prix d'une interprétation très constructive d'une loi de 1790, le recours pour excès de pouvoir est la fierté du contentieux administratif français. Gaston Jèze l'a décrit comme « la plus merveilleuse création des juristes, l'arme la plus efficace, la plus pratique, la plus économique qui existe au monde pour défendre les libertés [1] ».

Arme efficace, assurément. En effet, le juge se place, pour apprécier la légalité de l'acte attaqué, à la date de l'édiction de celui-ci. En conséquence, l'annulation prononcée est dotée d'un effet rétroactif et le fait disparaître totalement. L'ordonnancement juridique est ainsi apuré, rétabli dans son état antérieur à l'illégalité. L'acte annulé est censé, au prix certes d'une fiction juridique, n'avoir jamais existé. Toutefois, s'il apparaît que cet effet rétroactif de l'annulation est de nature à emporter des conséquences manifestement excessives, le juge peut décider d'y déroger à titre exceptionnel et prévoir que tout ou partie des effets de l'acte antérieurs à son annulation devront être regardés comme définitifs ou

1. *Annuaire de l'Institut international de droit public*, 1929, p. 129.

même, le cas échéant, que l'annulation ne prendra effet qu'à une date ultérieure qu'il détermine (CE Ass. 11 mai 2004, *Association AC !*, p. 197, concl. Devys ; *RFDA* 2004, p. 438, étude Stahl et Courrèges ; *GAJA*, n° 103). Par ailleurs, la violation de l'ordonnancement juridique constatée au terme d'une appréciation purement objective ne limite pas ses effets au seul requérant (CE 3 décembre 2001, *Syndicat national de l'industrie pharmaceutique et autres*, p. 624). Le recours d'un seul, mû par la défense de ses propres intérêts, profite logiquement à la collectivité tout entière : l'illégalité est une et sa sanction universelle. Il est en outre admis que l'annulation d'un acte sur recours pour excès de pouvoir bénéficie de l'autorité absolue de chose jugée et constitue un *moyen d'ordre public*. Elle peut donc être invoquée par toute autre personne dans un autre litige où cet acte intervient et tout juge doit la soulever d'office (CE 28 juillet 2000, *Commune de Port-Vendres*, p. 360).

Arme pratique, en outre, puisque ce recours est ouvert à l'encontre de toutes les décisions administratives en vertu d'un principe général du droit (CE Ass. 17 février 1950, *Dame Lamotte*, p. 110 ; *RDP* 1951, p. 478, concl. Delvolvé, note Waline ; *GAJA*, n° 56) et qu'un requérant ne saurait se voir opposer son éventuel désistement ni même sa renonciation à exercer un recours pour excès de pouvoir (CAA Paris 30 décembre 1996, *Boyer*, p. 1073). Il n'est recevable qu'à l'encontre d'actes administratifs unilatéraux décisoires, ce qui exclut les contrats, fussent-ils administratifs, mais pas leurs éventuelles clauses de nature réglementaire (CE Ass. 10 juillet 1996, *Cayzeele*, p. 274 ; *RFDA* 1997, p. 89, note Delvolvé). Le juge administratif considérant désormais que le déféré préfectoral dirigé contre un contrat d'une collectivité territoriale est un recours de plein contentieux (CE 23 décembre 2011, *Ministre de l'Intérieur c/ Syndicat intercommunal d'assainissement du Nord*, *BJCP* 2012, p. 125, concl. Dacosta), il n'existe plus qu'un seul cas dans lequel un recours pour excès de pouvoir est véritablement exercé contre un contrat. Cela concerne la contestation par un tiers du contrat de recrutement d'un agent public (CE Sect. 30 octobre 1998, *Ville de Lisieux*, p. 375, concl. Stahl).

Arme économique, enfin, puisque, pour en favoriser l'exercice, le recours pour excès de pouvoir est dispensé du ministère d'avocat, du moins désormais en première instance (art. R 431-2 CJA).

B. La déclaration

Divers recours sont ouverts pour demander au juge administratif son appréciation sur le sens ou la légalité d'un acte conditionnant l'issue d'un litige. Ils peuvent constituer des recours principaux – si aucun juge n'a été saisi du litige en cause – ou incidents – lorsqu'ils se greffent sur un autre recours déjà déposé. Leur seule fonction est d'obtenir une déclaration sans conséquence concrète sur l'acte qui en est l'objet mais permettant de trancher le litige dans lequel il intervient.

Deux recours en déclaration se rattachent sans ambiguïté au contentieux objectif comme ne soulevant qu'une question de légalité. L'un, le *recours en déclaration d'inexistence*, est un recours par voie d'action qui tend au constat de l'inexistence de l'acte visé, c'est-à-dire du fait qu'il n'est jamais parvenu à l'existence juridique. Il est réservé aux actes dont l'illégalité est si grave qu'ils n'ont pu produire d'effets de droit. Le juge ne saurait prononcer leur annulation puisque ne peut être annulé que ce qui existe. Saisi sans condition de délai, il se borne alors à constater, déclarer leur inexistence (CE 9 mai 1990, *Commune de Lavaur c/ Lozar*, p. 115). Ce recours est, en fait, fort proche du recours pour excès de pouvoir dont il ne se distingue que par la volonté du juge de souligner fortement l'illégalité commise et, heureusement, par la grande rareté de ses applications.

L'autre recours en déclaration ne posant qu'une question de droit objectif est le *recours en appréciation de légalité*. Il tend à l'appréciation par le juge administratif de la légalité d'un acte administratif, unilatéral ou contractuel, mais uniquement sur renvoi d'une juridiction. Il s'agit donc d'un recours par voie d'exception, exercé lorsque le juge saisi d'un recours principal est incompétent pour se prononcer sur la légalité d'un acte administratif dont dépend l'issue du litige. Cela ne concerne aujourd'hui que les juridictions judiciaires non répressives puisque, d'une part, les juridictions répressives bénéficient d'une plénitude de compétence s'étendant à l'appréciation de la légalité des actes administratifs (article 111-5 du Code pénal) et que, d'autre part, les questions préjudicielles sont prohibées au sein de l'ordre juridictionnel administratif (article R 312-3 CJA).

La déclaration d'illégalité prononcée éventuellement au terme de l'examen par le juge administratif de renvoi est dépourvue d'incidence sur l'acte visé qui reste dans l'ordonnancement juridique. Sollicitée uniquement pour résoudre un litige particulier, elle n'est dotée que d'une autorité relative de chose jugée. Cette solution conduit à imposer aux justiciables de solliciter le renvoi de l'appréciation de la légalité chaque fois qu'ils contestent un acte, quand bien même le juge administratif aurait antérieurement déclaré son illégalité. Choquante en pratique, elle est incompatible avec l'idée que l'appréciation de légalité est une et objective et qu'elle devrait s'imposer d'emblée à toute autre affaire. Elle pourrait être remplacée par l'attribution d'une autorité absolue aux déclarations d'illégalité lorsqu'elles émanent du juge administratif compétent pour annuler, sur recours pour excès de pouvoir, l'acte en cause, et qui est, précisément, celui saisi en cas de recours en appréciation de légalité sur renvoi des juridictions judiciaires

(B. Seiller, note sous CE 28 décembre 2001, *Syndicat CNT des PTE de Paris, AJDA* 2002, p. 542). Les juges judiciaires se prononcent d'ores et déjà pour cette solution simplificatrice et cohérente (Cass. 1re civ. 19 juin 1985, *Bull. civ.*, I, n° 200 ; *D.* 1985, J, p. 426, note Sargos).

Dernier recours en déclaration, pouvant indifféremment se rattacher au contentieux objectif ou au contentieux subjectif, le *recours en interprétation* permet, quant à lui, d'interroger le juge administratif sur le sens d'un acte administratif, unilatéral ou contractuel, ou d'un jugement qu'il a lui-même rendu. Ce recours peut être exercé par voie d'exception ou par voie d'action, à la condition, dans cette hypothèse, de se rapporter à un litige existant (CE Sect. 6 décembre 2019, M. A., req. 416762).

C. La réformation

En opposant contentieux de l'excès de pouvoir et contentieux de pleine juridiction, Laferrière scindait artificiellement les contentieux des actes. Il ne pouvait, en effet, avec les critères retenus, unifier les contentieux de l'annulation, de la déclaration et de la réformation alors même qu'ils visent uniquement des actes administratifs et ne posent que des questions de pur droit objectif. La distinction de Duguit entre contentieux objectif et contentieux subjectif remédiait à ce reproche et recoupe celle proposée ici.

Laferrière est toutefois le premier à avoir souligné que, dans certains domaines, le juge administratif de la légalité est doté, en vertu soit de textes particuliers, soit d'interprétations jurisprudentielles, de pouvoirs dépassant la seule annulation. Dans la présentation qui en est classiquement faite (mais méritant d'être nuancée, voir D. Botteghi et A. Lallet, « Le plein contentieux et ses faux-semblants », *AJDA* 2011, p. 156), le juge est autorisé à modifier l'acte édicté par l'administration, à se substituer, dans l'exercice de sa mission juridictionnelle, à l'administrateur. Ce dernier élément justifie qu'il se place, pour trancher le litige, à la date à laquelle il statue et non pas, comme dans le recours pour excès de pouvoir, à la date d'édiction de l'acte contesté. Cela peut le conduire à annuler un acte, légal à l'origine, que les évolutions de droit ou de fait depuis son édiction ont rendu illégal (CE 7 février 1986, *Colombet, RDP* 1986, p. 1161, concl. Dandelot). L'importance des pouvoirs du juge de pleine juridiction remet indirectement en cause le privilège du préalable puisque l'administration n'est plus maître de sa décision, laquelle est susceptible d'une réformation juridictionnelle. Bien que les matières dans lesquelles le juge se reconnaît le droit d'exercer des pouvoirs de plein contentieux sur l'acte administratif restent relativement limitées, leur nombre s'accroît progressivement (voir par exemple, pour les sanctions infligées aux administrés, CE Ass. 16 février 2009, *Soc. ATOM, RFDA* 2009, p. 259, concl. Legras).

En relèvent le contentieux *fiscal*, quantitativement très important, dans lequel l'imposition contestée peut être corrigée, le contentieux *électoral*, où le juge peut modifier les résultats du scrutin, et donc, en théorie, déclarer un autre candidat élu, le contentieux *des installations classées pour la protection de l'environnement*, qui, le cas échéant, voit le juge accorder l'autorisation refusée illégalement, ou le contentieux *des édifices menaçant ruine* dont le juge n'hésite pas à aggraver la décision prise par l'autorité administrative.

La pleine juridiction ne s'épuise pas dans ces contentieux objectifs originaux dirigés contre des actes administratifs. Bien au contraire, son champ naturel est celui des contentieux des personnes.

Sous-section 2

LES CONTENTIEUX DES PERSONNES

Certains contentieux dont sont saisis les juges administratifs, tout en étant formellement dirigés contre des actes administratifs, se distinguent fondamentalement des précédents par le fait qu'ils mettent en cause les droits et obligations de personnes déterminées. Il s'agit, dans la terminologie de Duguit, de contentieux des droits ou contentieux subjectifs. Par cela, ils ressemblent fortement aux litiges dont sont saisies les juridictions judiciaires, qu'elles soient ou non répressives, et relèvent logiquement de la pleine juridiction. Certains d'entre eux, en effet, visent à assurer la protection des individus par la réparation des atteintes à leurs droits, les autres tendent à la répression des « infractions administratives » parfois commises par des agents publics ou des personnes privées.

Les recours tendant à la protection des personnes, moins « nobles » car moins originaux que le recours pour excès de pouvoir, ont été parfois qualifiés de « recours ordinaires ». Ils tendent, comme n'importe quel recours devant une juridiction judiciaire non répressive, à la *réparation* des atteintes aux droits subjectifs des individus. Ils assurent d'abord la protection de *droits extracontractuels* dans le cadre de la responsabilité pour faute ou sans faute de l'administration en cas de dommage subi par un individu. L'appréciation du juge porte alors avant tout sur la situation subjective de la victime, et ce quand bien même une illégalité, question de droit objectif, serait la seule faute reprochée à l'administration. Il se peut que de tels recours ne se traduisent que par une décision d'annulation, seule sollicitée mais dépendant uniquement de l'appréciation des droits personnels du requérant.

La protection des droits peut ensuite être demandée dans un cadre *contractuel*, lorsque l'une des parties contractantes ne respecte pas les engagements souscrits. Le contrat administratif, comme le contrat de droit privé, n'étant source d'obligations que pour les parties signataires en vertu du principe de l'*effet relatif* des contrats, l'examen du litige constitue un contentieux purement subjectif.

Le juge administratif est parfois chargé d'une mission répressive, proche de celle du juge pénal. Saisi alors du recours non contre une décision mais contre une personne, il doit examiner l'infraction administrative reprochée et prononcer, le cas échéant, une sanction juridictionnelle dans le strict respect des droits de la défense. Trois domaines composent ce contentieux de la *répression* : les contraventions de grande voirie, qui assurent la protection de l'affectation et de l'intégrité du domaine public non routier, les infractions aux règles comptables et financières dont connaît la Cour des comptes, les fautes disciplinaires que peuvent commettre les membres de certains groupes sociaux soumis au droit public (au sein des ordres professionnels, des universités, etc.).

La distinction des contentieux administratifs, dont il vient d'être donné une présentation, n'est pas purement théorique : elle se traduit par des règles variables d'exercice des recours, principalement selon qu'est envisagé un recours pour excès de pouvoir ou un recours de pleine juridiction.

Section II
L'EXERCICE DES RECOURS

L'exercice d'un recours juridictionnel obéit à des conditions relativement strictes qui s'examinent dans un ordre précis. Doit, en premier lieu, être déterminé le juge compétent au regard, d'abord, du principe de séparation des autorités, puis des règles de répartition des compétences internes à l'ordre administratif (voir *supra*, p. 161-167). En deuxième lieu, il est nécessaire de vérifier le respect des conditions de recevabilité posées, et ce avant, en troisième et dernier lieu, que le bien-fondé du recours puisse être examiné. Les règles de compétence et de recevabilité constituant des *moyens d'ordre public*, le juge saisi est tenu de s'assurer, au besoin d'office, de leur respect. Son silence sur ces questions, qu'il a obligatoirement examinées, signifie donc *implicitement* une réponse positive, constituant parfois l'apport principal de la décision rendue.

L'ordre logique peut être bouleversé avec le rejet au fond d'un recours « sans qu'il soit besoin de statuer sur la recevabilité de la requête ». Le juge use de cette facilité dans le but, louable car pédagogique, de montrer au requérant que son recours, à la recevabilité douteuse, aurait en tout état de cause été rejeté au fond (CE 22 février 2008, *Association Culture et bilinguisme d'Alsace et de Moselle*, p. 57). Il est vrai qu'un rejet pour violation d'exigences purement formelles de recevabilité est susceptible de frustrer le requérant et de lui laisser croire que, sur le fond, il aurait dû obtenir satisfaction.

Précisément, les conditions *formelles* de recevabilité sont nombreuses. Elles ne soulèvent cependant pas de difficultés insurmontables : sont ainsi exigés un recours rédigé en langue française, en application de l'ordonnance de Villers-Cotterêt de 1539, un énoncé précis et motivé des conclusions et des moyens à l'appui de celles-ci ou la production de la décision attaquée et d'un certain nombre de copies du recours et des pièces étayant l'argumentation.

La préférence du juge pour un rejet au fond des recours irrecevables est tout aussi légitime lorsque les conditions de recevabilité s'apprécient au regard d'éléments personnels, matériels ou temporels.

Sous-section 1

LA RECEVABILITÉ *RATIONE PERSONAE*

Qu'il s'agisse des contentieux des actes ou des contentieux des personnes, les recours devant les juridictions administratives doivent être déposés par une personne capable, justifiant d'un intérêt et d'une qualité à agir. Point n'est besoin de s'étendre sur l'exigence fondamentale d'une *capacité à agir* : appréciée au regard des règles du Code civil, elle est interprétée libéralement par le juge qui admet qu'un majeur sous tutelle puisse contester une décision touchant à ses libertés individuelles ou qu'une association non déclarée puisse défendre en justice l'intérêt collectif qui motive son existence (CE 9 avril 1999, *Université Paris Dauphine*, *JCP*, 1999, IV, 2514).

A. L'intérêt à agir

Le juge administratif, même s'il a largement ouvert les possibilités de contestation des actes administratifs, n'a jamais accepté le principe d'une *actio popularis*. Le demandeur doit en conséquence justifier d'un *intérêt lésé* duquel il tire sa *qualité à agir*. Il peut se prévaloir d'un intérêt matériel ou moral, individuel ou collectif. Cette dernière forme, qui ne vise évidemment que les recours formés par des personnes morales, est admise depuis longtemps en jurisprudence (CE 28 décembre 1906, *Syndicat des patrons coiffeurs de Limoges*, p. 977, concl. Romieu, *GAJA*, n° 16). Il ne faut pas en déduire que l'intérêt collectif peut ne pas être personnel. En effet, le syndicat, l'association, constitués pour défendre les intérêts d'un groupe, se prévalent toujours d'un intérêt personnel, qu'ils agissent dans un intérêt individuel, notamment pour assurer la protection de leur propre patrimoine, ou collectif, lorsque les droits du groupe sont menacés. La défense des intérêts de la collectivité qu'ils représentent est pour eux un intérêt personnel (CE Sect. 17 mars 1995, *Syndicat des casinos autorisés de France*, p. 131).

Mais cela ne signifie pas que toute mesure visant l'un des membres du groupe lèse l'intérêt personnel de ce dernier, ainsi que l'illustre la jurisprudence fort nuancée sur l'intérêt à agir des associations et syndicats à l'encontre des mesures individuelles. La mesure individuelle favorable à son destinataire, parce qu'elle exclut de son bénéfice les tiers, comme par exemple les autres membres d'un corps de fonctionnaires écartés d'une promotion, est jugée léser l'intérêt collectif défendu par le groupement (CE 10 juillet 1996, *Ville de Marseille*, p. 1074) qui est donc recevable à l'attaquer. En revanche, une mesure individuelle défavorable n'est pas considérée porter atteinte à l'intérêt collectif défendu par le groupement mais seulement à l'intérêt individuel de son destinataire. En application de la maxime selon laquelle « nul ne plaide par procureur », le groupement n'est alors pas recevable à agir directement, mais simplement à intervenir à l'appui du recours formé par l'intéressé (CE Sect. 13 décembre 1991, *Syndicat Interco CFDT de la Vendée*, p. 444). Cette irrecevabilité est critiquable tant il est vrai que l'atteinte aux droits d'un seul des membres du groupement est ressentie par les autres comme une atteinte à leur intérêt collectif et que, le plus souvent, l'adhésion à une telle structure est motivée par l'espérance d'une protection en cas de mesure défavorable.

L'appréciation de l'intérêt à agir est aisée dans le cadre du contentieux des personnes, puisqu'il est simple de démontrer la lésion du droit subjectif concerné. Elle peut être plus complexe en cas de recours objectif dirigé contre un acte administratif.

Cependant, s'il n'accepte pas le recours présenté au nom du seul souci de faire respecter la légalité, le juge adopte une conception relativement souple de l'intérêt à agir. Cela le conduit à admettre que certains individus, compte tenu de leur situation particulière, sont recevables *ès qualités* à contester certaines décisions. Ainsi du contribuable local à l'encontre des actes susceptibles de provoquer des dépenses et donc un alourdissement des impôts locaux (CE 29 mars 1901, *Casanova*, p. 333 ; *GAJA*, n° 8) ou du conseiller municipal contestant les délibérations du conseil municipal (CE 24 mai 1995, *Ville de Meudon*, p. 208). Dans de telles hypothèses, l'intérêt est évidemment réel et suffisant pour justifier le recours.

En dehors de ces cas, le juge apprécie la *réalité* de l'intérêt du requérant et écarte un intérêt seulement futur (CE 13 janvier 1992, *Société NRJ*, p. 1195) ou inexistant, comme lorsque la décision contestée a donné satisfaction au requérant (CE 11 octobre 1995, *Boissin Cardinal*, p. 956). Il n'accepte pas que le requérant se prévale de sa propre faute (CE 28 septembre 1993, *Université Nancy II*, p. 939) ou allègue un intérêt sans rapport avec la décision qu'il attaque (CE 13 mai 1996, *Ville de Limoges*, p. 1071 : des commerçants n'ont pas, en tant que tels, intérêt à contester le permis de construire un centre commercial).

Réel, l'intérêt doit être ensuite *suffisant*, ce qui permet d'écarter les recours formés par des groupements dont l'objet est formulé de façon exagérément vague (CE 12 mars 2007, *Syndicat de la magistrature et autres*, p. 120) ou au nom d'un intérêt lésé de façon trop indirecte par la décision contestée (CE 29 septembre 2003, *M. et Mme Jolivet*, p. 901 : la qualité d'usager du service public de la justice ne donne pas un intérêt à contester un décret relatif à la discipline des avocats au Conseil d'État et à la Cour de cassation).

Bien qu'encore relativement libérale, l'attitude du juge semble évoluer depuis peu vers un examen beaucoup plus attentif de l'intérêt à agir invoqué. Initié en matière d'urbanisme (où d'ailleurs il a été relayé par le législateur, voir art. L 600-1-1 et suivants C. urb.) et d'environnement pour freiner les ardeurs, parfois abusives, d'associations constituées souvent dans le seul but de déposer des recours, ce mouvement s'étend depuis quelques années aux requérants individuels. Ainsi, exemple choisi parmi bien d'autres, une mère est considérée comme ne justifiant pas en cette seule qualité d'un intérêt lui permettant de contester la légalité d'un refus de visa opposé à son enfant majeur (CE 18 juillet 2008, *Boutiche*, p. 846). Ce malthusianisme contentieux (qui reste heureusement relatif, voir CE 4 novembre 2015, *Ligue des droits de l'homme*, req. n° 375178), certainement fondé sur la volonté légitime de ne pas favoriser l'engorgement des prétoires, nuance malheureusement les vertus du recours pour excès de pouvoir.

B. La représentation

Le recours déposé devant une juridiction administrative ne l'est pas nécessairement par la personne qui agit en justice. Celle-ci peut, en effet, être représentée sans qu'y fasse obstacle l'adage selon lequel « nul ne plaide par procureur ».

La représentation en justice présente deux visages. Elle est, en premier lieu, une nécessité pour les personnes morales qui ne peuvent saisir le juge et accomplir les actes de procédure que par l'intermédiaire de personnes physiques mandatées. Les personnes habilitées à décider de l'action et à la diligenter au nom de la personne morale sont celles désignées par la loi (cas pour les sociétés anonymes ou les personnes publiques) ou par les statuts de la personne morale concernée (CE 18 juin 2014, *Ligue de football professionnel*, p. 531).

La représentation en justice, en second lieu, concerne également l'hypothèse dans laquelle le justiciable sollicite le concours d'un avocat pour mener à bien la procédure.

Cette faculté est logiquement ouverte aux personnes physiques comme aux personnes morales. En première instance, si le recours pour excès de pouvoir est depuis longtemps dispensé du ministère d'avocat, il en va différemment pour les recours de pleine juridiction. Plusieurs dispenses sont toutefois prévues pour les demandes à objet pécuniaire dans divers domaines tels que les impôts directs ou la fonction publique (article R 431-3 CJA). Le principe du ministère d'avocat prévaut désormais largement en appel et ne souffre que de rares exceptions (article R 811-7 CJA).

La représentation en contentieux administratif recèle une curiosité qui permet à tout contribuable inscrit au rôle de la commune d'intenter, tant en demande qu'en défense, à ses frais et risques, les actions qu'il croit appartenir à la commune, et que celle-ci, préalablement appelée à en délibérer, a refusé ou négligé d'exercer. Ce mécanisme très ancien de l'« autorisation de plaider », faisant intervenir le tribunal administratif statuant en matière non juridictionnelle (article L 212-2 CJA), a connu dans les années 1990 un renouveau qui lui a valu d'être modernisé (art. L 2132-5 CGCT) et étendu aux départements et aux régions.

Pour achever de présenter les conditions de recevabilité *ratione personae*, doit être mentionnée l'impossibilité faite à l'administration de demander au juge de prononcer une mesure qu'elle a le pouvoir de prendre. C'est la rançon du *privilège du préalable*, précédemment évoqué. Le caractère exorbitant du pouvoir d'édicter des mesures qui s'imposent unilatéralement implique que l'administration ne puisse en disposer à sa guise : elle est tenue d'agir directement sans pouvoir solliciter le juge (CE 30 mai 1913, *Préfet de l'Eure*, p. 583 ; S 1915, III, p. 39, note Hauriou ; CE Ass. 21 octobre 1994, *Société Saint-Maclou*, p. 451, concl. Bonichot). Les rares dérogations concernent les hypothèses dans lesquelles l'administration agit comme un particulier et souhaite légitimement masquer ses prérogatives exorbitantes (relations contractuelles, activités des établissements publics industriels et commerciaux) : elle est alors admise à demander au juge de prendre une décision qu'elle aurait pu imposer unilatéralement.

Sous-section 2
LA RECEVABILITÉ *RATIONE MATERIAE*

Hormis en matière de contentieux répressif, le juge administratif ne peut être valablement saisi que par un recours dirigé contre une décision dite préalable. Cette règle de recevabilité est l'héritage de l'époque ancienne où le Conseil d'État était juge d'appel des décisions rendues par les ministres dans l'exercice de leurs attributions juridictionnelles. Malgré l'abandon de la théorie du ministre-juge par l'arrêt Cadot (CE 13 décembre 1889, *Cadot*, p. 1148, concl. Jagerschmidt ; *GAJA*, n° 5), la haute juridiction a continué d'exiger d'être saisie de recours exercés contre une décision émanant d'une autorité administrative.

Cette situation présente divers avantages. Tout d'abord, la demande de décision préalable offre la possibilité aux parties de s'entendre sur l'objet du litige et d'éviter ainsi un contentieux inutile. Ensuite, en cas d'échec de cette possible *conciliation*, elle permet de délimiter précisément le litige au regard de ce qui a été demandé et de ce qui a été refusé : la décision préalable *lie* le débat contentieux.

Le juge administratif impose donc comme une condition nécessaire mais non suffisante l'exercice du recours contre une décision administrative.

A. La nécessité d'une décision

D'application générale puisque non limitée au recours contre les actes et englobant le contentieux des personnes, la règle de la décision préalable soulève parfois quelques difficultés et admet certaines dérogations.

1. Les difficultés

Lorsque les droits subjectifs d'une personne sont en cause, l'administration n'a pas nécessairement pris une décision spontanée. En ce cas l'administré, avant de saisir le juge de ses prétentions, doit s'adresser à l'administration pour lui demander d'y faire droit. Son recours ne sera recevable que s'il est dirigé contre l'éventuel refus, total ou partiel, qui lui sera opposé. Il en va ainsi, par exemple, en cas de mise en cause de la responsabilité de la puissance publique : la victime du dommage doit au préalable solliciter de l'administration responsable l'indemnisation de son préjudice et n'est recevable à saisir le juge que du recours contre le refus qui lui est éventuellement opposé.

Naturellement, il serait trop simple qu'en s'abstenant de répondre l'administration interdise tout recours, faute de décision préalable. Puisque son inaction équivaut en fait à un refus, le législateur a initialement assimilé le silence observé sur la demande pendant un certain temps à une décision de refus, dénommée *décision implicite de rejet* et ouvrant accès au juge. Il suffisait donc à l'administré de prouver qu'il avait déposé une demande auprès de l'administration pour pouvoir former ultérieurement un recours contre le refus, qu'il soit exprès ou tacite. Cependant, l'état du droit a été très malencontreusement perturbé par une loi du 12 novembre 2013 qui affirme renverser le principe (voir désormais les articles L 231-1 et suivants CRPA) et conférer au silence conservé par l'administration pendant deux mois sur une demande la valeur d'acceptation de cette demande (voir *Principe « silence vaut accord »*, tome II, p. 353).

Compte tenu des risques que fait courir ce nouveau principe à la protection de l'intérêt général, le législateur l'a opportunément circonscrit. Les dérogations sont à ce point nombreuses que, aujourd'hui encore, l'essentiel des demandes adressées à l'administration débouchent, en cas de silence, sur leur rejet. Tel est le cas si la demande ne tend pas à l'adoption d'une décision individuelle, si elle ne s'inscrit pas dans une procédure prévue par un texte législatif ou réglementaire ou présente le caractère d'une réclamation ou d'un recours administratif, si elle présente un caractère financier ou si elle concerne les relations entre les autorités administratives et leurs agents (article L 231-4 CRPA). Le législateur a également renvoyé au gouvernement le soin de préciser les cas où une acceptation implicite ne serait pas compatible avec le respect des engagements internationaux et européens de la France, la protection de la sécurité nationale, la protection des libertés et des principes à valeur constitutionnelle et la sauvegarde de l'ordre public (*ibid.*).

Le gouvernement est, au surplus, autorisé à prévoir des dérogations pour les autres hypothèses, c'est-à-dire celles dans lesquelles le silence de deux mois devrait désormais valoir acceptation de la demande. Ces dérogations peuvent d'une part, écarter ce principe en raison de l'objet de la décision ou de préoccupations de bonne administration (article L 231-5 CRPA) et d'autre part, fixer un délai autre que celui de deux mois lorsque l'urgence ou la complexité de la procédure le justifie (article L 231-6 CRPA). Inspiré officiellement par un souci de simplification des relations entre l'administration et le public, cette réforme a abouti au résultat inverse tant il est désormais difficile de déterminer si le silence de l'administration fait naître une décision implicite d'acceptation (principe qui ne joue que très minoritairement) ou de rejet (solution dérogatoire qui prévaut dans la grande majorité des cas).

La sagesse du juge administratif permettra, espérons-le, de remédier aux difficultés qui ne manqueront pas de surgir lors de la mise en œuvre du nouveau dispositif. En dépit de la formulation restrictive de l'article R 421-1 CJA, le juge admet la recevabilité d'un recours lorsque la décision par laquelle l'administration rejette la demande formée devant elle intervient avant qu'il ne statue (CE Sect. 27 mars 2019, *M. et Mme D.*, req. 426472).

Outre le cas de silence de l'administration, une autre difficulté peut apparaître à propos de la règle de la décision préalable quant à la notion même de décision. Elle sera approfondie à l'occasion de la présentation des actes administratifs, au tome 2 de cet ouvrage, mais appelle d'ores et déjà quelques développements. Parmi l'ensemble des actes émanant de l'administration, méritent seuls la qualité de *décisions* ceux qui affectent l'ordonnancement juridique par une manifestation unilatérale de volonté. Il peut s'agir de modifier, en plus ou en moins, l'ordonnancement juridique ou, plus modestement, de le maintenir en l'état.

En conséquence, tous les actes administratifs unilatéraux ne bénéficient pas de la qualité d'actes décisoires. Certains, telles les *circulaires*, ne contiennent en principe que des indications, des recommandations adressées, au sein de l'administration, par une autorité à ses subordonnés. Leur finalité est simplement de les informer du sens à donner à un texte en vigueur et non d'influer sur le droit applicable. Leur caractère non décisoire conduit à déclarer irrecevables les recours dirigés contre de tels actes. Il en va cependant autrement dans deux hypothèses. D'abord, lorsque sous couvert de recommandation, l'autorité administrative impose, en réalité, une certaine interprétation de l'ordonnancement juridique aux destinataires de la circulaire. L'acte change alors de nature et de régime juridique : décisoire, il peut être contesté au contentieux. Ensuite, et dans la foulée de l'ouverture du prétoire aux actes de droit souple (v. tome 2, p. 138 [8e ed]), le Conseil d'État admet désormais que des circulaires non impératives peuvent être l'objet d'un recours pour excès de pouvoir lorsqu'elles sont suceptibles d'avoir des effets notables sur les droits ou la situation d'autres personnes que les agents chargés, le cas échéant, de les mettre en œuvre (CE Sect. 12 juin 2020, *Groupe d'information et de soutien des immigré.e.s (GISTI)*, req. n° 418142 ; *AJDA* 2020. 1407, chr. Malverti et Beaufils). D'autres actes administratifs unilatéraux se voient dénier très logiquement un caractère décisoire : ainsi, les *vœux, souhaits* ou *avis* formulés par certaines autorités administratives dépourvues du pouvoir de décision et adressés aux autorités compétentes. Les lignes directrices (ou directives de droit interne) s'efforcent d'assurer l'application uniforme des dispositifs textuels conférant une liberté d'appréciation aux autorités administratives chargées de les mettre en œuvre. Reconnaissant à ces dernières la faculté de les écarter au regard des particularités de certaines situations individuelles, elles présentent une nature hybride, à mi-chemin de l'acte décisoire et de l'acte purement interprétatif. De ce fait, longtemps contestables uniquement par voie d'exception à l'occasion des recours contre les décisions individuelles prise sur leur fondement, elles sont désormais susceptibles d'un recours pour excès de pouvoir (CE Sect. 12 juin 2020, *Groupe d'information et de soutien des immigré.e.s (GISTI)*, préc.).

2. Les exceptions

La règle de la décision préalable souffre deux types d'exceptions. On ne saurait y ranger les hypothèses précédemmment citées dans lesquelles le silence conservé par une administration sur une demande est assimilé à une décision susceptible de recours juridictionnel.

Il arrive, en premier lieu, qu'un recours contentieux soit recevable contre un acte administratif sans caractère décisoire. Cela se manifeste dans deux cas. Le plus classique concerne les *recours visant des contrats administratifs*, de tels actes, fruit d'un accord de volonté, bornant leurs effets aux parties signataires. Est tout d'abord en cause l'action contestant la validité d'un contrat et pouvant aboutir à son annulation. Initialement réservée aux parties (pour lesquelles elle a été récemment modernisée, voir CE Ass. 28 décembre 2009, *Commune de Béziers*, *AJDA* 2010, p. 142, chr. Liéber et Botteghi ; *GAJA*, n° 110), elle a été étendue par le Conseil d'État aux tiers aux contrats (CE Ass. 4 avril 2014, *Département de Tarn-et-Garonne*, p. 70, concl. Dacosta ; *RDP* 2014, p. 732, débat Braconnier, Dacosta ; *RFDA* 201, p. 438, note Delvolvé ; *GAJA*, n° 114). Bénéficient de la même exception les recours de plein contentieux que le préfet peut diriger contre les contrats des collectivités locales (CE 23 décembre 2011, *Ministre de l'Intérieur c/ Syndicat intercommunal d'assainissement du Nord*, *BJCP* 2012, p. 125, concl. Dacosta) ou les recours pour excès de pouvoir que les tiers sont recevables à exercer à l'encontre des contrats de recrutement des agents publics (CE Sect. 30 octobre 1998, *Ville de Lisieux*, p. 375 ; *AJDA* 1998, p. 969, chr. Raynaud et Fombeur). Doivent en outre être mentionnées les possibilités offertes aux tiers évincés de saisir le juge du référé précontractuel ou du référé contractuel pour faire constater et sanctionner (éventuellement par la nullité du contrat dans le second cas) le manquement aux règles de publicité et de mise en concurrence imposées pour la passation de certains contrats (art. L 551-1 et s. et art. L 551-13 et s. CJA). Le second cas dans lequel un recours est recevable alors qu'il vise un acte administratif sans caractère décisoire est plus récent et particulièrement remarquable : il concerne en effet des actes unilatéraux appartenant à ce qu'il est convenu d'appeler le « *droit souple* ». Destinés à peser sur les comportements autrement que par l'édition de règles contraignantes, ils échappaient logiquement à toute contestation contentieuse puisque le recours n'était alors pas dirigé contre une *décision*. Conscient de la nécessité d'encadrer l'usage de tels procédés, le Conseil d'État a fini par admettre la recevabilité des recours contre les avis, recommandations, mises en garde ou prises de position émanant d'autorités de régulation à la condition qu'ils soient susceptibles de produire des effets notables, notamment de nature économique ou qu'ils aient pour objet d'influer de manière significative sur les comportements. Encore ne peuvent-ils être contestés que par des requérants justifiant d'un intérêt direct et certain à leur annulation (CE Ass. 21 mars 2016, *Fairvesta International GmbH*, req. n° 368082, *RFDA* 2016, p. 497, concl. von Coester et même jour SNC Numéricable, req. 390023, *RFDA* 2016, p. 506, conclu. Daumas et v. *AJDA* 2016, p. 717, chr. Dutheillet de Lamothe et Odinet ; *DA* 2016, n° 34, note Sée *GAJA*, n° 115).

La dérogation à la règle de la décision préalable peut, en second lieu, consister en la *recevabilité* de recours contentieux qui ne sont dirigés contre *aucun acte administratif*. Longtemps, a prévalu une telle dispense pour les litiges « en matière de travaux publics », expression faisant l'objet d'une interprétation jurisprudentielle extensive. Dès lors que le recours pour excès de pouvoir concernait indirectement un problème de travaux publics, il était dispensé de décision préalable et, s'il en existait une, elle restait sans conséquence, notamment sur le délai de recours ou la détermination du juge territorialement compétent (CE Sect. 4 décembre 1970, *Starr*, p. 734). Désormais ce second type de dérogation recouvre des hypothèses dans lesquelles la nécessité impose une dispense de décision préalable : elles visent les recours exercés par l'administration contre des particuliers, dans la mesure où la jurisprudence Préfet de l'Eure précitée n'y fait pas obstacle, ainsi que certains référés (articles L 521-3, R 531-1 et R 532-1 CJA), procédures dont l'exercice ne saurait être retardé par le délai d'édiction d'une décision administrative.

Ces exceptions doivent être distinguées des cas dans lesquels un recours est irrecevable alors même qu'il vise une décision administrative. Ils démontrent que cette dernière, nécessaire, n'est cependant pas toujours suffisante pour assurer la recevabilité du recours.

B. L'insuffisance d'une décision

Certaines décisions ne sauraient lier le contentieux parce qu'elles échappent à la connaissance du juge administratif. Le principe de séparation des pouvoirs conduit ainsi le juge à décliner sa compétence à l'égard des actes de gouvernement, lesquels sont pris par les organes relevant de l'exécutif dans l'exercice d'attributions non administratives (voir *infra*, p. 231 et 235). Leur examen ne se heurte donc pas à une irrecevabilité mais, plus fondamentalement, à l'incompétence du juge administratif.

Ne sont pertinents pour démontrer l'insuffisance d'une décision préalable que les recours jugés irrecevables bien que dirigés contre une décision purement administrative. Cela se produit à l'égard des actes préparatoires et des mesures d'ordre intérieur.

1. Les actes préparatoires

De tels actes s'insèrent dans le processus d'édiction d'une décision qu'ils visent à préparer. En effet, « un acte est presque toujours composé d'une multitude d'éléments d'actes ce que nous appelons "l'acte" est comparable plutôt à un corps qu'à un atome : c'est un agrégat d'éléments, un composé [1] ». Tous les actes préparatoires ne constituent pas des décisions mais certains d'entre eux marquent bel et bien la volonté unilatérale de l'administration d'affecter l'ordonnancement juridique et acquièrent de ce fait la qualité de décision. Le juge les fait pourtant bénéficier d'une relative immunité en refusant de statuer sur les recours qui les contestent. Cette attitude, juridiquement aberrante, se prévaut de solides arguments de fait. D'une part, elle est réservée aux décisions qui, insérées dans une procédure complexe, n'emportent pas elles-mêmes d'effets directs sur les administrés (comparer CE Sect. 23 novembre 1962, *Camara*, p. 627, et CE 2 avril 2003, *M. Marc-Antoine*, *DA* 2003, n° 174, obs. C. M., à propos de la notation d'un fonctionnaire et du stage d'un élève de l'ENA). D'autre part, comme elles ne sont elles-mêmes que des éléments du processus d'apparition d'une décision finale dont rien ne permet d'établir, au moment où elles sont elles-mêmes édictées, qu'elle sera prise et, le cas échéant, ce que sera son contenu, admettre leur contestation semble prématuré.

Il en va autrement lorsque est en cause le refus de prendre un acte préparatoire : interdisant nécessairement l'édiction de la décision finale, il équivaut au refus de celle-ci et constitue le seul acte du processus contestable (CE 28 septembre 1998, *Association séfarade de Mulhouse*, p. 343). Doit être également mentionnée la survivance d'une exception au profit du préfet. Celui-ci est recevable, en vertu de la loi du 2 mars 1982, à déférer au tribunal administratif toutes les délibérations des collectivités locales. Cela inclut donc celles d'entre elles qui ne contiennent que des actes préparatoires. La même faculté profitait naguère à tout justiciable avant d'être abandonnée (CE Ass. 15 avril 1996, *Syndicat*

1. C. Eisenmann, *Cours de droit administratif*, LGDJ, 1983, t. 2, p. 184.

général des hospitaliers de Bédarieux, p. 130 ; *RFDA* 1996, p. 1169, concl. Combrexelle).

L'immunité immédiate dont bénéficie l'acte préparatoire n'est que temporaire. S'il affecte, comme c'est l'hypothèse, l'ordonnancement juridique, ses vices éventuels ne sauraient rester impunis. À défaut d'ouvrir le recours par voie d'action contre l'acte préparatoire lui-même, ils justifient la recevabilité de l'exception d'illégalité de cet acte à l'occasion du recours dirigé contre la décision qu'il prépare. Cette dernière est, en effet, illégale par contamination (CE 25 février 1998, *Commune d'Évreux*, p. 696).

Les actes préparatoires sont particulièrement nombreux dans les procédures où l'exigence de transparence se fait fortement ressentir : ainsi, en matière d'expropriation pour cause d'utilité publique, où des enquêtes publiques et parcellaires précèdent et préparent respectivement la déclaration d'utilité publique et les arrêtés de cessibilité. Incontestables par voie d'action, les décisions de les ouvrir peuvent néanmoins être remises en cause à l'occasion des recours contre ces mesures ultérieures. Ainsi encore, en matière d'établissement ou de modification d'un plan d'urbanisme, ou de recrutement par concours dans la fonction publique (CE 22 septembre 1997, *D'Ioro*, p. 322).

2. Les mesures d'ordre intérieur

Ces mesures présentent bien des traits communs avec les actes préparatoires. Comme ces derniers, il s'agit d'actes administratifs unilatéraux pris pour le fonctionnement interne des services publics, et dont le caractère décisoire ne suffit pas à la recevabilité des recours dirigés contre eux. Mais à la différence des actes préparatoires, les mesures d'ordre intérieur ne sont susceptibles d'aucun recours. C'est cette immunité contentieuse qui assure l'unité de cette catégorie d'actes. Il est donc particulièrement regrettable que, sous couvert d'admettre la contestation de mesures révélant une discrimination, le Conseil d'État ait affirmé la recevabilité des recours contre de telles mesures tout en les qualifiant de mesures d'ordre intérieur (voir CE Sect. 25 septembre 2015, *Mme B.*, *Gaz. Pal.*, 2016, nº 5, p. 28, obs. Seiller).

La justification de l'immunité dont jouissent en principe les mesures d'ordre intérieur est profondément différente de celle avancée au sujet des actes préparatoires.

Le juge ne souhaite pas en connaître en raison de leur faible portée, indigne de son intérêt, et dans le souci de ne pas aggraver l'engorgement des juridictions administratives. Il en résulte qu'à la différence des actes préparatoires les mesures d'ordre intérieur jouissent d'une totale immunité juridictionnelle : elles ne sont pas plus contestables par voie d'exception que par voie d'action.

Cet îlot d'arbitraire potentiel dans l'action administrative, fort critiqué tant au regard du droit à un procès équitable posé par l'article 6 § 1 de la Convention européenne des droits de l'homme que du droit constitutionnel d'exercer des recours (CC 96-373 DC du 9 avril 1996, p. 43), a été ramené à de justes proportions par la jurisprudence contemporaine. Celle-ci a pris conscience du fait que de telles mesures portent parfois une atteinte immédiate à des libertés fondamentales et qu'elles sont susceptibles de modifier la situation juridique de leur destinataire. L'évolution jurisprudentielle s'est produite à l'occasion de la contestation de sanctions de jours d'arrêts infligée à un militaire et de jours de cellule de punition prononcée contre un détenu : entravant gravement leur liberté d'aller et venir ou de communication, ces mesures hypothéquaient leurs chances d'obtenir, pour le premier, un renouvellement de son contrat d'engagement, pour le second, une réduction de peine. Le Conseil d'État en a conclu qu'ils étaient recevables à contester la légalité de telles sanctions, antérieurement considérées comme des mesures d'ordre intérieur (CE Ass. 17 février 1995, *Hardouin et Marie*, p. 82, concl. Frydman ; *GAJA*, n° 88). Il se livre désormais à un examen attentif de la nature (objet, caractères) et des conséquences (juridiques ou non) des mesures contestées (voir M. Guyomar, concl. sur CE Ass. 14 décembre 2007, *Planchenault et Garde des Sceaux c/ Boussouar*, *RFDA* 2008, p. 87) pour n'écarter des prétoires que les mesures réellement insignifiantes (CE 17 décembre 2008, *Département des Ardennes*, p. 778 ; *AJDA* 2009, p. 1504, note Deliancourt). En matière pénitentiaire, sa jurisprudence tend à identifier des catégories de décisions qui, au regard de ces critères, sont considérées comme toujours susceptibles de recours (par exemple, le placement d'un détenu sous le régime des rotations de sécurité, CE Ass. 14 décembre 2007, *Payet*, p. 498 ; *RFDA* 2008, p. 104, concl. Landais). Lorsque cette sorte de présomption ne joue pas d'office, l'analyse *in concreto* de la mesure au regard des critères ci-dessus évoqués peut néanmoins conduire à admettre la recevabilité du recours (CE 30 novembre 2009, *Garde des Sceaux*, *AJDA* 2009, p. 2320). Ce faisant, le juge réduit sensiblement le champ des hypothèses dans lesquelles l'existence d'une décision préalable ne suffit pas à assurer la recevabilité d'un recours contentieux.

Il est vrai, en tout état de cause, qu'elle ne s'apprécie pas uniquement au regard de critères personnel et matériel : le recours doit encore avoir été déposé dans certains délais.

Sous-section 3
La recevabilité *ratione temporis*

Tout système juridique aspire à la sécurité. Il y parvient par la stabilité. Les rapports de droit ne doivent pas rester perpétuellement incertains. Pour produire la plénitude de leurs conséquences, la fixité leur est nécessaire. Une remise en cause éventuelle à toute époque ne saurait être admise sans risques. Cependant, il ne serait pas satisfaisant que, par sa seule existence, un rapport social soit tenu pour définitif. Tout système juridique présuppose donc également le respect de multiples règles de forme ou de fond garantissant la cohérence de l'ensemble et la prééminence de l'État de droit sur l'arbitraire.

Ces deux impératifs, stabilité et respect du droit, ne sont pas incompatibles. Pour atteindre un juste équilibre entre eux, il est logique qu'initialement le premier s'incline devant le second. Ne serait-il pas absurde de considérer comme définitives des relations juridiques irrégulières si, ultérieurement, leur contestation était acceptée ? La certitude du respect du droit prime la volonté de stabilité. Il suffit, pour ce faire, de ménager une période durant laquelle un contrôle susceptible de mener à une censure peut être exercé à la demande d'un intéressé. En cas d'inaction au terme d'un délai plus ou moins long, l'exigence de sécurité doit enfin prévaloir. Le rapport de droit devient alors définitif : il ne peut plus être remis en cause dans son existence.

Le *délai de recours* ainsi ouvert contre les actes administratifs, sauf à remettre en cause le privilège du préalable, doit être bref. Il en va aussi de l'intérêt des administrés qui, bénéficiaires de la décision en cause, en souhaitent la stabilisation la plus rapide. Telle est, en effet, la conséquence de l'expiration du délai.

A. Le délai

La durée du délai de recours devant les juridictions administratives, infiniment plus brève que celles des actions en droit civil, est de deux mois en principe. Le délai est suffisamment bref pour satisfaire l'exigence de stabilité des actes administratifs et suffisamment long pour que leurs destinataires apprécient l'opportunité de les contester et, le cas échéant, formulent leur argumentation. La rigidité d'un délai unique, ne tenant pas compte de la spécificité de certains contentieux, justifie quelques dérogations au droit commun : des délais plus longs (quatre mois à l'encontre des autorisations d'exploiter des installations classées pour la protection de l'environnement) ou plus brefs (quelques jours en contentieux électoral) sont ouverts en vertu de textes particuliers.

La connaissance de la durée du délai de recours ne suffit pas : son calcul suppose que soient déterminée la date de déclenchement, maîtrisées les éventuelles causes de prorogation et envisagés les cas de dispense.

1. Le déclenchement

On ne saurait reprocher à un administré de n'avoir pas attaqué un acte avant qu'il ait pu en connaître l'existence et le contenu. Le déclenchement du délai de recours ne correspond donc pas à la date de la signature de l'acte par son auteur, mais court à compter de la publicité donnée à cet acte.

Plusieurs types de mesures de publicité sont possibles pour porter les actes administratifs à la connaissance de leurs destinataires. Ils dépendent de la nature des actes en cause.

Un *acte réglementaire*, de portée générale et impersonnelle [1], doit être rendu public de façon générale et impersonnelle (art. L 221-2 CRPA), c'est-à-dire par sa *publication* dans un recueil accessible à chacun. Pour les actes réglementaires étatiques, le *Journal officiel* de la République est le vecteur d'information *ad hoc*. Certes, la lecture de ses quelque vingt-cinq mille pages annuelles (en 2015, avant qu'il ne paraisse plus que

1. Sur la notion d'acte réglementaire, voir le tome 2 du présent ouvrage.

sous forme électronique à compter du 1er janvier 2016) peut rebuter même les administrés les plus scrupuleux… Il est pourtant indispensable de considérer que la seule faculté d'en prendre connaissance suffit à assurer la publicité de ces actes. Le principe fondamental selon lequel « nul n'est censé ignorer la loi » (qui inclut, par assimilation, les actes réglementaires) permet alors d'opposer aux individus concernés leur connaissance supposée de l'acte. Les actes réglementaires des collectivités locales, de moindre portée dans l'espace, sont rendus publics, soit, pour les départements, régions et communes de plus de trois mille cinq cents habitants, par leur insertion dans un recueil spécial tenu à la disposition du public, soit, pour les communes plus petites, par simple *affichage* sur les murs de la mairie.

Les actes non réglementaires se divisent en décisions d'espèce et actes individuels. Les premières, de portée particulière mais impersonnelle, sont rendues publiques par *publication* ou par *affichage*, selon les textes applicables (art. L 221-7 CRPA). Les seconds, de portée particulière et personnelle puisque ne visant que des individus nominativement désignés, sont *notifiés* personnellement à leurs destinataires (art. L 221-8 CRPA). Certains textes exigent cependant parfois, compte tenu des effets sur les tiers de certains de ces actes, des mesures de publicité complémentaires. Les permis de construire sont ainsi notifiés et affichés en mairie comme sur le terrain. Le délai de recours est alors déclenché à des dates différentes selon que le requérant est le destinataire de l'acte ou un tiers.

Le déclenchement du délai du déféré préfectoral par la transmission des actes locaux au préfet et non par leur seule publicité offre une autre illustration de délais décalés (article L 2131-6 CGCT).

Il va de soi que la mesure de publicité ne déclenche le délai de recours que si elle est suffisante pour permettre aux intéressés de prendre connaissance du contenu de l'acte, d'en comprendre le sens et les motifs.

Cela conduit à refuser tout effet à l'affichage illisible, inaccessible (CE 8 février 1999, *Fédération des associations de protection de l'environnement et de la nature des Côtes d'Armor*, p. 20) ou à limiter aux seuls éléments divulgués correctement le déclenchement du délai. Lorsque la publicité lacunaire porte sur un acte individuel, il appartient cependant à l'intéressé de solliciter le complément d'information dans les deux mois de la notification incomplète. Le préfet, dans le cadre du contrôle de légalité des actes locaux, peut de la même façon demander la transmission de documents annexes nécessaires à l'exercice de sa mission (CE 3 février 2000, *Préfet de la Lozère*, *D.* 2000, IR, 125). Dans l'un et l'autre cas, le délai ne courra qu'à la date de la réponse, positive ou négative, de l'administration.

Le juge considère parfois que le délai de recours a commencé à courir à une date antérieure à la mesure de publicité. Cette solution apparemment choquante se justifie par un souci de réalisme. Le juge oppose en effet au justiciable le fait qu'il a eu connaissance de la décision avant qu'elle ne soit régulièrement rendue publique. Celle-ci peut avoir été révélée par une autre décision, qui la suppose nécessairement, ou sa connaissance peut être attestée par l'exercice d'un recours administratif ou juridictionnel (CE 17 mai 1999, *Ferrari*, *DA* 1999, n° 202). Le délai court alors à compter du jour où le justiciable ne peut plus en avoir ignoré l'existence et le contenu. Après avoir un temps sensiblement réduit le champ de cette « théorie » de la connaissance acquise (CE Sect. 13 mars 1998, *Mme Mauline et Assistance publique-Hôpitaux de Paris*, p. 80 ; *RFDA* 1998, p. 1184, note Seiller), la jurisprudence la plus récente confirme qu'elle n'a pas disparu et reste susceptible d'être opposée à certains justiciables (CE 18 décembre 2002, *M. Haagen et Mme Stocky*, p. 846).

2. La prorogation

Le délai de recours expire, en principe, deux mois après l'événement déclencheur. Étant un *délai franc* (sauf exception : CE 15 mars 1999, *Pascal*, p. 67), il n'inclut pas le jour du déclenchement et reste ouvert le lendemain du jour d'expiration. Il se calcule en ajoutant simplement à la date de la mesure de publicité deux mois et un jour (CE 4 avril 1998, *Confédération des syndicats médicaux français*, *RFDA* 1998, p. 973). Encore faut-il tenir compte de son éventuel report au premier jour ouvrable suivant s'il échoit un jour férié ou chômé. Ainsi, l'acte individuel notifié le 1er décembre peut être attaqué jusqu'au 2 février suivant à minuit et, si ce dernier est un dimanche, jusqu'au 3 février à minuit.

La date d'échéance est également retardée par l'effet de diverses causes de *prorogation*. Elles vont interrompre le délai, qui recommencera à courir intégralement à la fin de la cause de prorogation.

Un tel effet est accordé à l'exercice, dans le délai du recours contentieux, d'un recours administratif préalablement à la saisine du juge (art. L 411-2 CRPA). Demandant à l'auteur de l'acte (*recours gracieux*) ou à son supérieur (*recours hiérarchique*) de le retirer ou de le modifier, l'administré sollicite une révision de la position adoptée initialement par l'administration. Le recours administratif, ouvert de plein droit et sauf loi contraire (CE Sect. 10 juillet 1964, *Centre médico-pédagogique de Beaulieu*, p. 399 ; *D.* 1965, J, p. 84, concl. Rigaud), ne s'identifie donc pas à la demande de décision préalable qui permet de provoquer, en cas de besoin, une prise de position initiale de l'administration sur les prétentions de l'intéressé. Toutefois, comme la demande de décision préalable, le recours administratif laisse espérer une conciliation qui justifie la prorogation du délai de recours jusqu'à la réponse de l'administration. Le même raisonnement prévaut lorsque le recours auprès de l'administration est imposé par des textes (art. L 412-1 *sq.* CRPA). Le libéralisme de ces solutions et leur incidence fâcheuse sur la stabilité des décisions administratives conduisent à limiter l'effet prorogatif à un seul recours administratif.

Le contrôle de légalité des actes des collectivités locales offre un autre exemple de prorogation du délai. La demande par un administré au préfet de déférer au tribunal administratif un tel acte proroge le délai dont dispose l'intéressé pour attaquer lui-même cet acte (CE Sect. 25 janvier 1991, *Brasseur*, p. 23, concl. Stirn ; *RDP* 1992, p. 1149, note Seiller). Si le préfet refuse, l'intéressé reste recevable à saisir lui-même le juge d'un recours contre l'acte local. Il est à noter que le préfet peut également former un recours administratif gracieux auprès de la collectivité locale concernée (CE avis 27 juin 2007, *Mme Viaud*, p. 672).

3. La dispense

La volonté d'assurer au plus vite la stabilité des situations juridiques assises sur des actes administratifs, qui conduit à imposer d'agir dans le délai de deux mois, cède parfois et dispense certains recours de toute contrainte de délai.

Le cas le plus traditionnel et le plus général concernait le contentieux des travaux publics. Il a déjà été signalé que ce domaine s'est longtemps singularisé par la dispense de la décision préalable, ce qui, par voie de conséquence, impliquait l'absence de délai pour agir. En effet, le délai ne pouvant courir qu'à compter de la mesure de publicité donnée à une décision administrative, l'absence de décision imposait de supprimer tout délai. La dispense en cause ne concernait cependant pas les recours pour excès de pouvoir, mais les recours exercés devant le juge du plein contentieux. Elle a cessé avec la fin de la dispense de décision préalable en matière de travaux publics à compter du 1er janvier 2017.

Un autre cas de dispense a disparu à cette même date, qui visait les recours de plein contentieux dirigés contre des décisions implicites de rejet. A néanmoins été maintenue la dispense bénéficiant aux recours pour excès de pouvoir visant les mêmes décisions lorsqu'elles sont prises par des autorités collégiales ou sur consultation de telles autorités (article R 421-3 CJA).

Sont également dispensés de délai les recours en déclaration d'inexistence puisque l'acte en cause, n'étant pas parvenu à l'existence juridique, n'a pu déclencher un délai (CE 28 février 1986, *Commissaire de la République des Landes*, p. 50). Il serait en outre aberrant que l'écoulement du temps rende incontestable un tel acte.

Plusieurs textes complètent ces cas de dispense en faisant de l'absence de délai de recours la sanction des obligations qu'ils posent à la charge de l'administration. Au préalable, il convient de souligner que, très logiquement, des irrégularités de publicité ne sauraient entacher l'acte en cause d'illégalité. Sa légalité s'apprécie au jour de son édiction : tout ce qui suit, et notamment la publicité qui lui est donnée, ne peut influer que sur son entrée en vigueur et les conditions de sa contestation, non sur sa légalité. C'est ainsi que la dispense de délai sanctionne d'abord l'absence, dans la notification d'une décision individuelle, de la mention des délais et voies de recours contre elle (art. R 421-5 CJA). Afin d'éviter la contestation de décisions très anciennes, et l'atteinte à la sécurité juridique qui pourrait en résulter, le Conseil d'État a cependant décidé que leurs destinataires ne peuvent exercer de recours juridictionnel au-delà d'un délai raisonnable, qui ne saurait en principe excéder un an (CE Ass. 13 juillet 2016, *Czabaj*, p. 340, concl. Henrard). La dispense de délai réprime ensuite le défaut d'accusé de réception (ou l'incomplétude de ses mentions) d'une demande de décision, sauf si une décision expresse est notifiée avant l'apparition d'une décision implicite (art. L 112-6 CRPA). Elle apparaît enfin lorsque l'administration n'a pas invité l'auteur d'une demande incorrectement présentée à la régulariser (art. L 114-6 CRPA).

Bénéficiant dans toutes les hypothèses précédentes d'une dispense de délai, le justiciable doit être néanmoins attentif, lorsqu'il souhaite obtenir une condamnation pécuniaire de l'administration, au jeu de la *prescription quadriennale* des dettes publiques. Règle de fond et non de procédure, cette prescription permettra à la personne publique, non pas d'obtenir l'irrecevabilité temporelle de la requête, mais son rejet au fond si le requérant agit plus de quatre ans après le fait générateur de sa créance (CE Sect. 5 décembre 2014, *Commune de Scionzier*, p. 60).

Cela démontre que, même en l'absence de délai, l'écoulement du temps ne reste pas sans conséquences.

B. L'expiration du délai

La plus évidente des conséquences de l'expiration du délai de recours contre un acte est, évidemment, l'irrecevabilité du recours exercé malgré tout. L'acte devient définitif et acquiert l'autorité de chose décidée. Le juge ne se laissera pas tromper par la réouverture artificielle d'un délai de recours dirigé contre une décision reprenant, à la demande de l'intéressé, les termes de la précédente sans que les circonstances de fait et de droit aient évolué. Il lui opposera le caractère purement confirmatif de la décision contestée et donc la forclusion (CE 3 octobre 2001, *Gillard*, p. 1086).

Si la volonté de garantir au plus vite la stabilité des situations administratives est la raison d'être des délais de recours, nul ne s'étonnera que l'expiration du délai de recours entraîne un gel des éléments du litige, alors même qu'un juge en a été saisi à temps. La physionomie du litige ne pourra désormais plus évoluer.

La nature du recours est ainsi définitivement acquise et une demande de plein contentieux ne pourra compléter le recours pour excès de pouvoir initial (CE 9 février 1968, *Société La Foncière des Champs-Élysées*, p. 109). L'élargissement des conclusions, au sein d'un même type de recours, devient également impossible. Cela découle soit de l'absence de décision préalable à leur sujet, soit du caractère désormais définitif de la décision préalable sur les points en cause. Le requérant est, en revanche, autorisé à réduire ses conclusions, par exemple en ne demandant plus qu'une annulation partielle de l'acte ou la réparation de certains des préjudices antérieurement allégués. Cette réduction consiste en un désistement partiel du recours. Il en résulte qu'il est de l'intérêt de tout justiciable de déposer une requête introductive d'instance la plus large possible, afin de ne pas se voir opposer le caractère tardif des conclusions nouvelles qu'il souhaiterait formuler après un examen plus approfondi du litige.

Un conseil identique s'impose à propos des moyens avancés à l'appui des conclusions. Le juge les regroupe en *causes juridiques* et n'admet le dépôt de nouveaux moyens après l'expiration du délai de recours que s'ils se rattachent à une *cause* soulevée dans le délai. Ainsi, les moyens de légalité dans le cadre du recours pour excès de pouvoir se rangent soit dans la légalité *externe* (forme, procédure, compétence), soit dans la légalité *interne* (erreur de droit, erreur de fait, erreur dans la qualification juridique des faits, détournement de pouvoir). N'ayant invoqué initialement, par exemple, qu'une incompétence, le requérant sera recevable, après l'expiration du délai, à compléter son argumentation en alléguant un vice de forme mais pas une erreur de droit ou un détournement de pouvoir (CE 20 février 1953, *Société Intercopie*, p. 88). Bien que plus subtile, la jurisprudence est similaire en matière de plein contentieux.

Contrairement aux apparences, elle n'est pas exagérément contraignante. D'une part, il suffit au justiciable avisé de soulever – même sans conviction – dans sa requête introductive d'instance un moyen relevant de chaque cause juridique pour pouvoir développer ultérieurement son argumentation. D'autre part, l'irrecevabilité n'est pas opposée aux moyens dits *d'ordre public*, ceux dont l'importance est telle (incompétence, violation de l'autorité absolue de chose jugée, violation du champ d'application de la loi...) qu'ils doivent pouvoir être soulevés en tout état de la procédure par les parties et que le juge est tenu, le cas échéant, de relever d'office.

L'expiration du délai de recours, rendant l'acte définitif, interdit désormais toute contestation par voie d'action. Cependant, l'écoulement du temps n'a pas purgé les vices dont il est éventuellement entaché : nés à la signature de l'acte, ils ne disparaîtront le plus souvent qu'avec lui. Or, s'il sert lui-même de fondement à d'autres décisions, ces vices vont les contaminer et doivent pouvoir être invoqués à l'appui de la demande d'annulation de celles-ci. L'*exception d'illégalité* est le mécanisme juridique permettant de contester la légalité d'un acte, sans remettre en cause son existence, à l'occasion du recours dirigé contre un autre qui en constitue une application. Elle permet, notamment, d'obtenir l'annulation de décisions individuelles prises en vertu d'un acte réglementaire entaché d'illégalité alors même que le délai de recours contre lui est expiré.

L'exception d'illégalité des actes réglementaires est, en effet, perpétuelle. Il en va autrement pour celle des actes non réglementaires qui n'est recevable que tant qu'ils ne sont pas définitifs. Deux dérogations existent. La première bénéficie à l'exception d'illégalité invoquée à l'appui de la demande de réparation du préjudice causé par l'acte en cause (CE 14 juin 1999, *Commune de Montreuil-sous-Bois*, *DA* 1999, n° 238, obs. C. M.). La seconde se rencontre lorsque l'acte contesté par voie d'exception s'insère, avec celui dont l'annulation est demandée, dans une *opération complexe*, caractérisée par un lien de nécessité juridique réciproque. Ainsi, la déclaration d'utilité publique qui précède, en matière d'expropriation, l'édiction des arrêtés de cessibilité constitue avec eux une opération complexe (CE 9 février 2000, *Chevalier*, p. 45).

Correctement déposé, c'est-à-dire satisfaisant aux conditions temporelles, matérielles et personnelles de recevabilité, le recours peut, enfin, être examiné.

Section III
L'EXAMEN DES RECOURS

L'appréciation du bien-fondé des recours devant les juridictions administratives sera présentée à propos du principe de légalité ou de la responsabilité de la puissance publique [1]. Du point de vue procédural, seul envisagé maintenant, l'examen des recours a suscité des réformes récentes, tentant de remédier aux deux maux les plus graves de la procédure juridictionnelle administrative. Elles ont très sensiblement amélioré la situation.

Cela s'est constaté d'abord en matière de délai de jugement des litiges, lequel n'était souvent pas compatible avec le droit à être jugé dans un « délai raisonnable » qui découle de l'article 6 § 1 de la Convention européenne des droits de l'homme. La lenteur des juridictions administratives a valu de nombreuses condamnations de la France par la Cour européenne des droits de l'homme (voir par exemple, CEDH 23 avril 1998, *Doustaly, D.* 1998, SC, p. 367, obs. Pérez). Les actions tendant à la réparation des préjudices que cette lenteur est susceptible de causer aux justiciables sont examinées aujourd'hui par le Conseil d'État (CE Ass. 28 juin 2002, *Ministre de la Justice c/ Magiera*, p. 247 ; *RFDA* 2002, p. 756, concl. Lamy ; article R 311-1 CJA). Pour accélérer le cours de la justice, diverses méthodes ont été utilisées. Une modification de la structure de l'ordre

1. Voir le tome 2 du présent ouvrage.

juridictionnel a d'abord été tentée. Elle a consisté à créer les cours administratives d'appel, qui devaient décharger le Conseil d'État de l'appel des jugements des tribunaux administratifs. Mais outre qu'elles ont été elles-mêmes rapidement engorgées, l'exercice de pourvois en cassation contre leurs arrêts n'a guère amélioré la situation du Conseil d'État. Le recours au juge unique a alors été perçu comme la réponse adaptée à la lourdeur des procédures faisant intervenir une formation collégiale. Cela s'est traduit par une profonde modernisation des référés administratifs ainsi que par la multiplication des cas dans lesquels les litiges peuvent être tranchés par une décision rendue par un juge unique. Les efforts pour réduire le délai de jugement se poursuivent et ont permis de substantiels progrès. Le délai prévisible moyen de jugement était ainsi, en 2019, de 10 mois devant les tribunaux administratifs, de moins de 11 mois devant les cours administratives d'appel et de 6 mois devant le Conseil d'État.

Le second mal dont souffrait le contentieux administratif, de manière plus intellectuellement que quantitativement choquante, avait trait aux difficultés d'exécution que pouvait rencontrer le justiciable bénéficiaire de la décision juridictionnelle. Sur ce point également, des mécanismes particulièrement efficaces ont été instaurés et la situation s'avère désormais très satisfaisante.

Sous-section 1

LES RECOURS AVANT LE JUGEMENT

Il était traditionnel de qualifier les diverses procédures ouvertes préalablement ou parallèlement à un recours au fond de *procédures d'urgence*. Cela soulignait le fait que leur finalité est d'obtenir du juge, dans de brefs délais, une décision permettant d'attendre, sans dommage, le jugement au fond ou de préparer celui-ci dans les meilleures conditions. Elles ne satisfaisaient cependant que très imparfaitement cet objectif de rapidité parce qu'elles étaient pour l'essentiel confiées à des formations collégiales. La loi du 30 juin 2000 a créé un juge des référés administratifs qui peut être saisi dans différentes hypothèses et rend des décisions provisoires dans les meilleurs délais, même s'il n'intervient pas toujours en urgence. Dans certaines procédures particulières qui ne seront pas traitées dans le cadre de cet ouvrage, le juge des référés administratifs est compétent pour trancher des litiges au fond (référés précontractuel et contractuel principalement). La procédure permettant la suspension des effets des actes administratifs attaqués appelle plus de commentaires que les autres procédures de référé.

A. La suspension des actes administratifs

La contestation d'une décision devant le juge administratif n'en suspend pas l'exécution. C'est une des conséquences du *privilège du préalable* : les actes de l'administration sont immédiatement exécutoires à compter de leur publicité. Cette « règle fondamentale du droit public » (CE Ass. 2 juillet 1982, *Huglo*, p. 257 ; *AJDA* 1982, p. 657, concl. Biancarelli, note Lukaszewicz) signifie concrètement que les actes administratifs sont présumés légaux et doivent être exécutés jusqu'à ce qu'un juge, saisi d'un recours à leur encontre, en décide autrement. Il est vrai que si le seul exercice d'un recours, même irrecevable, suspendait l'exécution des décisions, des recours dilatoires seraient à redouter, au risque de paralyser l'action de l'administration. Il n'existe, en conséquence, que fort peu de dérogations au principe du caractère non suspensif des recours (par exemple, l'opposition aux titres de perception).

Force est néanmoins de reconnaître que ce principe n'est pas toujours satisfaisant pour les administrés, tenus parfois de respecter des actes dont l'illégalité ne fait pourtant aucun doute. Malgré le caractère théoriquement rétroactif de l'annulation prononcée au terme du contentieux, les effets passés de l'acte illégal sont parfois difficilement réversibles. Il est donc admis, en tant que garantie essentielle des droits de la défense (CC 86-224 DC 23 janvier 1987, p. 8 ; *RFDA* 1987, p. 287, notes Genevois et Favoreu ; *GAJA*, n° 82), que puisse être prononcé, dans certains cas, un sursis à l'exécution de l'acte contesté.

Encore faut-il que les conditions d'octroi du sursis soient adaptées. Or, jusqu'en 2000, dans le souci de faire prévaloir le caractère exécutoire des actes administratifs, le juge subordonnait son octroi à la démonstration que l'exécution aurait des *conséquences difficilement réparables* et à l'allégation d'un *moyen sérieux* quant à l'illégalité de l'acte (CE 12 novembre 1938, *Chambre syndicale des constructeurs de moteurs d'avions*, p. 840 ; *D.* 1939, J, p. 12, concl. Dayras). Il se reconnaissait également le pouvoir de rejeter la demande pour de simples raisons d'opportunité (CE Ass. 13 février 1976, *Association de sauvegarde du quartier Notre-Dame*, p. 100). Compte tenu du préexamen du fond que tout cela supposait, la demande était souvent examinée longtemps après l'entrée en vigueur de l'acte. Si ce dernier avait entre-temps été entièrement exécuté, le juge prononçait un non-lieu sur la demande de sursis ; si, par chance, il ne l'avait pas été, le commencement d'exécution relativisait la portée du sursis accordé.

L'inadaptation de l'état du droit a amené le législateur à intervenir.

Par une loi du 30 juin 2000, modifiant – avant même qu'il n'entre en vigueur ! – le Code de justice administrative, il a décidé d'élargir les pouvoirs du juge des référés administratifs, juge unique, à l'examen des demandes de sursis ainsi que d'assouplir les conditions d'octroi du sursis. Depuis le 1er janvier 2001, quand une décision administrative – même de rejet – fait l'objet d'une requête en annulation, le juge des référés, saisi d'une demande en ce sens, peut ordonner la *suspension* de l'exécution de cette décision lorsque *l'urgence* le justifie et qu'il est fait état d'un moyen propre à créer, en l'état de l'instruction, un *doute sérieux* quant à la légalité de la décision. Soumise en principe à un juge unique, plus apte à se prononcer dans de très brefs délais, libérée de la preuve des conséquences difficilement réparables de l'exécution de l'acte, la procédure d'octroi de la suspension offre enfin aux justiciables un digne contrepoids au privilège du préalable (CE Sect. 19 janvier 2001, *Confédération nationale des radios libres*, p. 29, concl. Touvet). Il arrive même que la suspension soit décidée mais que le juge du fond, se prononçant par la suite, rejette le recours et permette ainsi à l'acte suspendu de déployer à nouveau ses effets (ce qui ne va pas parfois sans quelques difficultés, voir CE Sect. 27 octobre 2006, *Société Techna*, p. 451).

B. Les autres procédures de référé

D'autres procédures permettent, à l'instar du *référé-suspension*, d'attendre le jugement au fond sans hypothéquer la situation des parties. Il s'agit du *référé-provision* (article R 541-1 CJA), tendant à l'octroi d'une avance sur la dette non sérieusement contestable de la personne publique, et du *référé-mesures utiles* (article L 521-3 CJA), permettant au juge d'ordonner toute mesure utile sans toutefois pouvoir faire obstacle à l'exécution d'une décision administrative. La loi du 30 juin 2000 a créé un *référé-liberté fondamentale* autorisant le juge à ordonner toute mesure nécessaire à la sauvegarde d'une liberté fondamentale menacée par l'administration et destiné à offrir une alternative à la saisine abusive des juges des référés de l'ordre judiciaire, aux pouvoirs antérieurement plus larges que ceux du juge administratif de l'urgence (article L 521-2 CJA).

Le jugement au fond du recours suppose parfois le rassemblement d'informations nécessaires à l'appréciation des prétentions des parties. Certaines procédures ont précisément pour objet de permettre au juge de préparer le jugement à rendre. Elles visent simplement, comme le *constat* (article R 531-1 CJA), à faire constater des faits avant qu'il ne soit trop tard, ou à procéder à des mesures d'*instruction*, telles que des vérifications, des expertises, etc., par ordonnance du juge des référés (article R 532-1 CJA).

Une fois ces éléments rassemblés, le jugement du recours peut intervenir en connaissance de cause.

Sous-section 2

LE JUGEMENT DES RECOURS

Relevant du cours de contentieux administratif, l'instruction des recours n'appelle pas de développements particuliers ici, sauf à souligner qu'elle est principalement écrite, de type inquisitorial, compte tenu des larges pouvoirs dont y dispose le juge, et qu'elle respecte le principe du contradictoire (CE Sect. 5 avril 1996, *Syndicat des avocats de France*, p. 119). Le jugement intervient après une audience durant laquelle les parties peuvent développer oralement leurs conclusions écrites, faculté dont elles usent rarement. Avant que ne s'ouvre la phase du délibéré, le débat est clos par l'audition des conclusions du rapporteur public puis des plaidoiries des parties (le déroulement étant légèrement différent devant le Conseil d'État, cf. art. R 733-1 CJA). La dénomination de rapporteur public a été substituée à celle, pourtant fort ancienne, de commissaire du gouvernement, jugée aujourd'hui malencontreuse. En tout état de cause, il s'agit d'un membre de la juridiction qui intervient pour présenter en toute indépendance son opinion sur la solution qu'appelle, selon sa conscience, le litige (CE 29 juillet 1998, *Esclatine*, p. 321, concl. Chauvaux ; *AJDA* 1999, p. 69, note Rolin ; art. L 7 CJA).

La formation de jugement doit ensuite statuer sur l'ensemble des conclusions, mais uniquement sur elles, par une décision qui sera dotée, en principe, de l'*autorité relative de chose jugée*, sauf si elle prononce, sur recours pour excès de pouvoir, l'annulation de l'acte attaqué (CE 28 juillet 1999, *Ministre de l'Intérieur*, p. 270).

Le jugement devient exécutoire par sa notification aux parties qui sont logiquement tenues d'en tirer toutes les conséquences, quelle que soit son autorité. Le succès des prétentions de l'administré se traduira, le plus souvent, par l'annulation ou la réformation d'un acte administratif, complétée, le cas échéant, par une condamnation pécuniaire. Dans l'un et l'autre cas, cela suppose fréquemment une initiative de la part de l'administration. Or, par ignorance ou mauvaise volonté (CE 14 novembre 1997, *Janky*, p. 423), il arrive qu'elle néglige d'agir.

Hormis un efficace mécanisme de paiement automatique des condamnations pécuniaires institué par une loi du 16 juillet 1980 (article L 911-9 CJA), l'état du droit était jusqu'en 1995 peu favorable à l'administré. En effet, traditionnellement hostile au prononcé d'injonctions envers l'administration, le juge administratif ne pouvait que condamner la faute caractérisée par un refus d'exécution ou prononcer une astreinte, ce dont il usait peu. Une loi du 8 février 1995 a élargi ses pouvoirs en l'autorisant, pour l'exécution de la décision qu'il rend, à enjoindre à l'administration, sur demande du requérant ou désormais spontanément, de prendre une mesure d'exécution dans un sens déterminé, ou, selon les cas, de prendre de nouveau une décision après une nouvelle instruction (article L 911-1 et L 911-2 CJA). Cela peut consister à enjoindre de prendre le décret indispensable à l'application d'une loi (CE Sect. 26 juillet 1996, *Association lyonnaise de protection des locataires*, p. 293, concl. Maugüé) ou de délivrer l'agrément en vue d'adopter un enfant (CE 28 juillet 2006, *Département des Yvelines*, p. 909). L'injonction, insérée dans le dispositif du jugement, peut être éventuellement assortie d'un délai d'exécution et d'une astreinte par jour de retard. Lorsqu'il n'a pas usé d'emblée de cette faculté, ce qui est désormais rare, le justiciable a encore la possibilité de demander au juge, après constat de l'inexécution, de définir les mesures d'exécution qu'impose le respect de la chose jugée (article L 911-4 CJA).

Le dispositif instauré par la loi de 1995 n'a pas pour seul intérêt de limiter les hypothèses de refus d'exécution de la chose jugée par les autorités administratives. Il leur permet de connaître d'emblée précisément ce que la décision juridictionnelle leur impose de faire ou de ne pas faire ; ce qu'il n'est pas toujours aisé de déterminer.

Sous-section 3

Les recours contre le jugement

Parmi les diverses voies de recours offertes au justiciable mécontent de la décision rendue, certaines lui permettent de saisir la même juridiction pour qu'elle la modifie. D'usage relativement rare, elles sont qualifiées de *voies de rétractation* et ne seront pas présentées dans ce manuel. D'autres s'exercent devant une autre juridiction, de rang supérieur, sollicitée pour réformer la décision précédente. Parmi ces *voies de réformation*, deux, l'appel et la cassation, méritent quelques indications.

L'*appel* est une voie de recours contre les jugements rendus en premier ressort, à l'exclusion de ceux rendus en premier et dernier ressort qui relèvent du seul contrôle de cassation. Privé, sauf exception (CE 23 février 2000, *N'Guyen*, p. 103), d'effet suspensif, l'appel autorise un deuxième examen du fond du litige, à la différence de la cassation qui n'est qu'un contrôle du respect du droit par le jugement entrepris. Ouvert seulement lorsque les textes le prévoient, il concrétise le double degré de juridiction et bénéficie aux parties à l'instance initiale. Leur contestation peut porter, en premier lieu, sur la régularité du jugement, c'est-à-dire sur le respect, par le juge de premier ressort, des règles de compétence, de forme et de procédure contentieuses. Irrégulier, le jugement est annulé et l'examen de l'affaire renvoyé au premier juge à moins que, par souci de rapidité et de commodité, le juge d'appel ne décide d'« évoquer » l'affaire et de la trancher lui-même en premier ressort (CAA Marseille 4 décembre 1997, *Société nationale de construction Quillery*, *RFDA* 1998, p. 1114, note Négrin). La contestation peut, en second lieu, viser ce qui a été jugé en première instance, le fond du litige. Annulant la décision attaquée, le juge d'appel est alors saisi « par l'effet dévolutif de l'appel » de l'ensemble des conclusions et moyens des parties qui n'avaient pas été examinés en première instance compte tenu de la solution adoptée. Le principe du double degré de juridiction est en conséquence parfaitement respecté (CAA Bordeaux 14 décembre 1998, *Syndicat interhospitalier de Castelsarrasin-Moissac*, *DA* 1999, n° 98).

Le recours en *cassation* relève, quant à lui, de la seule compétence du Conseil d'État, dont il manifeste la prééminence au sein de l'ordre administratif. Permettant de lui faire apprécier le respect du droit par les juridictions inférieures, il est ouvert, même sans texte, à l'encontre des décisions rendues en dernier ressort, même si c'est en premier et dernier ressort (CE Ass. 7 février 1947, *D'Aillières*, p. 50 ; *RDP* 1947, p. 68, concl. Odent, note Waline ; *GAJA*, n° 54). Cette voie de recours garantit l'unité du droit au sein de l'ordre, puisque, par son biais, toute décision rendue peut être examinée par un seul et même juge, le Conseil d'État. Le contrôle de cassation porte aussi bien sur la régularité du jugement entrepris que sur son bien-fondé, ce qui inclut, au gré des conclusions, la sanction des erreurs de droit, des erreurs quant à l'existence des faits ou dans la qualification juridique des faits. Juge du droit, le Conseil d'État se refuse théoriquement à vérifier le jugement des faits qui relève, sauf dénaturation, de l'appréciation souveraine des juges du fond. Cependant la distinction entre l'appréciation souveraine et la qualification juridique des faits, déterminante pourtant de l'étendue du contrôle de cassation, n'est pas commandée par des critères clairs. Il n'est pour s'en convaincre que de comparer les contrôles exercés sur l'existence d'un lien de causalité entre un fait et un dommage et sur le caractère direct ou non du lien de causalité (CE Sect. 28 juillet 1993, *Consorts Dubouloz*, p. 250 et CE 26 novembre 1993, *SCI Les jardins de Bibémus*, p. 327).

Après avoir cassé l'arrêt rendu, le Conseil d'État est autorisé, dans un souci de bonne administration de la justice, à trancher lui-même l'affaire au fond plutôt que de la renvoyer à un nouveau juge d'appel (CE 31 août 2009, *Commune de Cregols*, *AJDA* 2009, p. 1824, chr. Liéber et Botteghi).

Troisième partie

LA COMPÉTENCE DE L'ORDRE JURIDICTIONNEL ADMINISTRATIF

L'apparition d'un ordre juridictionnel administratif est le fruit de diverses contingences historiques. Nul esprit de système n'ayant présidé à sa création puis à sa définition, la compétence de cet ordre ne peut être réduite à une ou deux idées simples. La frontière délimitant les domaines respectifs des juges administratif et judiciaire trace dans un relief accidenté des méandres déroutants et n'exclut pas les enclaves... Sa présentation exhaustive est encore compliquée par le fait qu'elle suppose connues diverses notions fondamentales du droit administratif (et du droit privé) qu'il est pourtant délicat d'aborder au préalable... Les affres de l'enseignant sont néanmoins négligeables par rapport aux légitimes interrogations du justiciable à la recherche de son juge. La principale difficulté de nombreux litiges est, en effet, trop souvent d'en identifier le juge, et les erreurs commises provoquent une injustifiable perte de temps et d'argent.

Les mécanismes de répartition des compétences ne sont pas subtils seulement pour le profane. Les hypothèses de désaccord entre juridictions à propos d'un même litige ne sont pas rares et ont justifié, dès le début du XIXe siècle, l'institution d'un juge spécialement chargé de trancher les difficultés de compétence : le Tribunal des conflits. Plus que jamais indispensable, cette juridiction a contribué au tracé de la frontière qu'elle est chargée de faire respecter, mais à laquelle elle n'a pas réussi à conférer un semblant de rectitude.

Il serait toutefois déplacé d'imputer aux juges la responsabilité principale de l'état du droit. La logique aurait dû conduire le législateur à délimiter lui-même le champ de la compétence des juridictions administratives. L'article 34 de l'actuelle Constitution, qui détermine le domaine législatif, n'y range certes pas explicitement cette question, mais elle en relève en tant que composante des « garanties fondamentales accordées aux citoyens pour l'exercice des libertés publiques » (CE Ass. 30 mai 1962, *Association nationale de la meunerie*, p. 233). Peu soucieux d'intervenir autrement que pour apporter des dérogations aux trop rares principes jurisprudentiels gouvernant la matière, le législateur a failli à sa mission. Il faut peut-être s'en réjouir car, bénéficiant souvent aux juridictions judiciaires, les dérogations en cause témoignent d'une incompréhension persistante des raisons de l'existence d'une juridiction administrative et suggèrent qu'elle pourrait être menacée.

Il serait vain de prétendre ordonner le maquis jurisprudentiel et légal. Tout au plus est-il possible de tenter de l'éclaircir. Pour ce faire, et au prix d'une légère approximation théorique, les mécanismes de répartition des compétences seront présentés selon qu'ils mettent en cause le principe de séparation des pouvoirs ou le principe de séparation des autorités administratives et judiciaires, qui n'est qu'une conséquence contingente du premier. Pour finir, une évocation du Tribunal des conflits ne sera pas superflue.

Chapitre I

LES LITIGES METTANT EN CAUSE LE PRINCIPE DE SÉPARATION DES POUVOIRS

L'introduction de ce manuel a permis de souligner que le droit administratif est le droit spécifique applicable aux activités d'organes rattachés au pouvoir exécutif, à l'exclusion des pouvoirs législatif et judiciaire. Il en est ressorti également que, parmi les activités de ces organes, seules sont visées les activités matériellement administratives, c'est-à-dire celles tendant à satisfaire en priorité l'intérêt général.

Cette présentation, volontairement théorique et donc schématique, néglige le fait irréductible qu'il y a peu d'activités des organes constitutifs de l'État dont le pouvoir exécutif soit totalement absent. Il est vrai que la séparation des pouvoirs n'exclut pas leur collaboration. C'est un truisme que d'affirmer que l'exercice des pouvoirs législatif ou judiciaire suppose une administration et que les services concernés agissent prioritairement pour la satisfaction de l'intérêt général. L'application du droit administratif et donc la compétence des juridictions administratives ne sauraient en conséquence être absolument exclues.

L'approfondissement de l'analyse autorise la même conclusion à propos d'éléments, souvent méconnus, qu'il est néanmoins possible, à la suite de certains auteurs, de ranger aux côtés des trois pouvoirs traditionnels. Comme pour ces derniers, la poursuite prioritaire de l'intérêt général combinée à l'intervention de l'exécutif justifie que certains aspects de ces pouvoirs méconnus relèvent de la compétence des juridictions administratives.

Section I
LES POUVOIRS TRADITIONNELS

Depuis leur formulation classique par Montesquieu, les pouvoirs traditionnellement distingués sont le législatif, l'exécutif et le judiciaire. Examinés dans leur fonctionnement intrinsèque ou dans leurs relations entre eux, ces pouvoirs offrent prise à la compétence des juridictions administratives. En effet, la séparation des pouvoirs n'organise pas un cloisonnement étanche et conduit à ne pas limiter cette compétence aux seules activités administratives du pouvoir exécutif. Elle confère néanmoins un caractère exceptionnel aux hypothèses en cause.

Sous-section 1
LE POUVOIR JUDICIAIRE

Une précision terminologique s'impose d'emblée : par pouvoir judiciaire, il faut entendre ici le pouvoir confié aux juridictions de l'ordre judiciaire, qu'elles soient répressives ou non. En sont donc exclues les juridictions administratives qui, cependant, se partagent avec les juridictions judiciaires la fonction *juridictionnelle*. La matière est ainsi d'autant plus complexe qu'elle peut s'examiner au travers des deux principes gigognes que sont les principes de séparation des pouvoirs et de séparation des autorités. C'est par commodité qu'il a été choisi de l'aborder sous l'angle du premier, plus fondamental.

Montesquieu ne connaissait qu'un ordre de juridiction – notre ordre judiciaire – que sa profession de magistrat le portait naturellement à ériger en un troisième pouvoir. Le droit constitutionnel moderne est plus mesuré quant à la place à lui attribuer au sein des fonctions essentielles de l'État.

L'actuelle Constitution le qualifie modestement d'« autorité » et non de véritable « pouvoir ». Elle prend acte de ce que les juridictions, chargées de faire respecter lois et règlements, sont par la force des choses dans une relative infériorité vis-à-vis des deux autres pouvoirs. Divers éléments accentuent encore la subordination au profit de l'exécutif. Ainsi la Constitution désigne le Président de la République comme le garant de l'indépendance de l'autorité judiciaire. Par ailleurs, l'appareil judiciaire est intégré, certes spécifiquement, à l'organigramme de l'exécutif. Enfin, les magistrats judiciaires n'exercent pas que des attributions juridictionnelles.

Ces assouplissements à la stricte séparation des pouvoirs n'ont pu demeurer sans conséquences contentieuses. Certes, la contestation du fonctionnement de la justice judiciaire s'opère par l'exercice des voies de recours (appel, cassation) ouvertes classiquement à l'encontre des décisions rendues par les juridictions. Le principe de séparation des autorités, en accord avec le principe de séparation des pouvoirs, confirme la compétence exclusive des juridictions judiciaires sur ce point. Toutefois l'existence d'activités proprement administratives exercées dans le cadre de l'activité judiciaire autorise le juge administratif à en connaître. Les limites de la séparation des pouvoirs, manifestées schématiquement par l'irruption de l'exécutif en matière judiciaire, conduisent, par application du principe de séparation des autorités, à la compétence des juridictions administratives. Le partage est opéré selon qu'est en cause l'*organisation* ou le *fonctionnement* de la justice judiciaire.

A. L'organisation de la justice judiciaire

L'organisation du service public confié aux juridictions judiciaires est une activité matériellement administrative. Son contentieux est en conséquence confié aux juridictions administratives en vertu d'une jurisprudence désormais classique (TC 27 novembre 1952, *Préfet de la Guyane*, p. 642 ; *GAJA*, n° 62 ; pour sa reformulation récente, voir TC 12 octobre 2015, *Hoareau*, p. 510) qui oppose l'*exercice* de la fonction juridictionnelle, dont le contrôle échappe logiquement aux juridictions administratives, et l'*organisation* même du service public de la justice judiciaire, mission dévolue au gouvernement sous le contrôle éventuel du juge administratif. C'est ainsi que le décret modifiant le siège et le ressort de divers tribunaux d'instance et de grande instance entraînant la suppression de certains d'entre eux, a pu être contesté devant le Conseil d'État (CE 19 février 2010, *Molline et autres*, p. 20), tout comme l'avaient été les conditions de désignation des membres du Conseil supérieur de la magistrature (CE Ass. 17 avril 1953, *Falco et Vidaillac*, p. 175).

Relèvent aussi de l'organisation du service judiciaire les décisions individuelles concernant la carrière des magistrats judiciaires (CE Sect. 8 mars 2010, *Nunez*, *AJFP* 2010, p. 215), ce qui inclut les sanctions disciplinaires prises à leur encontre, alors même qu'elles seraient motivées par des fautes dans l'exercice de la fonction juridictionnelle (CE Sect. 20 juin 2003, *M. Stilivonic*, p. 258, concl. Lamy ; *AJDA* 2003, p. 1334, chr. Donnat et Casas).

B. Le fonctionnement de la justice judiciaire

Relevant en principe, depuis l'arrêt Préfet de la Guyane de 1952, de la seule compétence des juridictions judiciaires, par le biais des voies de recours internes à cet ordre, le contentieux du fonctionnement de la justice judiciaire n'échappe pourtant pas entièrement aux juridictions administratives.

Sont logiquement soustraites à ces dernières les mesures intervenant à l'occasion de la procédure judiciaire, qu'il s'agisse des opérations de police judiciaire (CE Sect. 11 mai 1951, *Consorts Baud*, p. 205) [1] ou des décisions de déclenchement de poursuites pénales (TC 19 décembre 1988, *Rey*, p. 496), ainsi que les décisions juridictionnelles se prononçant sur les litiges. Il en va de même de mesures qui, bien que touchant à l'organisation du service de la justice judiciaire, sont intimement liées à son fonctionnement et émanent de magistrats judiciaires. Tel est le cas de la répartition des affaires entre les diverses formations de jugement ou de la composition de celles-ci. Le juge administratif ne saurait en connaître (CE 26 mars 1993, *Bouanha et autres*, p. 85).

La compétence des juridictions administratives se manifeste en revanche à propos des mesures prises pour l'exécution des décisions des juridictions judiciaires. C'est ainsi que le refus par les autorités de police, pour des raisons de protection de l'ordre public, de prêter le concours de la force publique est une mesure de police administrative, justiciable des juridictions administratives (CE 30 novembre 1923, *Couitéas*, p. 789 ; S 1923, III, p. 57, note Hauriou, concl. Rivet ; *GAJA*, n° 37). Elles connaissent également des mesures d'amnistie puisque, celles-ci effaçant la condamnation pénale, elles ne sont pas *stricto sensu* des mesures d'exécution des jugements des tribunaux répressifs (CE Sect. 22 novembre 1963, *Dalmas de Polignac*, p. 565). Se bornant, en revanche, à dispenser de l'exécution de la peine, les mesures de grâce présidentielle échappent à la compétence des juridictions administratives car elles touchent aux limites des peines prononcées (CE 30 juin

1. Sur ce point, on se reportera également au tome 2 de cet ouvrage.

2003, *Observatoire international des prisons, section française*, p. 296).

Le contentieux de l'application des peines se rapporte tant à l'exécution des décisions des juges judiciaires qu'au fonctionnement du service pénitentiaire, service public administratif. Il est donc réparti, malgré des dispositions du Code de procédure pénale qui semblent se prononcer pour une compétence unifiée au profit des juges judiciaires, selon que la mesure contestée affecte la nature et les limites de la peine prononcée (compétence judiciaire) ou qu'elle relève du fonctionnement administratif du service pénitentiaire (compétence administrative). Pour illustrer une jurisprudence toujours en évolution, il suffit de préciser que les mesures de réduction de peine (CE Sect. 9 novembre 1990, *Théron*, p. 313), de libération conditionnelle (CE Sect. 4 novembre 1994, *Korber*, p. 489) ou de permission de sortie (CE 9 février 2001, *Malbeau*, p. 54 ; *RFDA* 2001, p. 598, note Céré et Péchillon) prises par le juge de l'application des peines sont soumises aux juridictions judiciaires à la différence des sanctions infligées aux détenus (CE Ass. 17 février 1995, *Marie*, p. 85, concl. Frydman ; *GAJA*, n° 90) ou des mesures liées au fonctionnement du service pénitentiaire (CE 14 novembre 2008, *El Shennawy*, p. 417).

Donnant lieu également à une compétence partielle des juridictions administratives, le contentieux des décrets d'extradition les autorise à apprécier le bien-fondé (mais non la régularité formelle et procédurale) des avis que les chambres d'accusation des cours d'appel sont ici appelées à donner dans l'exercice d'une attribution purement administrative (CE Ass. 26 septembre 1984, *Lujambio Galdeano*, p. 307).

Sous-section 2
Les pouvoirs législatif et exécutif

L'examen de la compétence des juridictions administratives à l'égard du contentieux des actes des pouvoirs législatif et exécutif peut surprendre. Le principe de séparation des pouvoirs devrait exclure toute remise en cause des actes du Parlement par ces autorités juridictionnelles, ce d'autant plus qu'existe aujourd'hui un juge de la constitutionnalité des lois. Le juge administratif n'est pourtant pas dépourvu de prérogatives en la matière. La présentation de sa compétence envers les actes pris par le pouvoir exécutif paraît, quant à elle, relever de l'évidence dans la mesure où la finalité même de cet ordre de juridiction est, schématiquement, de statuer sur les recours contre ces actes. Nous nous pencherons donc ici sur le sort réservé aux décisions prises par les titulaires du pouvoir exécutif dans leurs relations entre eux ou dans leurs relations avec le pouvoir législatif. De telles décisions, matériellement non administratives, bénéficient en effet d'un traitement original.

A. Le pouvoir législatif

Le pouvoir législatif se traduit principalement par le vote de la loi, « expression de la volonté générale » selon les termes de Rousseau, qui inspirent largement notre tradition constitutionnelle. De cette conception, renforcée par le principe de séparation des pouvoirs, il découle que les juges, qu'ils soient administratifs ou judiciaires, doivent se plier aux lois votées et sont précisément chargés d'en assurer le respect dans les litiges dont ils sont saisis. La théorie de la loi-écran (voir *supra*, p. 46-50) s'est longtemps opposée à ce qu'ils remettent en cause la validité des dispositions législatives. Elle a cependant subi, on le sait, une dérogation et un assouplissement qui en réduisent considérablement la portée. La dérogation résulte de l'examen au fond par les juges administratifs du moyen mettant en cause la compatibilité de la loi avec une norme internationale (CE Ass. 20 octobre 1989, *Nicolo*, p. 190, concl. Frydman ; *GAJA*, n° 84). La compétence du juge pour faire alors obstacle à l'application de la loi repose sur l'habilitation qui lui est donnée implicitement par l'article 55 de la Constitution (CE 5 janvier 2005, *Deprez et Baillard*, p. 1 ; *RFDA* 2005, p. 56, note Bonnet). Cette dérogation au dogme de l'incompétence des juridictions ordinaires à l'égard des lois s'est rapidement avérée d'une portée concrète particulièrement vaste. En effet, le contrôle de la *conventionnalité* des lois – nom donné au contrôle de leur compatibilité avec les traités – est souvent peu différent d'un contrôle de constitutionnalité : nombre de traités internationaux contemporains contiennent l'énoncé de normes fondamentales, notamment en matière de libertés publiques ou individuelles, identiques à celles qui figurent dans notre bloc de constitutionnalité. Cela a ainsi permis au Conseil d'État d'opérer le contrôle du respect de stipulations internationales par la loi sur l'interruption volontaire de grossesse (CE Ass. 21 décembre 1990, *Confédération nationale des associations familiales catholiques*, p. 368, concl. Stirn), ce que le Conseil constitutionnel avait exclu en 1975 pour se borner à l'examen de la conformité de cette même loi aux seules normes constitutionnelles (CC 74-54 DC du 15 janvier 1975, p. 19 ; *AJDA* 1975, p. 134, note Rivero). L'analyse au fond menée par les deux juridictions est similaire bien que fondée sur des textes de natures différentes. Refusant, au nom de la théorie de la loi-écran, d'examiner les moyens tirés de l'inconstitutionnalité des lois invoquées devant lui (voir un arrêt rendu le jour même de l'arrêt Nicolo, CE Ass. 20 octobre 1989, *Roujansky*, *JCP* 1989, II, 21371, concl. Frydman), le juge administratif opérait donc néanmoins un *quasi*-contrôle de constitutionnalité par le biais de l'exception d'inconventionnalité. L'aménagement de la question prioritaire de constitutionnalité, à compter du 1er mars 2010, a permis aux juges administratifs de donner à la norme suprême de notre système juridique sa pleine effectivité. Ce mécanisme constitue l'assouplissement précédemment visé à la théorie de la loi-écran. Il ne remet pas en cause cette dernière puisque d'une part, les juges administratifs ne sont pas compétents pour se prononcer sur le respect de la Constitution par les lois mais doivent renvoyer cette appréciation au Conseil constitutionnel et d'autre part, l'exception d'inconstitutionnalité ne constitue pas un moyen d'ordre public qu'ils devraient soulever d'office. En d'autres termes, les juges administratifs n'ont ni l'initiative ni la compétence pour examiner la constitutionnalité des lois invoquées devant eux.

Les juridictions administratives peuvent cependant, depuis longtemps, s'assurer de l'existence de la loi ou de sa publication régulière et ont compétence pour l'interpréter. Mais de telles prérogatives manifestent le simple fait que le juge est tenu de faire respecter la loi, ce qui suppose qu'elle existe, qu'elle soit entrée en vigueur et que son sens soit établi. Il ne s'agit pas de porter une quelconque appréciation sur le texte législatif mais, bien au contraire, de veiller à sa correcte application.

Le travail des assemblées ne se résume pas au vote des lois. Relèvent également du travail parlementaire le contrôle du gouvernement, le vote de diverses résolutions ou la conduite de missions d'enquête, qui échappent à la compétence du juge administratif. Par ailleurs, le fonctionnement quotidien des assemblées implique l'exécution d'un certain nombre d'activités (gestion du personnel, passation de contrats, exécution de travaux, etc.) matériellement administratives. L'application du principe de séparation des pouvoirs devrait interdire au juge administratif d'en connaître puisqu'elles sont le fait d'organes relevant du pouvoir législatif. L'immunité juridictionnelle qui en résulte n'étant toutefois pas satisfaisante, l'ordonnance du 17 novembre 1958 relative au fonctionnement des assemblées parlementaires y a posé des dérogations. La première permet d'attraire l'État devant les juridictions administrative ou judiciaire, selon les cas, pour obtenir la réparation des dommages causés par les services des assemblées. La seconde confie au juge administratif le soin de trancher les litiges individuels concernant les agents des assemblées, à l'occasion desquels peuvent être contestés les actes organisant leur statut (CC déc. 2011-129 QPC du 13 mai 2011). À ces hypothèses s'ajoute la reconnaissance, par voie jurisprudentielle, de la compétence du juge administratif pour connaître des litiges relatifs aux contrats administratifs passés par les assemblées (CE Ass. 5 mars 1999, *Président de l'Assemblée nationale*, p. 41, concl. Bergeal ; *GAJA*, n° 94). Loin de constituer une dérogation supplémentaire, ce chef de compétence viserait, à l'instar de ce qui prévaut à propos de la juridiction judiciaire, tous les actes relatifs à l'organisation administrative des services des assemblées.

B. Le pouvoir exécutif

Toutes les activités du pouvoir exécutif ne sont pas matériellement administratives, et ne relèvent donc pas systématiquement de la compétence des juridictions administratives. La séparation des pouvoirs pratiquée en France n'est pas absolue pour permettre, ainsi que l'avait préconisé Montesquieu, que le pouvoir arrête le pouvoir. Le fonctionnement des pouvoirs publics nécessite dès lors des relations constantes entre eux, ainsi qu'entre les différents organes qui composent chacun d'eux. Ces relations s'expriment au travers d'actes qui, bien qu'émanant souvent d'autorités du pouvoir exécutif, sont étrangers à l'activité administrative et, par conséquent, ne sauraient être appréciés par les juridictions administratives. Leur connaissance ne pouvant pas davantage être attribuée aux juridictions judiciaires, ces actes bénéficient donc d'une totale immunité juridictionnelle, incluant le contentieux de la légalité comme celui de la responsabilité. La justification initiale de ce privilège reposait sur le « mobile politique » ayant inspiré leur édiction. Cette explication fut abandonnée (CE 19 février 1875, *Prince Napoléon*, p. 155, concl. David ; *GAJA*, n° 3) au profit du constat de leur rattachement à la fonction « gouvernementale »[1], dont ils tirent leur appellation d'*actes de gouvernement*, les distinguant des actes administratifs.

L'identification *a priori* de la fonction gouvernementale, par opposition à la fonction administrative, est délicate ; c'est pourquoi la catégorie des actes de gouvernement est composée, au hasard des espèces, par les solutions jurisprudentielles. Mais l'empirisme de la matière est paradoxalement heureux puisqu'il traduit la volonté du juge de faire des actes de gouvernement l'exception et des actes administratifs le principe, pour le plus grand profit de l'État de droit.

Dans la liste encore conséquente des actes de gouvernement concernant les relations du pouvoir exécutif avec le pouvoir législatif, on peut relever les décrets de dissolution de l'Assemblée nationale (CE 20 février 1989, *Allain*, p. 60), de promulgation des lois (CE 3 novembre 1933, *Desreumeaux*, p. 993), le fait, pour le Premier ministre, de s'abstenir de soumettre un projet de loi au Parlement (CE 26 novembre 2012, *Krikorian*, req. n° 350492) ou de mise en œuvre de l'article 16 de la Constitution (CE Ass. 2 mars 1962, *Rubin de Servens*, p. 143 ; *GAJA*, n° 74). Doivent être également mention-

---

1. R. Chapus, « L'acte de gouvernement monstre ou victime ? », *D.* 1958, chr., p. 5.

nés les actes de gouvernement concernant les relations du pouvoir exécutif avec le Conseil constitutionnel, telle la décision du Président de la République lorsqu'il en nomme un membre (CE Ass. 9 avril 1999, *Mme Ba*, p. 124 ; *RFDA* 1999, p. 566, concl. Salat-Baroux), et ceux pris dans le cadre des relations entre les deux responsables de l'exécutif, comme le refus du Premier ministre de demander au Président de la République une révision de la Constitution (CE 26 février 1992, *Allain*, p. 659) ou le décret de nomination du Premier ministre et le décret relatif à la composition du gouvernement (CE 16 septembre 2005, *Hoffer*, p. 792).

Le Conseil d'État, soucieux de réduire cet îlot de non-droit au sein des décisions de l'exécutif, admet parfois que certains actes, tel le décret par lequel le Premier ministre charge un parlementaire d'une mission auprès d'une administration ou en son sein, sont *détachables* « des rapports entre le pouvoir exécutif et le pouvoir législatif tels qu'ils sont organisés par la Constitution » et, en conséquence, susceptibles d'être contestés devant lui (CE Sect. 25 septembre 1998, *Mégret*, p. 340). Cette évolution à propos des actes de gouvernement dans l'ordre interne rejoint celle qu'ont connue antérieurement les actes de gouvernement dans l'ordre international. Cela touche encore au principe de séparation des pouvoirs, mais en tant qu'il s'applique à un des pouvoirs dont on méconnaît souvent l'existence.

Section II
LES POUVOIRS MÉCONNUS

Comme tout dogme à vocation universelle, la théorie de la séparation des pouvoirs est exagérément simplificatrice, autant d'ailleurs pour ce qui concerne les rapports entre les pouvoirs que pour l'identification de ceux-ci.

Il a déjà été souligné que la consécration d'un *pouvoir* juridictionnel était excessive. Inversement, le fonctionnement des institutions étatiques implique certaines activités, certains partages de responsabilité, très originaux. Ainsi, seuls les États, avec quelques exceptions modernes liées à l'existence d'institutions proprement internationales, ont vocation à agir dans la sphère internationale. La responsabilité de cette représentation extérieure, d'autant plus fondamentale que les échanges économiques, sociaux ou culturels s'amplifient, justifie la reconnaissance d'un pouvoir « fédératif », aux côtés des deux (ou trois) plus connus. De la même façon, dans un régime démocratique, les organes investis des différents pouvoirs identifiés sont, directement ou indirectement, pourvus par le peuple et responsables devant lui. Celui-ci dispose, en outre, de pouvoirs de décision qui s'exercent également au travers du vote. Relativement incongrue au siècle des Lumières, parfois encore bien théorique aujourd'hui, la consécration d'un pouvoir de « suffrage » explique pourtant certaines solutions.

Sous-section 1

Le pouvoir fédératif

La conduite des relations internationales présente nombre de singularités, notamment en ce qu'elle confronte l'État à des égaux. C'est ce qui a conduit John Locke (1632-1704), premier théoricien moderne de la séparation des pouvoirs, à opposer un pouvoir fédératif aux pouvoirs législatif et exécutif. Tourné vers l'extérieur, ce pouvoir établit les alliances, négocie les traités, décide de la guerre et de la paix. Ces missions, fort différentes de celles qui se pratiquent dans l'ordre interne, associent les pouvoirs législatif et exécutif dans des conditions assez similaires au vote de la loi. La séparation des pouvoirs n'excluant pas leur collaboration et l'absence d'organe spécifique pour l'accomplir n'étant pas dirimante, la conduite des relations internationales peut être érigée en véritable pouvoir.

Sur le plan contentieux, la présence de services dépendant de l'exécutif en ce domaine implique une certaine compétence des juridictions administratives dans les limites dictées par le principe de séparation des pouvoirs.

Le problème du contrôle du juge administratif sur les normes internationales elles-mêmes a déjà été évoqué (voir *supra*, p. 72-89). Il convient de borner les développements sur la question à quelques brefs rappels. Le juge administratif, chargé de faire respecter l'ordonnancement juridique, a logiquement compétence pour apprécier l'existence juridique de la norme internationale, conditionnée par une ratification (CE 18 avril 1951, *Élections de Nolay*, p. 189) régulière (CE Ass. 18 décembre 1998, *SARL du parc d'activités de Blotzheim*, p. 483, concl. Bachelier) et une correcte publication (CE Ass. 13 juillet 1965, *Société Navigator*, p. 422, concl. Fournier). Ce faisant, le juge se borne à déterminer la valeur juridique du texte en cause dans l'ordre interne, sans porter d'appréciation sur sa validité. Pareillement, sa compétence pour interpréter les traités (CE Ass. 29 juin 1990, *GISTI*, p. 171, concl. Abraham ; *GAJA*, n° 86), identique à celle dont il dispose à l'égard des lois et mettant fin au renvoi des questions d'interprétation au ministre des Affaires étrangères, se justifie par le souci de mieux faire respecter les normes en cause. Y échappent les seules dispositions non claires du droit de l'Union européenne, dont l'interprétation appartient, selon des modalités déjà présentées, à la Cour de justice de l'Union européenne. Enfin, par une série d'arrêts précédemment exposés (voir *supra*, p. 64-69), le Conseil d'État a consacré la supériorité – au moins théorique – de la Constitution sur les normes internationales dans l'ordre interne (CE Ass. 30 octobre 1998, *Sarran*, p. 368 ; *GAJA*, n° 93 ; CE Ass. 8 février

2007, *Société Arcelor Atlantique et Lorraine*, p. 55, concl. Guyomar ; *GAJA*, n° 105).

Le contentieux des activités relevant du pouvoir fédératif ne s'épuise pas dans le contentieux des normes. Il peut également viser les acteurs, nationaux ou non, de l'ordre juridique international. Les personnes publiques étrangères, recevables à agir devant les juridictions administratives (CE 14 décembre 1994, *Confédération helvétique*, p. 549), bénéficient en revanche d'une immunité de juridiction devant les juridictions françaises (CE 27 avril 1987, *Boulard*, p. 148), laquelle connaît cependant d'opportunes limites (CE Sect. 14 octobre 2011, *Saleh*, p. 473, concl. Roger-Lacan). La compétence de ces dernières à l'égard des autorités publiques françaises participant au pouvoir fédératif, notamment celles qui dépendent du pouvoir exécutif, est nécessairement limitée par les exigences de la séparation des pouvoirs. La notion d'*acte de gouvernement*, composée, on le sait, d'actes portant, dans l'ordre interne, sur les rapports entre ou au sein des différents pouvoirs, intègre aussi les multiples actes accomplis par l'exécutif dans le cadre des activités du pouvoir fédératif. Échappent en conséquence à tout contrôle juridictionnel les décisions prises par le gouvernement au cours de la négociation des traités (CE Sect. 13 juillet 1979, *Coparex*, p. 319), notamment par l'émission de réserves (CE Ass. 12 octobre 2018, *SARL Super Coiffeur*, p. 373, concl. Touboul), ou au sujet de leur mode de conclusion (CE Ass. 18 décembre 1998, *Commune de Blotzheim*, préc.) ou de leur application (CE Ass. 18 décembre 1992, *Mhamedi*, p. 446, concl. Lamy). Constituent encore des actes de gouvernement le refus de délivrance d'un titre de séjour à un membre d'une mission diplomatique étrangère (CE 16 novembre 1998, *Lombo*, p. 407) ou la décision du Président de la République de reprise momentanée des essais nucléaires (CE Ass. 29 septembre 1995, *Association Greenpeace France*, p. 423).

L'emprise grandissante du juge administratif sur les normes internationales se manifeste par sa volonté de réduire le champ des actes de gouvernement dans l'ordre international. Pour ce faire, il n'hésite plus désormais à considérer certaines mesures comme *détachables* de la conduite des relations diplomatiques et à se reconnaître compétent à leur égard. Cela vise les décisions prises par le pouvoir exécutif seul pour tirer les conséquences dans l'ordre interne de la norme internationale. Tel est le cas, par exemple, du refus de satisfaire une demande d'extradition formulée par un État étranger (CE Ass. 15 octobre 1993, *Royaume-Uni de Grande-Bretagne*, p. 267, concl. Vigouroux), du refus d'exercer la protection diplomatique (CE Sect. 29 janvier 1993, *Mme Bouilliez*, p. 15), de la décision de réintroduire temporairement le contrôle aux frontières intérieures de la zone Schengen (CE 28 décembre 2017, *Association nationale d'assistance aux frontières pour les étrangers*, p. 400) ou des décisions se bornant à appliquer, en France, les stipulations d'un traité (CE Sect. 30 juin 1999, *Guichard*, p. 218). La technique de l'acte détachable connaît cependant d'indiscutables limites (CE 30 décembre 2003, *Comité contre la guerre en Irak*, p. 707) même si l'appréciation du rattachement ou non à l'exercice du pouvoir fédératif n'est pas exempte de considérations d'opportunité qui en obscurcissent parfois la compréhension (CE 23 septembre 1992, *GISTI et MRAP*, p. 346).

Sous-section 2
LE POUVOIR DE SUFFRAGE

En exerçant son droit de vote pour désigner ses représentants et ses gouvernants ou pour adopter certains textes par référendum, le peuple use d'un pouvoir qui ne se rattache exclusivement à aucun des pouvoirs précédemment identifiés. Ce pouvoir est pourtant fondamental dans une démocratie puisque tous les autres s'en réclament, qu'il s'agisse des pouvoirs législatif, exécutif voire juridictionnel. Seul, semble-t-il, Hauriou a mesuré la portée de ce droit d'« assentiment » qui « consiste à accepter ou à ne pas accepter une proposition faite ou une décision prise par un autre pouvoir [1] » et auquel il a donné le nom de *pouvoir de suffrage*. Ce pouvoir, d'ordre politique, appartient au peuple et, bien que distingué des pouvoirs législatif et exécutif, associe ce dernier. Le peuple, compétent pour voter, ne saurait, en effet, organiser lui-même les scrutins et s'en remet pour cela à l'exécutif. Cette intervention, comme précédemment, justifie une certaine compétence des juridictions administratives.

Elle est totale à l'égard des élections au Parlement européen, dont la loi du 7 juillet 1977 attribue le contentieux en premier et dernier ressort au Conseil d'État. Cela inclut la contestation tant de l'organisation que du déroulement des opérations électorales (CE Ass. 3 décembre 1999, *Cotten*, p. 409).

À l'égard des autres scrutins politiques, la jurisprudence ne s'est fixée que tardivement. La difficulté résidait dans le fait que l'actuelle Constitution charge le Conseil constitutionnel de veiller à la régularité de l'élection du Président de la République, des députés et sénateurs et des opérations de référendum.

Retenant comme toujours une interprétation stricte de sa compétence, le Conseil constitutionnel s'estimait initialement compétent pour connaître des seules contestations relatives aux opérations de vote, à l'exclusion des recours dirigés contre des mesures préparatoires aux scrutins (CC 23 décembre 1960, *Le Regroupement national*, p. 67 : à propos d'un référendum). Afin d'éviter un déni de justice, le Conseil d'État en avait déduit sa propre compétence en la matière, les actes en cause étant détachables des opérations électo-

1. M. Hauriou, *Précis de droit constitutionnel*, Sirey, 1929, p. 351.

rales (CE 16 octobre 1995, *Meyet*, p. 802 : à propos d'un référendum). Le Conseil constitutionnel a cependant modifié sa jurisprudence et accepte désormais de connaître des actes préparatoires aux scrutins (référendum : CC 25 juillet 2000, *Hauchemaille* et CC 23 août 2000, *Larrouturou* et *Hauchemaille*, *DA* 2000, chr. n° 16, note Maligner ; élections présidentielles : CC 14 mars 2001, *Hauchemaille*, p. 51). Il généralise ainsi une solution acquise depuis longtemps à l'égard des actes préparatoires aux élections parlementaires (CC 11 juin 1981, *Delmas*, p. 97 ; CC 14 mars 2001, *Hauchemaille*, p. 51).

Comme la Constitution ne lui attribue que le contentieux des opérations de vote elles-mêmes, le Conseil constitutionnel affirme néanmoins le caractère exceptionnel de sa compétence à l'égard des actes préparatoires à ces opérations. Ce caractère exceptionnel explique les strictes conditions posées : en premier lieu, le Conseil constitutionnel n'accepte d'examiner que les recours qui visent les actes pris pour un scrutin déterminé et non les actes qui présentent un caractère permanent. Ces derniers relèvent logiquement de la compétence du juge administratif. En second lieu, le Conseil constitutionnel n'accepte de statuer que si son refus risquerait « de compromettre gravement l'efficacité de son contrôle des opérations électorales, vicierait le déroulement général du vote ou porterait atteinte au fonctionnement normal des pouvoirs publics ». Cela le conduit à décliner régulièrement sa compétence.

L'extension de la compétence du Conseil constitutionnel ne pouvait laisser le Conseil d'État indifférent. Sans se déclarer incompétent, il estime que le recours ouvert devant le Conseil constitutionnel contre les actes préparatoires des scrutins rend irrecevables les recours déposés devant lui (CE Ass. 1er septembre 2000, *Larrouturou, Meyet et autres*, p. 365 ; *RFDA* 2000, p. 989, concl. Savoie : référendum ; CE Sect. 14 septembre 2001, *Marini*, p. 423 ; *AJDA* 2001, p. 858, chr. Guyomar et Collin : élections sénatoriales) : il oppose ainsi une forme d'exception de recours parallèle. Rien ne s'oppose en revanche à ce que le Conseil d'État connaisse des recours qui échappent à la compétence du Conseil constitutionnel (CE 5 avril 2002, *Cazaux*, p. 650 : acte préparatoire à l'élection du président de la République).

La sphère de compétence des juridictions administratives, liée à l'étendue des activités auxquelles concourt le pouvoir exécutif, se détermine logiquement au regard des exigences du principe de séparation des pouvoirs. Elle trouve alors ses limites lorsque est en cause l'activité proprement non administrative d'un autre pouvoir que l'exécutif.

Cette compétence, qui n'est pas définie par le seul critère organique, ne vaut pas, du reste, pour toutes les activités du pouvoir exécutif. Le principe de séparation des autorités interdit aux juridictions administratives de connaître d'activités non administratives dudit pouvoir.

Chapitre II

LES LITIGES METTANT EN CAUSE LE PRINCIPE DE SÉPARATION DES AUTORITÉS

L'interdiction faite, sous la Révolution, aux tribunaux judiciaires de connaître des activités administratives, motivée par le souci de faire respecter scrupuleusement la séparation des pouvoirs exécutif et juridictionnel, supposait qu'en soit définie la portée. Ce ne fut cependant pas le cas, les textes de l'époque se contentant d'exclure de la compétence des tribunaux « ordinaires » les litiges relatifs aux « fonctions administratives », aux « opérations des corps administratifs » (loi des 16-24 août 1790) ou aux « actes d'administrateur de quelque espèce qu'ils soient » (décret du 16 fructidor an III). Ces termes, aptes à justifier l'incompétence en cause au regard du principe de séparation des pouvoirs, étaient en revanche insuffisants pour identifier concrètement les domaines concernés. Ils n'ont donc pas facilité la détermination des affaires soustraites aux juridictions judiciaires et confiées à des organismes administratifs. Que devait-on leur réserver et que devait-on, inversement, soumettre aux juridictions judiciaires ?

Acquérant peu à peu le caractère de juridictions, ces organismes ont tenté, parallèlement au Tribunal des conflits et à l'ordre judiciaire, d'expliciter la volonté des révolutionnaires et d'établir les critères de répartition des compétences. Le principe de séparation des autorités administrative et judiciaire, né de « la conception française de la séparation des pouvoirs », repose ainsi essentiellement, aujourd'hui encore, sur des solutions jurisprudentielles.

Cela explique que les mécanismes de répartition, construits au hasard des espèces et dans le respect de la prohibition des arrêts de règlement, n'aient pas été élaborés à partir des grandes notions concernées, comme celles de fonctions administratives, d'administration ou d'administrateur. Les juges, de peur semble-t-il que des principes trop vastes ne nuisent finalement à leurs sphères de compétence respectives, ont préféré l'impressionnisme, voire le pointillisme, au cubisme ou à l'abstraction.

Qui plus est, la nécessité de susciter l'adhésion a impliqué des concessions réciproques et de patientes retouches. Il ne faut donc pas s'étonner de la subtilité de l'état du droit, peu propice à la synthèse.

Les quelques tentatives pour constituer des blocs de compétence au profit de l'un ou l'autre ordre n'ont guère réussi à améliorer la situation, tant sont fréquentes les interférences entre les principes applicables. Ainsi, le contentieux des services publics industriels et commerciaux, en principe dévolu aux juridictions judiciaires, n'exclut pas quelques hypothèses de compétence administrative. Enfin, aux contradictions entre principes jurisprudentiels s'ajoutent parfois des interventions législatives peu soucieuses de la cohérence de l'ensemble.

La répartition des compétences à propos des litiges qui mettent en cause la séparation des autorités peut néanmoins, au prix de quelques inéluctables approximations, être présentée par l'identification de principes de solution et la mention des dérogations légales qui y sont apportées.

Section I
LES PRINCIPES DE SOLUTION

L'époque est depuis longtemps révolue où l'Administration était considérée comme la seule gardienne de l'intérêt général et la seule gestionnaire de services publics nécessairement soustraits au droit privé. L'immixtion de personnes privées dans la gestion des services publics jointe à la consécration de l'existence de services publics soumis au droit privé ont quelque peu perturbé le système relativement simple de répartition des compétences prôné par l'École du service public (voir *Léon Duguit*, p. 301). Il n'est aujourd'hui plus possible de prétendre (mais le fut-ce un jour ?) que le droit administratif est le droit appliqué par les juges administratifs aux litiges mettant en cause des services publics, c'est-à-dire des personnes publiques.

Les évolutions du rôle de l'État au sein de la société et de ses méthodes d'action se sont logiquement traduites par des analyses moins globalisantes, plus nuancées et donc par une répartition des compétences infiniment plus subtile. L'examen des structures étant désormais moins révélateur, un critère matériel, fondé sur le type d'activités en cause dans chaque litige, est venu compléter le critère organique.

Le déclin de ce dernier, souvent allégué, demeure relatif. Il est peu de litiges, en effet, dont le juge n'est pas déterminé au regard, notamment, de considérations organiques. La fréquente simplicité de leur mise en œuvre fait qu'elles ne sont pas toujours explicitées en jurisprudence, alors même qu'elles fondent largement la solution. Par ailleurs, le critère organique s'est renouvelé, tenant compte de la collaboration désormais courante de personnes privées à l'action administrative. Il se concrétise ainsi, plus modestement mais aussi plus subtilement, par l'existence d'un rattachement organique entre les activités confiées à ces personnes privées et une autorité publique, ultime responsable de ces activités.

La combinaison contemporaine des critères, privilégiant l'aspect matériel mais ne négligeant pas les incidences fort nombreuses de l'élément organique, reflète suffisamment l'état du droit pour être retenue ici. Elle conduit à présenter les principes de répartition des compétences selon qu'ils concernent le contentieux des actes, celui des services publics ou, expression imprécise, les contentieux réservés au juge judiciaire.

Sous-section 1
Le contentieux des actes

Le contentieux des actes bénéficie de la consécration de blocs de compétence relativement bien définis et protégés. En supposant maîtrisée la distinction entre les actes administratifs et les actes de droit privé [1], la solution est simple : au juge judiciaire, la contestation des actes de droit privé, au juge administratif, celle des actes administratifs.

A. Le contentieux des actes administratifs

Conformément à la logique, ce contentieux appartient pour l'essentiel au juge administratif, sans interdire cependant des hypothèses de compétence concurrente ou exclusive des juridictions judiciaires. Parmi celles-ci, quelques-unes se rapportent au contentieux des services publics ou aux contentieux réservés « par nature » à l'autorité judiciaire et résultent de l'interférence entre plusieurs principes jurisprudentiels : elles seront évoquées plus loin. D'autres, en revanche, doivent l'être

1. Développée au tome 2 de cet ouvrage.

d'emblée, parce que, d'origine législative, elles perturbent véritablement le jeu du principe de séparation des autorités. L'état du droit relatif à la compétence à l'égard des actes administratifs conduit à distinguer les contentieux par voie d'action et d'exception.

1. Le contentieux par voie d'action

Il a déjà été souligné que le juge administratif est constitutionnellement compétent pour connaître des recours en annulation ou en réformation dirigés contre les décisions administratives émanant d'autorités publiques (CC 86-224 DC du 23 janvier 1987, p. 8 ; *RDP* 1987, p. 1341, note Gaudemet ; *RFDA* 1987, p. 287, note Genevois ; *GAJA*, n° 82).

Cela vise les *recours par voie d'action*, c'est-à-dire les recours exercés directement contre de tels actes aux fins d'en obtenir la disparition *ex nihilo* et *erga omnes* (l'*annulation*) ou, plus modestement, la modification totale ou partielle (la *réformation*). La protection constitutionnelle ne recouvre néanmoins pas toute la compétence des juridictions administratives en matière de recours par voie d'action contre les actes administratifs. Le champ de cette compétence déborde largement le domaine délimité par le Conseil constitutionnel.

Relèvent ainsi de la compétence des juges administratifs, mais sans garantie constitutionnelle, les recours en annulation (autrefois dénommés recours en déclaration de nullité) des contrats administratifs, sauf éventuelle dérogation textuelle. La difficulté est ici de qualifier le contrat contesté [1] et non de déterminer le juge compétent, impliqué par la qualification retenue. L'exclusion de ce contentieux de la garantie constitutionnelle paraît s'expliquer par le fait que l'usage du

---

1. Sur ce passage et ce qui suit, on se reportera au tome 2 de cet ouvrage.

contrat par des personnes publiques, signe de renoncement aux procédés de puissance publique, justifie moins l'application du droit administratif et donc la compétence des juges administratifs. Cela n'empêche pas ceux-ci d'être les seuls à en connaître, en application du principe de séparation des autorités.

Échappent également à la protection constitutionnelle, mais pas à la compétence des juges administratifs, les recours par voie d'action dirigés contre les décisions administratives émanant de personnes privées. Cette atténuation du critère organique est admise, sous conditions, depuis fort longtemps (CE 31 juillet 1942, *Monpeurt*, p. 239 ; *RDP* 1943, concl. Ségalat, note Bonnard ; *GAJA*, n° 48). La qualité de décisions administratives des actes en cause justifie la compétence des juges administratifs, alors que la nature de personne privée de leur auteur conduit le Conseil constitutionnel à ne pas inclure cette compétence dans la compétence constitutionnellement reconnue de ces juges.

Le bloc de compétence dont bénéficie la juridiction administrative à l'égard du contentieux direct des actes administratifs n'est cependant pas étanche. Même dans le champ de la protection constitutionnelle, des dérogations peuvent profiter, selon le Conseil constitutionnel, aux juridictions judiciaires. Le législateur peut les instituer dans un « souci de bonne administration de la justice » pour unifier la compétence au sein de l'ordre juridictionnel principalement intéressé par la matière litigieuse. Ainsi s'explique la compétence dévolue à la Cour d'appel de Paris à l'égard de tout ou partie des décisions prises par l'Autorité de la concurrence, l'Autorité des marchés financiers, l'Autorité de régulation des communications électroniques et des postes ou la Commission de régulation de l'énergie, autorités administratives indépendantes prenant des décisions administratives [1]. De même, mais pour des raisons

1. P. Delvolvé, « La Cour d'appel de Paris, juridiction administrative », *Mélanges J.-M. Auby*, Dalloz, 1992, p. 47.

historiques contingentes, le contentieux des impôts indirects est attribué au juge judiciaire fiscal. Saisi de la contestation d'actes individuels d'imposition, décisions administratives, il est autorisé à en prononcer l'annulation.

2. Le contentieux par voie d'exception

Alors que dans un recours par voie d'action l'acte administratif est l'objet même du litige, dans une contestation par voie d'exception la critique de l'acte n'est qu'incidente, accessoire nécessaire à l'issue d'un litige. Cela se traduit concrètement par la seule *déclaration d'illégalité* de l'acte qui, n'étant pas annulé, reste dans l'ordonnancement juridique. La limitation, par le Conseil constitutionnel, de la compétence constitutionnelle des juridictions administratives aux hypothèses d'annulation ou de réformation, contentieux par voie d'action, n'interdit pas, là encore, que la connaissance des exceptions d'illégalité des actes administratifs soit réservée à ces juridictions.

C'est évidemment le cas lorsque le litige principal est de la compétence du juge administratif. Une juridiction administrative est alors autorisée à statuer sur l'exception d'illégalité – qui constitue pour elle une simple *question préalable*, et non pas une question préjudicielle –, quand bien même la contestation par voie d'action de cet acte aurait relevé d'une autre juridiction administrative.

La compétence pour connaître d'une exception d'illégalité d'un acte administratif n'est source de difficultés que lorsque le litige principal se présente devant une juridiction judiciaire. Le principe de séparation des autorités devrait contraindre cette juridiction à surseoir à statuer et à renvoyer les parties faire trancher la question préjudicielle par la juridiction administrative compétente. L'état du droit fait cependant une distinction selon que le juge du principal est un juge judiciaire répressif ou non.

Le juge judiciaire non répressif (civil, commercial ou social) est en principe incompétent pour apprécier par voie d'exception la légalité des actes administratifs, unilatéraux ou contractuels, intervenant dans les litiges dont il est saisi. Le principe de séparation des autorités trouve ici à s'appliquer (TC 16 juin 1923, *Septfonds*, p. 498 ; *D.* 1924, III, p. 41, concl. Matter), mais dans des conditions pour le moins nuancées. Il est d'abord écarté classiquement en matière d'impôts indirects (TC 7 décembre 1998, *District de l'agglomération rennaise*, p. 551 ; *D.* 1998, J, p. 179, concl. Sainte-Rose). Par ailleurs, cédant à la pression de la Cour de cassation, le Tribunal des conflits considère désormais que les juridictions judiciaires non répressives sont compétentes pour apprécier la compatibilité des actes administratifs avec le droit de l'Union européenne (TC 17 octobre 2011, *SCEA du Chéneau*, *RFDA* 2011, p. 1122, concl. Sarcelet, notes Seiller et Roblot-Troizier ; *GAJA*, n° 109). Par ce même arrêt, allant au-delà des prétentions judiciaires, il a également admis que ces mêmes juridictions puissent constater l'illégalité manifeste, au vu d'une jurisprudence établie, des actes administratifs. Lorsque c'est seulement l'interprétation de l'acte administratif qui est en cause, elle peut être donnée par le juge non répressif mais uniquement s'il s'agit d'un acte réglementaire.

Le juge judiciaire répressif bénéficie pour sa part d'une plénitude de compétence, incluant les problèmes d'interprétation et s'étendant à l'appréciation de la légalité des actes administratifs dont dépend la solution du procès pénal. Aujourd'hui consacrée par une disposition du Code pénal (article 111-5), cette faculté ne repose sur aucune justification convaincante alors même qu'elle déroge au principe de séparation. Tout au plus est-il possible de lui trouver comme origine une interprétation particulièrement extensive d'une vieille disposition (reprise dans tous les codes pénaux depuis 1832) et d'invoquer la nécessité pour le juge répressif de maîtriser tous les éléments du procès afin de statuer dans des délais raisonnables, ce qu'empêcherait le renvoi d'une question préjudicielle à l'ordre administratif.

Jusqu'à l'intervention du législateur pour codifier la question en 1992, un désaccord opposait le Tribunal des conflits et la chambre criminelle de la Cour de cassation. Le premier reconnaissait certes la plénitude de juridiction du juge pénal, mais en limitait la compétence à l'appréciation de la légalité des seuls actes réglementaires, qu'ils servent de fondement à la poursuite ou qu'ils soient invoqués comme moyen de défense (TC 5 juillet 1951, *Avranches et Desmarets*, p. 638). La chambre criminelle, quant à elle, reconnaissait la compétence des juges répressifs pour apprécier la légalité de tous les actes administratifs, réglementaires ou individuels, mais à la condition qu'ils soient invoqués comme fondement des poursuites (Cass. crim. 21 décembre 1961, *Bull. crim.*, n° 551 ; *JCP*, 1962, II, 12680, note Lamarque).

B. Le contentieux des actes de droit privé

Comme le juge administratif est seul compétent, sauf exceptions, pour connaître des actes administratifs, qu'ils soient contestés directement ou incidemment, le juge judiciaire est seul compétent pour apprécier le sens ou la validité d'actes de droit privé. Cela concerne les contrats ou les actes unilatéraux, plus rares en droit privé.

Le respect du principe de séparation des autorités contraint d'abord le juge administratif à refuser de connaître de recours directs dirigés contre des actes de droit privé (TC 19 janvier 1998, *Mlle Romain*, p. 815).

Il doit également surseoir à statuer et renvoyer les parties à faire trancher les difficultés d'appréciation de validité ou d'interprétation des actes de droit privé nécessaires à la solution des litiges dont il est saisi au principal. Il en va ainsi, par exemple, lorsque l'appréciation de titres de propriété conditionne l'appartenance d'un bien au pétitionnaire d'un permis de construire (CE 10 décembre 1997, *Carbonel*, *JCP* 1998, IV, 1436) ou au domaine public (CE Sect. 16 novembre 1960, *Commune du Bugue*, p. 627). En réaction à la jurisprudence SCEA du Chéneau précitée et par souci de symétrie, le juge administratif s'est reconnu néanmoins la compétence pour constater lui-même l'illégalité manifeste, au vu d'une jurisprudence établie, des actes de droit privé ou leur incompatibilité avec des dispositions du droit de l'Union européenne (CE Sect. 23 mars 2012, *Fédération Sud Santé Sociaux*, p. 102, concl. Landais ; *DA* 2012, n° 56, obs. Melleray). Cette solution, de portée générale, a été consacrée à propos des recours pour excès de pouvoir contre les arrêtés prononçant l'extension ou l'agrément de conventions ou d'accords collectifs de travail.

Par l'effet de la jurisprudence SCEA du Chéneau et de son contrecoup, la répartition des compétences entre les deux ordres de juridiction est aujourd'hui relativement complexe en matière d'appréciation de la légalité des actes administratifs ou de droit privé. Les exigences du principe de séparation des autorités s'inclinent devant la préoccupation de limiter les hypothèses dans lesquelles l'exception d'illégalité d'un acte échappe à la compétence du juge saisi de l'action principale. Les questions préjudicielles constituent, il est vrai, un incident de procédure source de difficultés et de ralentissement de celle-ci.

Sous-section 2

LE CONTENTIEUX DES SERVICES PUBLICS

La spécificité de l'action administrative réside dans sa finalité : elle tend à la poursuite prioritaire de l'intérêt général. Une telle mission se réalise par l'organisation de services publics. Cette notion, essentielle en droit administratif dans la mesure où elle en irrigue les principales branches [1], intervient également comme critère matériel de répartition des compétences entre les juridictions administrative et judiciaire. L'état du droit est néanmoins passablement obscurci par l'interférence d'autres éléments.

Les juges restent tout d'abord attachés à la qualité de l'organe gestionnaire du service public, c'est-à-dire au critère organique. La gestion de services publics par des personnes privées autorise à limiter la soumission au droit public des litiges qu'elle peut susciter. Suivant le principe selon lequel la compétence suit le fond, il en résulte une compétence seulement partielle des juridictions administratives sur l'activité de tels services publics.

Par ailleurs, l'immixtion croissante de l'État, au nom de l'intérêt général, dans la vie économique et sociale a conduit à distinguer deux catégories de services publics. Cette distinction sera approfondie au tome 2 de cet ouvrage, mais elle doit être d'ores et déjà évoquée puisqu'elle influe largement sur la répartition des compétences juridictionnelles. Pour schématiser, certains services publics, conformes aux missions fondamentales de l'État et symbolisant la spécificité de la puissance publique, sont dits *administratifs*. Le droit qui les régit ne saurait être le droit commun mais le droit administratif, appliqué, le cas échéant, par les juridictions administratives. Les autres conservent une finalité d'intérêt

1. Voir le tome 2 de cet ouvrage.

général mais, témoignant de préoccupations plus économiques et donc plus proches des activités du secteur privé, rendent moins légitimes l'utilisation de ce droit exorbitant qu'est le droit administratif et la compétence des juridictions administratives. Leur dénomination – *services publics industriels et commerciaux* – reflète leur statut hybride.

La qualité de service public ne suffit donc pas à déterminer le juge compétent pour statuer en cas de litige. Encore faut-il savoir quel type de service public est en cause et quelle est la nature de l'organe gestionnaire.

La combinaison de ces deux critères conduit logiquement à faire apparaître quatre séries de principes, chacun affecté de dérogations plus ou moins nombreuses.

Avant de les évoquer en privilégiant le critère organique, il importe de souligner que les développements suivants porteront principalement sur les solutions spécifiques au contentieux des services publics. En conséquence, ne seront rappelées que pour mémoire les hypothèses, non marginales, dans lesquelles la compétence est déterminée en fonction des actes contestés et pris dans le cadre de la gestion d'un service public. Sera donc ici principalement traitée la compétence à l'égard de la gestion matérielle des services publics. Il s'agit d'un plein contentieux tendant à la réparation des dommages causés par ces activités.

A. Les services publics gérés par des personnes privées

À leur égard se manifeste certainement l'affaiblissement du critère organique de compétence, puisqu'ils peuvent être soumis au droit administratif et aux juridictions administratives alors même que, par hypothèse, aucune personne publique n'est en cause. C'est alors le critère matériel, la gestion d'un service public, qui l'emporte. Mais affaiblissement ne signifie pas effacement. D'une part, nous le verrons, une personne privée ne gère jamais un service public que sur habilitation d'une personne publique, le critère organique persistant donc indirectement. D'autre part, l'application du droit administratif n'est que très partielle, la forme privée du gestionnaire contraignant à réserver une place prépondérante au droit privé dans le contentieux des services en cause.

Bien que relevant d'un manuel d'institutions administratives, un bref rappel liminaire de la distinction entre personnes publiques et privées est ici indispensable. Traditionnellement, le droit public ne connaissait que trois catégories de *personnes publiques* : l'État, les collectivités locales et les établissements publics, les deux premières se distinguant principalement de la troisième par leur assise territoriale et leur vocation non spécialisée. Toute autre forme d'organisation sociale ne pouvait, dans le schéma classique, être qu'une personne privée.

Sans remettre fondamentalement en cause cette conception, la jurisprudence contemporaine tend à reconnaître l'existence de personnes publiques *sui generis*, c'est-à-dire échappant (pour l'instant ?) à toute classification. La Banque de France (CE 22 mars 2000, *Syndicat national autonome du personnel de la Banque de France*, p. 125 ; *AJDA* 2000, p. 466, chr. Guyomar et Collin), les groupements d'intérêt public (TC 14 février 2000, *GIP « Habitat et interventions sociales pour les mal-logés et les sans-abris »*, p. 748 ; *AJDA* 2000, p. 465, chr. Guyomar et Collin) et les « autorités publiques indépendantes » (variété d'autorités administratives indépendantes dotées, par exception, de la personnalité morale à l'instar de l'Autorité des marchés financiers) composent cette catégorie « fourre-tout ».

L'identification de ces personnes publiques d'un quatrième type étant relativement aisée (tout comme celle de l'État et des collectivités locales), la distinction entre personne privée et personne publique n'en est pas rendue plus complexe. Elle revient à savoir différencier une personne privée d'un établissement public.

En l'absence, hélas fréquente, de toute désignation textuelle sur la nature de la personne morale à qualifier, le juge administratif a élaboré une méthode d'analyse adaptée à l'extrême diversité des situations. Souhaitant éviter toute source de rigidité, il privilégie le rassemblement d'indices plutôt que la vérification du respect de critères prédéterminés. La technique du « faisceau d'indices » lui permet ainsi de faire prévaloir la coloration prépondérante de l'organe à qualifier. L'origine de ce dernier, l'organisation de ses rapports avec la puissance publique, son organigramme, la détention de prérogatives de puissance publique (monopole, adhésion obligatoire, pouvoir d'action unilatérale...) sont autant d'indices déterminant l'appréciation. Par sa souplesse, la méthode permet cependant au juge d'évaluer souverainement le poids respectif des indices et donc de retenir une qualification non exempte d'opportunisme (CE 4 avril 1962, *Chevassier*, p. 244 : à propos des fédérations départementales de chasseurs). Il faut par ailleurs souligner que si la balance penche vers la qualité de personne privée, celle-ci sera toujours gestionnaire d'un service public sinon sa qualification d'établissement public n'aurait même pas été envisagée dans la mesure où les établissements publics gèrent toujours un service public. Il n'existe que très peu d'exceptions à ce principe (par exemple, les associations syndicales de propriétaires autorisées ou constituées d'office).

Dès lors qu'un service public est géré par une personne privée, la compétence pour connaître des litiges liés à son activité est assez simplement déterminée. Quel que soit le type de service public géré – service public administratif ou industriel et commercial –, la qualité de la personne gestionnaire l'emporte et conduit à attribuer les litiges au juge judiciaire. Cette solution confirme la persistance évoquée *supra* du critère organique, dont l'incidence est ici négative.

La compétence judiciaire n'est toutefois que de principe. Quatre dérogations bénéficient au juge administratif. La première n'est citée que pour mémoire, puisqu'elle porte sur les éventuels actes administratifs, unilatéraux ou contractuels, que peuvent prendre les personnes privées gestionnaires d'un service public, qu'il soit administratif ou industriel et commercial. Les conditions dans lesquelles de tels actes peuvent émaner de personnes privées seront exposées à l'occasion de l'étude des actes administratifs, au tome 2 de cet ouvrage. Il convient néanmoins de souligner ici que tant les recours pour excès de pouvoir dirigés contre les actes administratifs unilatéraux édictés par des personnes privées gestionnaires de services publics que les actions en responsabilité qui peuvent découler de l'usage par celles-ci des prérogatives de puissance publique qu'elles détiennent pour mener à bien leur mission de service public (administratif ou industriel et commercial) relèvent de la compétence des juridictions administratives (CE Sect. 21 décembre 2007, *Mme Lipietz*, p. 540). La deuxième dérogation concerne la réparation des dommages causés par les travaux publics réalisés par la personne privée. En cette matière, la nature du service public géré est prise en considération. En effet, si la compétence administrative est absolue en cas de service public administratif, la consécration d'un bloc de compétence judiciaire pour les relations entre un service public industriel et commercial et ses usagers (TC 10 octobre 1966, *Dame Veuve Canasse*, p. 834), conduit à limiter, pour ces services publics, la compétence des juridictions administratives aux dommages de travaux publics causés par un tel service à des tiers (CE Sect. 25 avril 1958, *Dame Veuve Barbaza*, p. 228). En ce cas, la règle, autrefois posée par l'article 4 de la loi du 28 pluviôse an VIII (abrogée par une ordonnance du

21 avril 2006), qui attribue la connaissance du contentieux des travaux publics au juge administratif, reprend ses droits. La troisième dérogation vise le contentieux de l'élection des membres des organes de la plupart des ordres professionnels, personnes privées chargées d'une mission de service public. La quatrième dérogation est circonstancielle : si, en principe, les personnes privées n'emploient que des agents privés, il peut en aller autrement en vertu de textes législatifs. Les litiges opposant des fonctionnaires employés par la personne privée relèveront alors de la compétence des juridictions administratives (c'est le cas de certains agents d'Orange ou de la SNCF).

B. Les services publics gérés par des personnes publiques

L'analyse organique inclinerait à soumettre le contentieux de ces services publics au juge administratif. Le droit applicable aux activités des personnes publiques, vecteurs de l'intérêt général, ne saurait être le droit commun. Le principe de séparation des autorités devrait en conséquence jouer pleinement au profit des juridictions administratives.

Cette conception, indiscutée jusqu'au début du XXe siècle, a logiquement évolué sous la pression des réalités. Certes, les personnes publiques sont les seules à rechercher prioritairement la satisfaction de l'intérêt général. Toutefois, les circonstances, telles que les conflits mondiaux ou les crises économiques, ont contraint la puissance publique à intervenir de plus en plus largement dans les secteurs industriels et commerciaux. L'intérêt général commandait alors un certain dirigisme, voire une action directe de l'État en matière économique. L'État providence apparut ainsi aux côtés du traditionnel État gendarme, voué à la police des relations sociales et à la gestion des services publics inhérents ou étroitement liés à la structure étatique (impôts, justice, diplomatie, sécurité) et de quelques autres essentiels (transports, poste, voirie...). Les transformations du rôle de l'État et la diversification de ses responsabilités ne pouvaient que se traduire juridiquement. Le principe de séparation des autorités, conçu pour protéger l'*imperium* étatique, la puissance publique, en lui assurant un droit spécifique appliqué par des juridictions particulières, dut épouser les évolutions constatées.

Sans remettre en cause le principe d'une action publique tournée vers l'intérêt général, la jurisprudence opéra une distinction au sein de la notion jusque-là homogène de service public. À côté des services publics classiques, soumis aux droit et juridiction administratifs, apparurent les services publics industriels et commerciaux, dont la vocation et l'organisation, proches de celles des entreprises privées, justifièrent une soumission au droit privé et donc aux juridictions judiciaires (TC 22 janvier 1921, *Société commerciale de l'Ouest africain*, dit « Bac d'Eloka », p. 91 ; *D.* 1921, III, p. 1, concl. Matter ; *GAJA*, n° 34).

La distinction entre les services publics administratifs et les services publics industriels et commerciaux, approfondie plus loin, devait être évoquée ici pour éclairer la répartition des compétences en matière de services publics gérés par des personnes publiques. Le critère organique est en effet insuffisant aujourd'hui pour refléter l'état du droit.

La compétence des juridictions administratives à l'égard des litiges provoqués par les services publics administratifs est générale et inclut les litiges avec les agents (TC 25 mars 1996, *Berkani*, p. 535, concl. Martin), les usagers (TC 15 mars 1999, *Mme Pristupa*, p. 444) ou les tiers (TC 15 novembre 1999, *Comité d'expansion de la Dordogne*, p. 479 ; *AJDA* 1999, p. 992, chr. Fombeur et Guyomar). La compétence vaut tant pour le contentieux des actes unilatéraux ou contractuels émanant de la personne publique gestionnaire que pour les actions tendant à la mise en cause de sa responsabilité du fait de ses activités. Il est à souligner que lorsqu'un dommage a été causé par un ouvrage public ou des travaux publics, la règle issue de l'ancien article 4 de la loi du 28 pluviôse au VIII l'emporte et fonde la compétence, ce qui permet l'application des règles de la responsabilité propres aux litiges de travaux publics (TC 15 mars 1999, *Mme Pristupa*, préc.).

Quant au contentieux des services publics industriels et commerciaux gérés par des personnes publiques, il est plus émietté, conséquence de la primauté donnée, selon les situations, au critère organique ou au critère matériel.

1. Les relations avec les usagers

À l'image des rapports d'une entreprise privée avec ses clients, les relations entre un service public industriel et commercial et ses usagers sont toujours de droit privé. « En raison des liens existant entre un tel service et ses usagers, lesquels sont des liens de droit privé, les tribunaux judiciaires sont seuls compétents pour connaître de l'action formée par un usager » (TC 17 octobre 1966, *Dame Veuve Canasse*, p. 834).

Il est cependant entendu, une fois encore, que la compétence sera administrative si le recours est dirigé contre un acte administratif unilatéral témoignant de l'usage de prérogatives de puissance publique (TC 19 janvier 1998, *Syndicat français de l'Express international*, p. 534 ; *RFDA* 1999, p. 189, note Seiller), ou encore si un tel acte est mis en cause par voie d'exception à l'occasion d'un litige porté par l'usager devant le juge judiciaire (avec les nuances précédemment exposées à propos des actes administratifs).

Sous cette seule réserve, le bloc de compétence judiciaire tient en échec divers éléments ordinairement favorables aux juridictions administratives. En premier lieu, les contrats passés par la personne publique gestionnaire et ses usagers sont toujours de droit privé (CE Sect. 13 octobre 1961, *Établissements Campanon-Rey*, p. 567), même s'ils contiennent des clauses exorbitantes du droit commun [1]. Les juges judiciaires sont de toute façon seuls compétents, même s'il n'existe aucun contrat entre l'usager et la personne publique. En second lieu, la règle de compétence administrative découlant de l'article 4 de la loi du 28 pluviôse an VIII est neutralisée lorsque le dommage de travaux publics ou lié à un ouvrage public est subi par un usager du service public industriel et commercial. La qualité d'usager d'un tel service l'emporte sur celle de victime d'un dommage de travaux publics (TC 24 juin 1954, *Dame Galland*, p. 717 ; CE Sect. 11 juillet 2001, *Société des eaux du Nord*, *CJEG* 2001, p. 496, concl. Bergeal). L'exception à la compétence administrative ne vaut toutefois que dans la mesure où la victime était bien usager du *service*, et non pas des seuls ouvrages utilisés par celui-ci. Les deux qualités peuvent, en effet, être découplées lorsque les ouvrages publics du service sont ouverts à d'autres utilisations que celles dudit service. En ce cas, la victime de l'ouvrage, envisagée comme un tiers par rapport au service, doit s'adresser aux juridictions administratives (CE Sect. 24 novembre 1967, *Delle Labat*, p. 444).

Ce dernier point illustre l'importance de la qualification d'usager du service public industriel et commercial. Quels que soient les termes du litige, selon que la qualité d'usager sera retenue ou non, le juge judiciaire pourra être compétent ou incompétent. La jurisprudence retient une conception large de cette notion et renforce d'autant le bloc de compétence judiciaire. Ainsi l'utilisateur

1. Voir le tome 2 de cet ouvrage.

frauduleux, comme un voyageur sans titre de transport (TC 5 décembre 1983, *Niddam*, p. 541), ou l'individu sur le point de devenir usager, tel celui qui sollicite le raccordement de son habitation aux réseaux de distribution d'énergie (CE 21 avril 1961, *Veuve Agnesi*, p. 253), sont-ils considérés comme des usagers.

Encore faut-il, en toutes ces hypothèses, que la contestation porte sur la fourniture aux intéressés eux-mêmes des prestations du service public. La personne victime d'un dommage indirectement causé par le service public, dont elle est usager en d'autres circonstances (CE 9 février 2000, *Commune de Fresnes*, p. 46), ne pourra pas plus se prévaloir de cette qualité que celle qui utilise un service public comme préposé de l'usager officiel (CE Sect. 25 avril 1958, *Dame Veuve Barbaza*, p. 228).

2. Les relations avec les tiers et les agents

Le contentieux qui oppose les tiers aux services publics industriels et commerciaux gérés par les personnes publiques est, du point de vue de la compétence, moins unifié que celui qui met en cause les usagers. Si le principe est l'affirmation de la compétence judiciaire (TC 11 juillet 1933, *Dame Mélinette*, p. 1237, concl. Rouchon-Mazerat), il y est cependant dérogé lorsque est contesté un acte administratif pris par le service public dans l'exercice de prérogatives de puissance publique (TC 22 novembre 1993, *Matisse*, p. 410). Il en va de même en cas de dommage causé par un ouvrage public ou des travaux publics (TC 17 décembre 2007, *EDF*, p. 759). La compétence administrative, issue de la loi du 28 pluviôse an VIII, déploie alors ses effets au profit de la juridiction administrative, « que le dommage invoqué résulte de l'existence même de l'ouvrage ou qu'il ait pour cause les conditions dans lesquelles le fonctionnement de cet ouvrage a été assuré » (CE Sect. 25 avril 1958, *Dame Veuve Barbaza*, préc.).

Bien que géré par une personne publique, un service public industriel et commercial n'emploie pas seulement des agents publics. C'est même le principe inverse qui ressort de la jurisprudence. Celle-ci réserve aux juridictions judiciaires la connaissance des litiges individuels concernant les agents contractuels de ces services (CE Sect. 8 mars 1957, *Jalenques de Labeau*, p. 157 ; *D.* 1957, J, p. 378, concl. Mosset).

Toutefois, le principe a été assorti d'une dérogation systématique. Elle visait initialement les agents exerçant « à la tête du service des fonctions de direction », ainsi que le chef de la comptabilité s'il possédait la qualité de comptable public (CE Sect. 25 janvier 1952, *Boglione*, p. 55). L'arrêt Jalenques de Labeau, tout en maintenant la compétence des juridictions administratives à l'égard de l'éventuel comptable public, a restreint l'autre branche à l'agent « qui est chargé de la direction de l'ensemble des services ». Depuis lors, deux agents seulement peuvent relever de la compétence des tribunaux administratifs, les autres ressortissent aux conseils de prud'hommes.

À cette première exception s'ajoutent les recours dirigés contre des actes administratifs réglementaires tendant à l'organisation du service (TC 15 janvier 1968, *Époux Barbier*, p. 789, concl. Kahn ; *GAJA*, n° 77 ; CE 11 février 2010, *Mme Borvo*, p. 18). Il convient également de mentionner les litiges d'ordre individuel concernant d'éventuels agents publics en fonction auprès de la personne publique gestionnaire du service public industriel et commercial. Des dispositions législatives peuvent, en effet, avoir réservé cette possibilité (loi du 2 juillet 1990 pour les agents de La Poste) et déroger, au profit des juridictions administratives, au principe jurisprudentiel (CE Ass. 29 janvier 1965, *L'Herbier*, p. 60).

La répartition des compétences en matière de contentieux des services publics, combinant une analyse organique et une analyse matérielle, offre quelque subtilité malgré les tentatives d'ériger certains blocs de compétence. Un constat identique ressort de l'étude des autres contentieux en principe réservés au juge judiciaire.

Sous-section 3
LES CONTENTIEUX RÉSERVÉS AU JUGE JUDICIAIRE

Le présent paragraphe vise à rassembler un certain nombre de contentieux dévolus en principe aux juridictions judiciaires et qui ne s'intègrent pas aux hypothèses précédentes (actes de droit privé, contentieux des services publics gérés par des personnes privées, contentieux des services publics industriels et commerciaux gérés par des personnes publiques). Force est de reconnaître l'hétérogénéité des développements qui vont suivre, que ne suffit pas à masquer l'idée que certains chefs de compétence seraient « naturels », ainsi que les désigne le Conseil constitutionnel (CC 86-224 DC du 23 janvier 1987, p. 8 ; *RDP* 1987, p. 1341, note Gaudemet ; *RFDA* 1987, p. 287, note Genevois ; *GAJA*, n° 82).

A. La gestion du domaine privé

Comme toute personne juridique, qu'elle soit physique ou morale, les personnes publiques sont titulaires de droits et obligations et disposent d'un patrimoine. Celui-ci, le domaine, est étudié dans le cadre du droit administratif des biens enseigné en troisième année de licence, mais il appelle d'ores et déjà quelques indications. En effet, selon la nature publique ou privée de la parcelle domaniale à l'origine d'un litige, la compétence variera. Selon la définition donnée par l'article L 2111-1 du Code général de la propriété des personnes publiques, le domaine public d'une personne publique est constitué des biens lui appartenant qui sont soit affectés à l'usage direct du public, soit affectés à un service public pourvu qu'en ce cas, ils fassent l'objet d'un aménagement indispensable à l'exécution des missions de ce service public. Leur finalité d'intérêt général justifie un régime juridique très protecteur dont la sanction est confiée aux juridictions administratives. Les biens des personnes publiques qui ne répondent pas à cette définition relèvent du *domaine privé* et leur contentieux des juridictions judiciaires. L'exemple type en sont les forêts domaniales que l'État ou les collectivités locales gèrent comme feu le « bon père de famille » du Code civil gère son patrimoine.

Traditionnelle, la compétence judiciaire à l'égard du contentieux du domaine privé supporte néanmoins quelques tempéraments non négligeables. En premier lieu, si la gestion du domaine privé ne constitue pas, en elle-même, un service public, du fait de sa finalité principalement patrimoniale, le domaine privé peut toutefois accueillir certains services publics. C'est notamment le cas de la protection et de la mise en valeur des forêts pour des préoccupations de sauvegarde de l'environnement. Le contentieux de ces activités de service public, qui se détachent de la gestion *stricto sensu* du domaine privé, appartient aux juridictions administratives dans les conditions présentées au paragraphe précédent (CE 3 mars 1975, *Courrière*, p. 165). En deuxième lieu, de même qu'il peut exceptionnellement être le siège d'activités de service public administratif, le domaine privé peut supporter des ouvrages publics ou donner lieu à des travaux publics. Il en est ainsi lorsque leur finalité n'est pas la seule exploitation du domaine mais, plus largement, de servir l'intérêt général comme pour les routes forestières ouvertes à la circulation générale (TC 5 juillet 1999, *Menu*, p. 458). La règle instituée par l'article 4 de la loi du 28 pluviôse an VIII implique que le contentieux en soit attribué aux juridictions administratives. En troisième et dernier lieu, la jurisprudence administrative utilise également le concept d'acte détachable de la gestion du domaine privé pour soustraire à la compétence judiciaire la connaissance de nombreuses décisions administratives, comme celle de vente d'une parcelle (CE Sect. 10 mars 1995, *Ville de Digne*, p. 123 ; *GJEG* 1995, p. 192, concl. Savoie) ou celle déterminant les modalités d'accès des tiers aux dépendances domaniales (CE 30 mai 1947, *Sussel et Bille*, p. 236).

L'usage parfois audacieux qu'ont pu faire les juridictions administratives de la notion d'acte détachable perturbe la présentation traditionnelle du contentieux du domaine privé. Le Tribunal des conflits a paru vouloir en restreindre l'usage à propos des contrats (de droit privé) relatifs au domaine privé. Il a ainsi confié au juge judiciaire le recours contre la décision refusant de renouveler un tel contrat (TC 22 novembre 2010, *SARL Brasserie du Théâtre c/ Commune de Reims*, p. 590 ; *BJCP*, concl. Collin ; *AJDA* 2010, p. 2423, chr. Botteghi et Lallet). Dans l'état actuel du droit, les actes qui modifient le périmètre ou la consistance du domaine privé se détachent de sa gestion. Leur contestation relève dès lors de la compétence de la juridiction administrative (TC 15 mai 2017, *SA ERDF*, req. C4079).

B. Les contentieux réservés « par nature » au juge judiciaire

L'expression provient de la célèbre décision du 23 janvier 1987 par laquelle le Conseil constitutionnel a consacré le domaine de compétence constitutionnellement garanti des juridictions administratives et désigne l'une des deux séries de dérogations admises à cette compétence. Faute de toute précision, il incombe à la doctrine de procéder à l'identification des matières visées.

Bien que rarement évoqués à ce sujet, en relèvent fort logiquement les recours dirigés contre les personnes privées totalement étrangères à l'activité administrative. Ce chef de compétence exclut donc les personnes privées gérant un service public (TC 15 mars 1999, *Schmitt*, p. 443), effectuant des travaux publics (TC 24 novembre 1997, *Société de Castro*, p. 540) ou sur lesquelles pèse une créance de nature administrative (CE 17 décembre 1999, *Moine*, p. 425).

La doctrine s'accorde plutôt pour intégrer dans les matières relevant « par nature » de la compétence judiciaire le droit des personnes ainsi que la protection de la propriété et des droits fondamentaux.

1. Le droit des personnes

Les questions de droit des personnes relèvent assurément du droit privé, qui les soumet notamment au Code civil. Cela inclut les questions d'état et de capacité, celles de nationalité ou d'électorat des individus. En conséquence, les juridictions administratives sont incompétentes pour en connaître lorsqu'elles se posent à l'occasion d'un litige dont elles sont saisies. La question préjudicielle ainsi constituée doit être renvoyée à l'appréciation des juridictions judiciaires. L'article 29 du Code civil attribue ainsi à la seule juridiction civile de droit commun la connaissance des contestations sur la nationalité française ou étrangère des personnes physiques. Le juge administratif se reconnaît dès lors incompétent pour statuer sur une question incidente de nationalité (CE 7 octobre 1996, *Amado Torres*, *D.* 1998, SC, p. 14, obs. Julien-Laferrière). Il n'est pas rare, notamment en droit des étrangers, que la solution d'un procès administratif dépende ainsi de la filiation (CE 26 janvier 2018, *Mme A.*, req. n° 408256), de la capacité, de la nationalité ou de l'état patrimonial d'un individu.

Le principe de séparation des autorités conduit à soumettre au juge judiciaire les questions incidentes de ce genre. En revanche, le contentieux des actes administratifs intervenant en ces matières ne devrait pas échapper au juge administratif. Portant, certes, sur des problèmes de droit civil, de tels actes conservent leur nature profonde. Néanmoins, attribuer la connaissance des recours qui les contestent au juge administratif impliquerait de la part de ce dernier de surseoir à statuer systématiquement pour que soient résolues les questions incidentes de droit privé. En outre, la réponse donnée à la question préjudicielle n'aurait plus qu'à être mécaniquement appliquée dans l'instance principale : le juge administratif n'aurait qu'une compétence formelle, l'essentiel du débat se déroulant devant le juge judiciaire à l'occasion de l'examen de la question renvoyée.

Pour éviter les désagréments d'une telle application stricte du principe de séparation des autorités, divers textes y ont dérogé au profit des juridictions judiciaires en leur attribuant la compétence pour connaître des actes émanant des services de l'état civil, des préfets en matière de tutelle sur les pupilles de l'État, ou des commissions administratives procédant annuellement à la révision des listes électorales.

De la sorte, hormis pour les actes en matière de nationalité ou d'agrément des personnes souhaitant adopter un enfant, le contentieux par voie d'action des actes administratifs touchant au droit des personnes rejoint le contentieux par voie d'exception devant le juge judiciaire. Se constitue ainsi un bloc de compétence que l'on peut qualifier, avec le Conseil constitutionnel, de naturel, bien qu'il déroge formellement, pour les recours par voie d'action, au principe de séparation des autorités.

2. La protection de la propriété et des droits fondamentaux

Une lecture rapide de l'article 66 de l'actuelle Constitution peut laisser croire à une compétence exclusive des juridictions judiciaires en matière de droits fondamentaux. Affirmant que « nul ne peut être arbitrairement détenu », cet article ajoute que « l'autorité judiciaire, gardienne de la liberté individuelle, assure le respect de ce principe dans les conditions prévues par la loi ». Les deux alinéas se complètent, le second désignant le juge compétent pour faire respecter le principe posé par le premier. Il en résulte que les juges judiciaires ne jouissent pas d'une pleine et exclusive compétence en matière d'atteintes à la liberté individuelle : leur habilitation ne vaut qu'autant qu'est en cause une arrestation ou une détention arbitraire, c'est-à-dire une atteinte à la sûreté. Une violation de domicile est, en revanche, considérée comme une atteinte au respect de la vie privée.

Certains textes autorisent l'administration à placer temporairement un individu en rétention administrative (cas d'un étranger placé en zone de transit sans autorisation de pénétrer sur le territoire ou en rétention administrative en attendant sa reconduite à la frontière). En application de l'article 66 de la Constitution, la contestation de ces mesures privatives de liberté est portée devant le juge judiciaire.

Pour les autres atteintes aux libertés et droits fondamentaux, la compétence est partagée entre les deux ordres juridictionnels dans le respect du principe de séparation des autorités. En effet, les juges administratifs sont depuis toujours seuls compétents pour connaître des mesures de police administrative [1], lesquelles se traduisent bien souvent par des restrictions aux libertés. La police des étrangers, donnant lieu à des expulsions, des reconduites à la frontière ou des décrets d'extradition, en est une évidente illustration. Dans le cadre de l'état d'urgence puis, désormais, de la loi du 30 octobre 2017 renforçant la sécurité intérieure et la lutte contre le terrorisme, les autorités administratives

1. Voir le tome 2 de cet ouvrage.

peuvent prendre diverses mesures restrictives de la liberté d'aller et venir mais non assimilables à des mesures privatives de liberté. Elles échappent ainsi à l'article 66 de la Constitution et, prises dans le cadre d'un pouvoir de police administrative, relèvent du contrôle du juge administratif (CC décision n° 2015-527 QPC du 22 décembre 2015 ; *DA* 2016, n° 25, note Eveillard).

La compétence des juridictions judiciaires en matière d'atteinte à la liberté individuelle, traduite aujourd'hui dans l'article 66, est donc fort spécifique. Elle reflète néanmoins une tradition qui remonte à l'époque napoléonienne et confie à ces juges le contentieux, ou certains aspects du contentieux, de mesures attentatoires au droit de propriété ou à la liberté.

Le mouvement a été inauguré à propos du transfert de propriété et de la fixation de l'indemnité en matière d'expropriation pour cause d'utilité publique (loi du 10 mars 1810). Il s'est logiquement poursuivi pour l'indemnisation consécutive à des réquisitions ou à l'institution des multiples servitudes pouvant grever des propriétés privées. Dans toutes ces hypothèses, la compétence judiciaire, posée par des lois dans le respect du principe de séparation des autorités, permet de mieux garantir le respect dû à la propriété privée. La jurisprudence a prolongé cette compétence en imposant au juge administratif de surseoir à statuer sur les questions préjudicielles de propriété rencontrées dans les litiges dont il est saisi (TC 18 décembre 1995, *Préfet de la Meuse*, p. 504).

D'autres textes ont confirmé cette relative défiance envers les juges administratifs en donnant compétence à leurs homologues judiciaires à l'égard d'actes administratifs susceptibles de porter atteinte à la liberté individuelle. La principale illustration en est l'ancien article 112 du Code d'instruction criminelle, qui prévoyait la compétence exclusive des juridictions judiciaires sur toutes les instances civiles mettant en cause des arrestations et détentions arbitraires. Le Tribunal des conflits, reconnaissant l'autorité judiciaire gardienne de la liberté individuelle, a toutefois considéré que cette disposition ne visait que les actions dirigées contre les agents de l'administration auteurs des faits répréhensibles, et non celles dirigées contre l'administration elle-même (TC 27 mars 1952, *Dame de la Murette*, p. 626 ; *RDP* 1952, p. 757, note Waline). Cette interprétation de l'article 112, fondée sur le principe d'interprétation stricte de toute dérogation (ici, au principe de séparation), en limitait fortement la portée. L'article 136 du Code de procédure pénale qui lui a succédé est rédigé de manière à inclure dans la compétence judiciaire toutes les actions civiles en matière de détention et arrestation arbitraire et de violation de domicile, qu'elles visent les agents ou l'administration. La jurisprudence n'en a pas moins donné une nouvelle interprétation stricte en limitant la compétence des juges judiciaires aux seules actions en réparation et, même en ce cas, en leur interdisant d'apprécier par voie d'exception la légalité d'actes administratifs (TC 16 novembre 1964, *Clément*, p. 796). Leur incompétence à l'égard des recours en annulation de ces actes administratifs ne fait, par ailleurs, aucun doute (TC 12 mai 1997, *Préfet de police de Paris*, p. 528 ; *RFDA* 1997, p 514, concl. Arrighi de Casanova).

Relève ensuite de la préoccupation de confier aux juges judiciaires la protection de la liberté individuelle, leur compétence, en vertu d'une loi, à l'égard des mesures d'hospitalisation d'office en établissement psychiatrique décidées par les préfets. En dépit d'une intervention récente du législateur (loi du 5 juillet 2011) en vue de simplifier la répartition des compétences en la matière, la compétence du juge judiciaire n'est pas sans limites, conformément au principe d'interprétation stricte des dérogations au principe de séparation des autorités. Bien que plus réduite qu'auparavant, la compétence du juge administratif persiste à l'égard des décisions prises au sujet de personnes faisant l'objet de soins psychiatriques et des demandes de réparation des dommages qu'elles peuvent subir durant leur hospitalisation (voir C. Castaing, « La volonté des personnes admises en soins psychiatriques sans consentement », *AJDA* 2013, p. 153).

Outre ces multiples textes étendant la compétence judiciaire à l'égard d'actes émanant de l'administration, deux théories jurisprudentielles illustrent l'idée selon laquelle les juridictions judiciaires jouissent d'une compétence privilégiée en matière de protection du droit de propriété et des libertés fondamentales. Elles ont cependant connu un recul très sensible du fait de deux décisions contemporaines du Tribunal des conflits.

a. La voie de fait

La théorie de la voie de fait, qui donne compétence au juge judiciaire pour connaître de certains comportements administratifs, ne constitue pas un cas de dérogation au principe de séparation des autorités mais, bien au contraire, une application de ce principe. Elle porte cependant sur un cas très particulier. Elle permet, en effet, d'admettre la compétence de juridictions judiciaires à l'égard d'actes émanant de l'administration mais qui, compte tenu de la gravité des vices qui les entachent, ne sauraient être encore qualifiés d'actes administratifs. En agissant de la sorte, l'administration s'est dénaturée et doit perdre le bénéfice de son droit particulier et de son privilège de juridiction. Le principe de séparation des autorités ne joue alors plus pour la protéger mais, au contraire, pour la soumettre au même droit que les personnes privées ordinaires et à leurs juges.

Il convient de préciser que, par le passé, les justiciables ont souvent eu tendance à alléguer abusivement l'existence de cas de voie de fait et à saisir les juridictions judiciaires pour obtenir la réparation de comportements administratifs. Ils espéraient ainsi bénéficier des pouvoirs plus efficaces des juges judiciaires que ceux que détenaient alors leurs homologues administratifs. Ces invocations excessives de la voie de fait pour justifier la compétence judiciaire ont été soumises au Tribunal des conflits (TC 12 mai 1997, *Préfet de police de Paris*, *AJDA* 1997, p. 575 et 635). Rendue sur présidence du garde des Sceaux venu présider le Tribunal des conflits, lequel ne parvenait pas à s'accorder sur l'ordre juridictionnel compétent, cette décision très discutée a été directement à l'origine de réflexions au sein de la juridiction administrative sur la nécessité de moderniser les procédures de référé. Elles ont abouti à la loi du 30 juin 2000 et à la création du référé-liberté fondamentale (article L 521-2 CJA). L'efficacité de cette nouvelle procédure a, par contrecoup, provoqué la réduction du champ de la voie de fait.

L'identification d'une voie de fait est subordonnée au cumul de deux conditions qui caractérisent la dénaturation de l'action administrative. L'une d'entre elles a été remise en question par un important arrêt du Tribunal des conflits (TC 17 juin 2013, *Bergoend*, p. 370 ; *RFDA* 2013, p. 1041, note Delvolvé ; *RJEP*, oct. 2013, p. 17, note Seiller ; *GAJA*, n° 111).

La première, toujours exigée, porte sur l'exigence d'une illégalité inadmissible. Seule la gravité particulière des vices de l'acte justifie qu'il perde son apparence administrative : agissant en dehors de toute légalité, l'administration est sortie de ses attributions. Deux cas concrétisent cette première exigence.

Le premier correspond au recours irrégulier à l'exécution forcée d'une décision administrative, qu'elle soit elle-même légale ou non. Le recours à la force pour assurer le respect d'un acte administratif est, en effet, absolument interdit sauf en cas d'autorisation légale ou juridictionnelle, d'absence de toute autre voie de droit, ou d'urgence (TC 2 décembre 1902, *Société immobilière de Saint-Just*, p. 713, concl. Romieu ; *GAJA*, n° 10). Il est en ce sens interdit de faire procéder au murage de la porte d'un local sous le coup d'une décision de fermeture, même s'il sert à des activités « contraires à la morale et à l'ordre public » (CE 11 mars 1998, *Ministre de l'Intérieur c/ Auger*, *JCP* 1998, IV, 2378).

Le second cas matérialisant la gravité de l'illégalité est réalisé lorsque les mesures en cause sont manifestement insusceptibles de se rattacher à un pouvoir dont dispose l'administration (TC 12 mai 1997, *Préfet de police de Paris*, préc.). Il n'y a alors voie de fait qu'en présence d'une décision prise par l'administration alors qu'aucun texte en aucune matière ne l'habilite à en prendre une de ce type. Il ne suffit donc pas que la décision ait été prise hors du domaine où elle peut l'être, contrairement à ce que le Tribunal des conflits avait laissé croire un temps (TC 9 juin 1986, *Eucat*, p. 301 ; *RDP* 1987, p. 1073, note Robert et concl. Latournerie). En ce cas, en effet, est en cause une « simple » illégalité et non une dénaturation de l'action de l'administration.

La seconde condition de la voie de fait se rapporte aux effets concrets de la mesure litigieuse : sa consistance a été considérablement réduite par l'arrêt Bergoend précité. Antérieurement à cette évolution, la qualification de voie de fait supposait, outre l'illégalité inadmissible, une atteinte grave à une liberté fondamentale ou au droit de propriété. Toute liberté était alors protégée : la liberté d'aller-et-venir, la liberté de la presse, la liberté de correspondance, etc. La protection du droit de propriété était générale et incluait tant les objets mobiliers que les immeubles. Enfin, tout type d'atteinte à la liberté ou au droit de propriété était pris en compte dès lors qu'elle était grave. L'administration ne pouvait ainsi procéder d'office à la destruction d'immeubles en état de péril après le passage d'un cyclone (TC 22 juin 1998, *Préfet de la Guadeloupe*, p. 542 ; *JCP* 1998, II, 10169, concl. Sainte-Rose).

L'arrêt Bergoend marque un recul de la compétence judiciaire en réduisant drastiquement les hypothèses dans lesquelles les effets d'une action administrative sont constitutifs de voie de fait. Le Tribunal des conflits a ici pris acte du fait que le juge administratif dispose désormais de tous les pouvoirs lui permettant d'intervenir rapidement et efficacement pour mettre un terme à des cas d'atteinte grave et illégale aux libertés ou au droit de propriété. Ce juge dispose, depuis 1995, de pouvoirs d'injonction pour garantir l'exécution de ses décisions et, depuis 2001, peut être saisi en référé (notamment par le référé-liberté fondamentale de l'article L 521-2 CJA) pour prononcer rapidement une décision susceptible de stopper l'atteinte au droit de propriété ou aux libertés. Peu avant l'arrêt Bergoend, la preuve en avait été fournie par le fait que le juge du référé-liberté fondamentale du Conseil d'État s'était reconnu le pouvoir d'intervenir même en cas de voie de fait (CE ord. 23 janvier 2013, *Commune de Chirongui*, p. 6 ; *DA* 2013, n° 24, note Gilbert). Dans la foulée de cette décision audacieuse, le Tribunal des conflits a donc décidé de réduire le champ de la voie de fait et, par contrecoup, celui de la compétence judiciaire. Désormais, ce ne sont pas toutes les atteintes graves au droit de propriété qui sont susceptibles de constituer une voie de fait mais seulement celles qui aboutissent à l'*extinction* d'un droit de propriété. De la même façon, ce ne sont plus les atteintes à n'importe quelle liberté fondamentale qui sont susceptibles de constituer une voie de fait mais uniquement celles portant atteinte à la *liberté individuelle* (dont ne relève plus la liberté d'aller et venir : TC 12 février 2018, *M. Gueye c/ Agent judiciaire de l'État*, p. 612). Il s'agit ici de la protection contre les arrestations et détentions arbitraires, prévue à l'article 66 de la Constitution. Ce faisant, le Tribunal des conflits a aligné la seconde condition de la voie de fait (celle tenant aux effets de la mesure en cause) sur le champ de la compétence des juridictions judiciaires tel qu'il est aujourd'hui délimité par le Conseil constitutionnel : ce dernier n'y inclut que les cas de disparition du droit de propriété et d'atteinte à la liberté individuelle.

La solution de l'arrêt Bergoend n'est cependant pas parfaitement cohérente. En effet, si le Tribunal des conflits entendait aligner la notion de voie de fait sur la compétence constitutionnellement attribuée aux juridictions judiciaires, il aurait dû ne plus exiger la première condition, celle tenant à la gravité de l'illégalité commise.

Ce dernier élément permet de souligner, pour finir, que les deux conditions exposées sont cumulatives. En conséquence, une décision non susceptible de se rattacher à un pouvoir appartenant à l'administration ne constitue pas une voie de fait si elle ne porte pas gravement atteinte à la liberté individuelle ou n'emporte pas l'extinction du droit de propriété et inversement.

La réduction considérable de la voie de fait ne s'est pas accompagnée d'une modification de son régime juridique. Dans les très rares hypothèses dans lesquelles la voie de faire sera désormais avérée, ce régime traduira toujours le fait que l'action administrative a été dénaturée. Le principe de séparation des autorités ne doit plus alors protéger l'autorité administrative, laquelle doit répondre de ses actes devant l'autorité judiciaire. Par ailleurs, compte tenu de la gravité des faits en cause, le juge judiciaire jouit en la matière d'une plénitude de compétence.

Il peut tout d'abord constater l'existence d'une voie de fait (Cass. 1re civ. 26 mai 1999, *JCP* 1999, IV, 2322). À cette fin, il lui est logiquement possible d'apprécier la légalité des actes administratifs incriminés puisque cela constitue l'une des deux conditions. Il en va ainsi même s'ils sont réglementaires (TC 30 octobre 1947, *Barinstein*, p. 511 ; *D* 1947, p. 476, note P. L. J. ; Cass. 1re civ. 16 mai 2000, *D* 2000, *AJ*, p. 291, obs. Lienhard). Pour faire cesser la voie de fait constatée, il dispose ensuite du pouvoir de prononcer des injonctions. Enfin, le juge judiciaire est compétent pour prononcer la condamnation à réparer les dommages causés.

La compétence du juge judiciaire n'est cependant pas exclusive puisque le juge administratif, éventuellement saisi, est tenu de se déclarer incompétent sur le fond, ce qui suppose qu'il puisse lui aussi constater la voie de fait, en déclarant au besoin l'inexistence des actes administratifs intervenus (TC 27 juin 1966, *Guigon*, p. 476 ; *JCP* 1967, II, 15135, concl. Lindon). Par ailleurs, la compétence du juge administratif du référé-liberté fondamentale, affirmée par l'ordonnance Commune de Chirongui précitée, n'est peut-être pas remise en cause par l'arrêt Bergoend.

b. L'extinction du droit de propriété

Jusqu'il y a peu, ici était présentée ce que l'on appelait la théorie de l'*emprise irrégulière*. Elle illustrait le principe selon lequel l'autorité judiciaire est gardienne de la propriété privée. Son champ d'application et ses effets étaient plus faibles que ceux de la voie de fait.

L'emprise consiste, pour une administration, à prendre possession, temporairement ou définitivement, d'un *immeuble* et à empêcher ainsi son propriétaire de l'utiliser. Lorsqu'elle s'opère dans le cadre de pouvoirs légaux, comme ce peut être le cas en matière d'occupation de terrains pour les besoins de l'exécution de travaux publics, l'emprise était dite régulière. Les éventuelles conséquences dommageables sont alors portées devant les juridictions prévues par les textes en cause, qui sont souvent des juridictions judiciaires (voir *supra*).

L'emprise irrégulière apparaissait lorsque la prise de possession de l'immeuble était effectuée en dehors de toute habilitation textuelle. En ce cas, dans le prolongement des solutions textuelles évoquées précédemment, la jurisprudence confiait aux juridictions judiciaires le soin de statuer sur la demande d'indemnité formée par le propriétaire (TC 17 mars 1949, *Société « Hôtel du vieux Beffroi »*, p. 592 ; *D* 1949, p. 209, concl. Delvolvé). Il aurait été curieux, en effet, que des textes donnent compétence aux juges judiciaires à l'égard d'opérations parfaitement régulières et, en dehors des hypothèses visées par ces textes, de soustraire à la compétence judiciaire des procédés irréguliers de l'administration mais tout aussi attentatoires à la propriété privée. On ne saurait inciter cette dernière à agir irrégulièrement pour être certaine de bénéficier de son juge spécifique !

La compétence des juridictions judiciaires en matière d'emprise était cependant subordonnée à l'irrégularité de cette emprise. Or le principe de séparation des autorités conduisait ici, puisque aucune dénaturation de l'action administrative n'est en cause, à réserver au juge administratif l'appréciation de cette irrégularité lorsqu'elle découlait d'actes administratifs. Le juge judiciaire n'était donc pas maître de sa compétence puisqu'il ne pouvait statuer sur la légalité des actes administratifs à l'origine de l'emprise (TC 30 juin 1949, *Nogier*, p. 604). Il n'avait compétence pour réparer le préjudice que pour autant que l'illégalité des actes administratifs à l'origine de l'emprise avait été préalablement constatée par le juge administratif (TC 6 mai 2002, *Binet c/ EDF*, p. 544). Par ailleurs, il ne pouvait prononcer d'injonctions.

La jurisprudence Bergoend, à propos de la voie de fait, a conduit à la réduction corrélative de la compétence judiciaire en matière d'emprise. Par un arrêt Panizzon (TC 9 décembre 2013, p. 376 ; *DA* 2014, n° 25, note Gilbert ; *RFDA* 2014, p. 61, note Delvolvé), le Tribunal des conflits a décidé que le juge judiciaire n'aurait désormais plus compétence que pour indemniser la victime de l'*extinction* de son droit de propriété du fait de l'administration. *A contrario*, cela signifie que le juge administratif est désormais compétent pour indemniser les préjudices nés d'une atteinte au droit de propriété dès lors qu'elle n'emporte pas l'extinction de ce droit (CE 14 juin 2019, *M. et Mme B.*, req. 414458). Il faut cependant remarquer que la jurisprudence Panizzon étend de deux manières la compétence judiciaire : d'abord, ce juge est compétent même si l'extinction du droit de propriété n'est pas irrégulière ; ensuite, l'arrêt ne limite plus le jeu de la compétence judiciaire aux hypothèses d'atteinte à la seule propriété immobilière.

Le jeu du principe de séparation des autorités offre bien des subtilités, tant les principes de solution qu'il détermine s'entremêlent. Il n'est guère de domaines, qu'il s'agisse du contentieux des actes, du contentieux des services publics ou du contentieux des matières réservées au juge judiciaire, dans lesquels les deux ordres de juridictions ne se partagent pas la compétence. La mise en œuvre du principe de séparation peut l'impliquer, soit directement en imposant le partage pour respecter la compétence de chacun, soit indirectement en conduisant le législateur à intervenir pour éviter, ainsi qu'y consent le Conseil constitutionnel, un excessif émiettement des compétences. Les raffinements pernicieux du principe incitent alors à y déroger.

Section II
LES DÉROGATIONS LÉGALES AU PRINCIPE

Diverses dérogations, tant jurisprudentielles que légales, au jeu du principe de séparation des autorités administrative et judiciaire ont dû être évoquées jusqu'ici pour ne pas scinder artificiellement certains développements. Ce fut le cas, par exemple, à propos de la plénitude de compétence des juges judiciaires en matière fiscale ou répressive à l'égard de la légalité des actes administratifs ou de la compétence de la Cour d'appel de Paris pour connaître en premier et dernier ressort de tout ou partie des décisions prises par diverses autorités administratives indépendantes. D'autres dérogations textuelles ne méritent ici qu'une citation. Ainsi, de la compétence des tribunaux des affaires de sécurité sociale à l'égard des litiges individuels en matière de sécurité sociale (art. L 142-8 C. sécu. soc.), ou encore du contentieux de l'indemnisation des victimes d'actes de terrorisme (art. L 126-1 et s. et L 422-1 et s. C. assur.), ou des personnes atteintes du virus du sida à la suite d'une transfusion sanguine (art. L 3122-1 et s. C. santé publ.) : les décisions prises par le fonds d'indemnisation institué dans le dernier exemple (l'ONIAM), établissement public administratif, relèvent, en cas de contestation, des juridictions judiciaires. Une semblable extension de la compétence judiciaire prévaut aussi en matière d'accidents nucléaires, de brevets d'invention et, partiellement, en matière de propriété intellectuelle (CE 14 juin 1999, *Conseil de fabrique de la cathédrale de Strasbourg*, p. 199 ; *JCP* 1999, II, 10209, concl. Combrexelle).

Deux lois appellent une attention particulière par l'ampleur de l'atteinte qu'elles apportent au principe de séparation des autorités et par le fait que, concernant des cas de responsabilité de la puissance publique, elles les soumettent à des règles de droit privé.

Sous-section 1

La responsabilité du fait des enseignants

La loi du 5 avril 1937, faisant suite à une autre de 1889, prévoit que la responsabilité de l'État est substituée à celle des membres de l'enseignement public (ou d'un établissement privé sous contrat d'association) sous la surveillance desquels se trouvaient des élèves, que les faits dommageables aient eu lieu pendant la scolarité ou en dehors de celle-ci. Contrairement au texte antérieur, la loi de 1937 (aujourd'hui codifiée à l'article L 911-4 C. éduc.) est interprétée comme couvrant tant les dommages causés à un élève que ceux causés par un élève (TC 31 mars 1950, *Delle Gavillet*, p. 658 ; *JCP* 1950, II 5579, note Vedel).

Bien que cela ne ressorte pas du texte législatif, le mécanisme institué ne vaut qu'autant que l'enseignant a commis une faute, laquelle réside dans un défaut de surveillance. Ce dernier, largement entendu, peut consister en un simple manque de vigilance mais également en une participation active au fait dommageable (violence ou maladresse : Cass. 2e civ. 3 octobre 1984, *Bull. civ.*, II, nº 141). La notion de membre de l'enseignement est, quant à elle, interprétée comme visant toutes les personnes qui, dans l'établissement ou au-dehors, participent à l'encadrement des enfants dans toutes les activités réalisées dans un but d'enseignement ou d'éducation physique. Cela exclut celles qui n'interviennent qu'à des fins de surveillance sans ambition éducative (TC 30 juin 2008, *Préfet des Alpes-Maritimes*, p. 556 ; *AJDA* 2009, p. 706, note Bouteiller).

La substitution de responsabilité de l'État à celle de l'agent n'a pas retiré aux juridictions judiciaires la compétence pour connaître de l'action qu'elles détenaient auparavant si la faute de l'enseignant avait un caractère personnel [1]. Désormais, cependant, que la faute soit personnelle ou de service, la compétence judiciaire est systématique. L'État est néanmoins autorisé à exercer une action récursoire contre la personne réellement responsable du dommage – l'agent ou un tiers –, portée devant l'ordre de juridiction déterminé selon les règles du droit commun (CE 13 juillet 2007, *Ministre de l'Éducation nationale*, p. 336).

1. Sur cette notion, et les notions connexes, on se reportera au tome 2 de cet ouvrage.

Le jeu de la loi de 1937, et donc la compétence des juridictions judiciaires, sont écartés lorsque la victime invoque un défaut d'organisation du service public de l'enseignement ou un dommage de travaux publics (TC 31 mars 1950, *Gavillet*, préc.) plutôt qu'une faute d'un membre de l'établissement. Le retour aux « règles normales de compétence » se fonde alors sur la nécessité d'interpréter strictement « cette matière spéciale » posant une « dérogation aux principes généraux qui gouvernent la séparation des compétences administratives et judiciaires ».

Sous-section 2

LA RESPONSABILITÉ DU FAIT DES VÉHICULES

La loi du 31 décembre 1957 donne compétence exclusive aux tribunaux judiciaires, par dérogation à la loi des 16-24 août 1790 à l'origine du principe de séparation des autorités, pour statuer sur les actions tendant à la réparation des dommages de toute nature causés par un véhicule quelconque. Elle précise que les règles du droit civil seront appliquées et que la responsabilité des personnes publiques est substituée à celle de leurs agents auteurs des dommages dans l'exercice de leurs fonctions.

L'intérêt d'une telle unification des compétences est évident : il serait inacceptable que, selon la qualité de la personne propriétaire du véhicule, le droit applicable et le juge compétent varient. Lorsque le véhicule impliqué dans l'accident est un véhicule terrestre à moteur, la loi du 5 juillet 1985 sera seule mise en œuvre. Il reste que le champ de la loi de 1957 déborde celui de la loi de 1985 même s'il n'est pas lui-même sans limites.

S'il est un pan de la répartition des compétences aisément mémorisable, c'est bien celui qui concerne la responsabilité du fait des véhicules appartenant aux personnes publiques. Outre la relative simplicité de la jurisprudence en la matière, son assimilation est largement facilitée par la jurisprudence fort plaisante consacrée à la notion cruciale de « véhicule quelconque ». Elle aurait pu inspirer un inventaire de Prévert. La qualité de véhicule est donnée à tout engin pouvant se déplacer seul et ordinairement utilisé pour transporter des personnes ou des marchandises. Elle est évidemment accordée aux automobiles, aux motos, aux bateaux, aux avions ou aux bicyclettes, mais également à des engins de chantier automoteurs, à des ponts roulants, à des charrettes à bras ou tirées par des bêtes de trait. En revanche, un conteneur à ordures ménagères déplacé par le vent et « qui n'a pas vocation principale à se déplacer » n'a pas le caractère de véhicule (CE 7 juin 1999, *OPHLM d'Arcueil-Gentilly*, p. 169) : en serait-il un, il ne serait assurément pas quelconque. Certaines solutions sont difficilement compatibles, comme celles qui dénient la qualité de véhicule à un ascenseur en raison de sa fixité mais pas à un bac à traille ou à un remonte-pente.

La loi de 1957 joue à l'égard de *tout* dommage dans lequel est impliqué un véhicule : cela vaut aussi bien lorsqu'il est à l'arrêt que lorsque c'est son chargement qui est directement à l'origine du dommage. Un contact n'est même pas nécessaire entre lui et la chose endommagée (CE 16 novembre 1992, *SA Entreprise Razel Frères*, p. 407 : dommages liés aux vibrations provoquées par des engins de chantier).

Malgré ces interprétations conciliantes du texte légal, la compétence judiciaire est tenue en échec dans plusieurs hypothèses. Tout d'abord, en raison d'une disposition expresse de la loi de 1957, lorsque les dommages ont été subis par une dépendance du domaine public (TI Chambéry, 15 oct. 2002, *EDF*, *RFDA* 2003, p. 491, note Yolka). Ensuite, l'existence d'un contrat administratif entre la personne publique et la victime conduit, selon la jurisprudence, à la compétence des seules juridictions administratives (TC 12 février 2001, *Commune de Courdimanche et autres*, *RFDA* 2001, p. 1120). Enfin, cette loi n'est appliquée que si elle est invoquée par la victime. L'imputation du dommage à des travaux publics ou à une mauvaise organisation du service public, même si un véhicule est impliqué, exclut la compétence judiciaire (TC 26 juin 2006, *GAEC de Campoussin c/ SNCF*, p. 631).

Le fait que l'agent conducteur du véhicule ait causé l'accident en dehors de ses fonctions empêche la substitution de responsabilité prévue par la loi de 1957, mais n'influe pas sur la compétence. En effet, le dommage étant quand même causé par un véhicule, la compétence judiciaire prévaut, mais le recours, au lieu d'être dirigé contre la personne publique propriétaire, doit l'être contre l'agent personnellement responsable. En cas de difficulté sur les conditions d'utilisation du véhicule par l'agent, le juge judiciaire ne peut que renvoyer cette question préjudicielle au juge administratif (TC 25 novembre 1963, *Caruelle*, p. 791).

Si certaines des interrogations précédentes font sourire par l'incongruité des objets dont la qualification juridique est en cause, il ne faut pas oublier que, derrière l'exposé objectif des faits, se cachent des situations individuelles graves, voire dramatiques. La qualité de véhicule déniée implicitement à une tondeuse à gazon non autotractée n'est pas détachable du contentieux qui a justifié que la question soit posée. Elle détermine la juridiction compétente pour réparer les conséquences de la blessure à l'œil d'un jeune enfant provoquée par les graviers projetés par cette tondeuse (CE 14 mars 1969, *Ville de Perpignan*, p. 156). Les hésitations des justiciables, celles des juridictions saisies, voire les conflits opposant ces dernières, ne font que retarder ce qui importe avant tout : la réparation d'un dommage dont nul ne conteste qu'il doit être indemnisé.

Le principe de séparation des autorités est précieux, en ce qu'il a permis l'apparition d'un ordre juridictionnel respectueux tout à la fois des nécessités de l'intérêt général et des droits des administrés. Les juridictions administratives ont prouvé qu'elles étaient le meilleur rempart pour protéger les individus contre les errements de l'administration. La meilleure preuve en est que des pays qui, tels le Royaume-Uni, ne connaissent qu'un seul droit applicable à toutes les situations, ressentent aujourd'hui le besoin de distinguer certains contentieux particuliers, notamment lorsqu'ils mettent en cause l'administration.

Ce n'est donc pas le principe de séparation qu'il faut contester [1] mais les conditions de sa mise en œuvre, trop souvent inintelligibles même pour le juriste averti. L'amélioration de l'état du droit, en admettant qu'il ne soit pas naïf de l'espérer, passe peut-être plus par la bonne volonté des deux ordres de juridiction et leur étroite collaboration que par une intervention législative. Le Tribunal des conflits, souvent symbole du byzantinisme de la séparation des autorités, pourrait constituer l'instance de dialogue adapté.

---

1. D. Truchet, « Mauvaises et bonnes raisons de mettre fin au dualisme juridictionnel », *Justices* 1996, n° 3, p. 53. Voir le débat relancé, en 2017, par Bertrand Louvel, premier président de la Cour de cassation, « Pour l'unité de juridiction » (tribune publiée sur le site de la Cour) et la réponse de J.-M. Sauvé, vice-président du Conseil d'État, « Dialogue entre les deux ordres de juridiction » (discours publié sur le site du Conseil).

Chapitre III

LE RÈGLEMENT DES DIFFICULTÉS DE COMPÉTENCE

Interdire aux juridictions judiciaires de connaître des litiges en matière administrative revenait, de la part des révolutionnaires, à fixer la limite de la compétence de ces juridictions. Quand bien même la frontière aurait été soigneusement tracée, ce qui, on le sait, ne fut pas le cas, d'inévitables difficultés n'auraient pas manqué de surgir tant les litiges sont imprévisibles. La séparation des autorités, encore balbutiante, appelait nécessairement la désignation d'un organe chargé de trancher les éventuels conflits opposant les deux ordres de juridictions sur des affaires déterminées. Cette responsabilité fut d'abord confiée au roi, puis aux responsables de l'exécutif, avant que le Consulat ne l'attribue au Conseil d'État nouvellement créé. La justice étant encore retenue, le chef de l'État était cependant encore théoriquement seul juge des conflits, statuant sur les projets de décision présentés par le Conseil d'État. En pratique, la solution préconisée par celui-ci fut toujours décisive.

L'identité entre la plus haute juridiction administrative et l'autorité de règlement des difficultés de compétence, faisant d'une partie au conflit le juge de celui-ci, fut abandonnée d'abord sous la IIe République, puis, définitivement, sous la IIIe République par la loi du 24 mai 1872. Un Tribunal des conflits, juridiction spécialisée dans le règlement des difficultés de compétence, fut alors créé. Les textes anciens qui le régissaient ont été assez substantiellement remaniés en 2015 et réunis au sein de la loi du

24 mai 1872 (désormais présentée comme « relative au Tribunal des conflits ») et d'un décret du 27 février 2015.

Section I
LE TRIBUNAL DES CONFLITS

L'idée d'une composition paritaire de la juridiction des conflits, apparue en 1848, est reprise depuis 1872. La Cour de cassation et le Conseil d'État désignent chacun cinq membres. Tous les membres sont nommés pour trois ans et rééligibles deux fois. De l'ancien rattachement au Conseil d'État subsiste l'institution de quatre rapporteurs publics (précédemment dénommés « commissaires du gouvernement »), issus paritairement de chacun des ordres et dont la mission est identique à celle de leurs éponymes au Conseil d'État.

Jusqu'à la réforme de 2015, le Tribunal était présidé en droit par le garde des Sceaux, en fait par un vice-président élu par les membres du Tribunal et choisi en leur sein. La présidence du garde des Sceaux ne se concrétisait en pratique qu'en cas de partage des voix ; elle permettait alors de désigner l'ordre de juridiction compétent pour trancher le litige ayant donné lieu au conflit. Cette immixtion d'un membre du pouvoir exécutif dans le fonctionnement du pouvoir juridictionnel, forme très atténuée de la justice retenue, était d'autant plus contestée que son bénéficiaire n'était pas nécessairement un juriste. Elle était néanmoins jugée indispensable pour qu'un litige trouve, enfin, son juge. Sa mise en œuvre était par ailleurs très exceptionnelle, puisque le garde des Sceaux ne présidait réellement le Tribunal des conflits qu'en cas de partage des voix sur une affaire, ce qui ne se produisit que dix fois entre 1872 et 2015 (la dernière en 1997). Les critiques ont fini par convaincre de la nécessité de confier définitivement la présidence du Tribunal des conflits à l'un de ses membres, désigné pour trois ans par les membres du Tribunal et issu alternativement du Conseil d'État et de la Cour de cassation. Par ailleurs, en cas de partage des voix, une seconde délibération sera désormais possible après un délai de réflexion puis, si le partage persiste, il sera alors fait appel à quatre membres supplémentaires du Tribunal, désignés en même temps que les membres ordinaires mais conviés à y siéger uniquement en présence d'un partage des voix. Ce dispositif, parfaitement respectueux de la séparation des pouvoirs (en ce qu'un membre du pouvoir exécutif ne détient plus une voix déterminante) et de la séparation des autorités (en ce que le Tribunal statue toujours dans une composition strictement paritaire), n'interdit pas théoriquement la survenance de cas de partage mais en rend la probabilité encore plus infime que par le passé.

Ce d'autant plus que, hormis certaines affaires qui peuvent susciter en son sein des tensions allant jusqu'à l'exaspération, comme en a témoigné l'arrêt rendu sur partage dans l'affaire *Préfet de police de Paris* (voir *supra*, p. 268 et 271), le fonctionnement du Tribunal des conflits est conforme à sa finalité : l'échange serein des réflexions et des arguments permet toujours de parvenir à une solution dont il semble (mais le secret du délibéré interdit de vérifier ces affirmations) que le vote dépasse bien souvent le clivage du dualisme juridictionnel.

Avant de présenter sa fonction principale de juge des compétences, il convient de signaler que le Tribunal des conflits peut parfois trancher lui-même une affaire au fond. Initialement, cela ne se produisait que dans le cas prévu par une loi du 20 avril 1932, dans lequel des décisions contraires de chacun des deux ordres font apparaître un déni de justice. L'affaire Rosay, à l'origine de cette extension de compétence du Tribunal des conflits (TC 8 mai 1933 ; *S.* 1933, III, p. 117), permet d'en comprendre la portée et l'utilité. Lors d'une collision avec un véhicule militaire, un passager d'une automobile privée avait été blessé. Agissant devant les tribunaux civils contre le conducteur de la voiture à bord de laquelle il se trouvait, il se vit opposer l'absence de responsabilité de ce conducteur dans l'accident. La victime n'eut pas plus de succès devant les tribunaux administratifs qui estimèrent, inversement, que l'accident n'était pas imputable au conducteur du véhicule militaire. Victime d'un dommage causé évidemment par la faute de l'un des deux conducteurs, le malheureux justiciable ne pouvait être indemnisé en raison du principe de séparation des autorités et de l'impossibilité pour chaque ordre de faire prévaloir son point de vue quant aux faits de l'espèce. Le législateur est donc intervenu pour confier au Tribunal des conflits le soin de juger au fond en ce genre d'hypothèses. Ce chef de compétence se distingue du règlement des conflits négatifs de compétence par le fait qu'il suppose des jugements rejetant les recours au fond et non seulement pour incompétence (voir cep. TC 6 juillet 2009, *Bonato, RFDA* 2009, p. 1229, note Pouyaud). Depuis la réforme opérée en 2015, le Tribunal des conflits est également érigé en juge du fond pour connaître d'une action en indemnisation du préjudice découlant d'une durée totale excessive des procédures afférentes à un même litige et conduites entre les mêmes parties devant les juridictions des deux ordres en raison des règles de compétence applicables et, le cas échéant, devant lui (TC 9 décembre 2019, M. C., req. n° C4160).

Section II
Les conflits

La faculté pour le Tribunal des conflits de trancher parfois certains litiges au fond l'érige en juge du fait. Ses attributions classiques de juge des compétences l'amènent souvent à connaître des faits, dans la mesure où le juge compétent dépend de leur qualification juridique. C'est le cas, par exemple, lorsqu'il s'agit de savoir si un dommage a été causé par un véhicule ou si une opération administrative a constitué une voie de fait. Examinant les faits, le Tribunal des conflits ne tranche pas pour autant le litige au fond, mission exclusive du juge compétent au sein de l'ordre juridictionnel désigné. Il se borne à rechercher la qualification juridique des faits de la cause dans la mesure où, la compétence suivant le plus souvent le fond, elle lui permet de déterminer le juge compétent. Cela lui a permis de contribuer activement à la définition des notions du droit administratif sur lesquelles se fonde le principe de séparation des autorités (acte administratif unilatéral ou contractuel, agent public, ouvrage public, travaux publics...).

Le Tribunal des conflits a eu l'occasion de synthétiser sa compétence en matière de conflit. Cette juridiction, qui « a pour mission essentielle de veiller au respect du principe de séparation des autorités administratives et judiciaires, tranche, à cet effet, les questions touchant à la répartition des compétences entre les juridictions des deux ordres dans le cadre de règles qui garantissent à toute personne le droit à une juridiction indépendante et impartiale » (TC 17 avril 2000, *Préfet du Val-de-Marne*, p. 759).

La saisine du Tribunal des conflits n'est jamais satisfaisante. Outre qu'elle révèle l'excessive complexité des règles de répartition des compétences, elle est une cause supplémentaire de lenteur dans la reddition des jugements. Pour cette raison, des mécanismes de prévention des conflits de compétence ont été institués au côté de ceux qui permettent de les vider.

Sous-section 1
LE RÈGLEMENT DES CONFLITS

L'essentiel des conflits dont connaît aujourd'hui le Tribunal sont des conflits positifs par lesquels est revendiquée la compétence de l'ordre juridictionnel administratif à l'occasion d'une affaire dont est saisie une juridiction judiciaire. Prévu pour permettre à l'ordre administratif de s'affirmer face aux juridictions autrefois qualifiées d'« ordinaires », le conflit positif joue de manière asymétrique puisque aucun mécanisme ne permet inversement de protéger l'ordre judiciaire contre d'éventuels débordements du juge administratif.

A. Le conflit positif

Sous cette appellation étrange se cache la procédure par laquelle un préfet cherche à faire reconnaître par le Tribunal des conflits la compétence des juridictions administratives à l'égard d'un litige, ou d'une partie de litige, dont est saisie une juridiction judiciaire. La compétence des deux ordres juridictionnels est donc affirmée concurremment sur une même affaire, celle du juge administratif étant revendiquée par l'administration pour faire respecter le principe de séparation des autorités.

Ainsi conçu, il va de soi que le conflit ne peut jamais être élevé devant une juridiction administrative. Pour le reste, le conflit d'attribution ne peut être élevé en matière pénale. Il peut être élevé en toute autre matière, sauf sur l'action civile dans les cas mentionnés à l'article 136 du Code de procédure pénale précédemment évoqué. Il peut être élevé tant qu'il n'a pas été statué sur la compétence par une décision passée en force de chose jugée. Il ne peut être mis en œuvre devant la Cour de cassation, en raison du fait que celle-ci ne connaît pas du fond du litige.

Le préfet du département sur le territoire duquel a son siège le tribunal judiciaire a seul compétence pour déclencher la procédure du conflit positif. Celle-ci débute par l'envoi au ministère public près cette juridiction (*via* son greffe) d'un *déclinatoire de compétence.* Il s'agit d'un mémoire demandant au juge de se dessaisir, s'appuyant sur les textes justifiant la compétence des juridictions administratives. Ce tribunal doit statuer sur le déclinatoire de compétence et, s'il le rejette, il doit surseoir à statuer pendant quinze jours à compter de la notification de son jugement afin de laisser au préfet le temps de décider de la suite à donner à la procédure.

Si ce dernier persiste à penser que les juridictions administratives sont compétentes, il lui appartient alors d'élever le conflit par un arrêté. Le tribunal concerné doit en ce cas prolonger son sursis à statuer jusqu'à la décision du Tribunal des conflits, qui, en vertu des textes, aura trois mois pour statuer.

Le gardien du principe de séparation examine d'abord la régularité de la procédure d'élévation du conflit, ce qui peut l'amener, en cas de vice substantiel, à annuler l'arrêté sans se prononcer sur la question de compétence. Régulièrement élevé, le conflit est examiné par le Tribunal qui, s'il l'estime fondé, confirme l'arrêté. Les parties ont alors deux mois pour saisir le juge administratif compétent, à moins qu'aucune juridiction ne soit compétente (cas des actes de gouvernement et des actes n'émanant pas d'autorités françaises). L'arrêté de conflit peut être partiellement fondé, par exemple, en ce qu'il porte sur une question préjudicielle échappant à la compétence des juridictions judiciaires (TC 19 janvier 1998, *Syndicat français de l'Express international*, p. 534 ; *RFDA* 1999, p. 189, note Seiller).

B. Le conflit négatif

Alors que, dans le cas précédent, la compétence des deux ordres de juridiction est revendiquée, le conflit négatif apparaît lorsque aucun d'eux ne se reconnaît compétent pour statuer sur un litige déterminé. Cela suppose que, saisis d'un litige parfaitement identique, des juges des deux ordres ont successivement refusé d'en connaître au nom de la séparation des autorités. Il est juste, pour éviter un déni de justice, que les parties puissent alors s'adresser, dans les deux mois à compter du jour où la dernière en date des décisions d'incompétence est devenue irrévocable, au juge des conflits afin qu'il détermine, le cas échéant, l'ordre compétent.

Mais encore faut-il que le conflit négatif soit effectivement constitué, ce qui suppose une triple conjonction : que chaque tribunal ait décliné la compétence de son ordre de juridiction, qu'ils l'aient fait à propos d'une même question, et que l'un des deux se trompe dans la mise en œuvre du principe de séparation.

Un rejet pour irrecevabilité, qui suppose que le juge saisi s'est estimé compétent mais n'a pu pour des raisons procédurales examiner le litige au fond, ne crée pas un conflit négatif (TC 5 juillet 1999, *Société Darche-Gros, D.* 2000, J, p. 395, concl. Sainte-Rose). L'identité de la question posée aux deux ordres s'apprécie, comme en matière d'autorité relative de la chose jugée (article 1355 C. civ.), au regard, cumulativement, de la cause, de l'objet et des parties au litige (TC 18 juin 2007, *Société nancéenne Varin-Bernier*, p. 597).

L'exigence d'une erreur d'un des deux juges saisis n'est pas purement tautologique. Elle prend acte de ce que certains litiges ne relèvent d'aucun des deux ordres de juridiction, qui doivent en ce cas se déclarer incompétents sans qu'apparaisse pour autant un conflit négatif. Le contentieux des actes de gouvernement en est la principale illustration.

Le Tribunal des conflits, estimant constitué le conflit négatif, ne peut, pour le résorber, que déclarer nul et non avenu le jugement ayant reconnu à tort l'incompétence de l'ordre compétent. Les parties seront en conséquence renvoyées devant lui (TC 24 novembre 1997, *Société de Castro*, p. 540).

Manifestant, tout comme les contrariétés de jugement au fond, l'excessive étanchéité de la séparation des autorités, les conflits négatifs sont regrettables. Ils révèlent l'indifférence des juges aux positions de leurs homologues et aux conséquences qui en résultent pour les parties à la recherche d'un prétoire. L'aménagement de mécanismes tendant à prévenir leur apparition a marqué un net progrès.

Sous-section 2
LA PRÉVENTION DES CONFLITS

Reprenant en l'améliorant les dispositions d'un décret du 25 juillet 1960, le décret du 27 février 2015 organise deux procédures permettant de prévenir les difficultés de compétence et donc de désamorcer les crises. Leur efficacité est telle qu'en 2018, l'intégralité des 38 affaires enregistrées par le Tribunal découlait de leur mise en œuvre (dont 75 % pour la première). Il n'a ainsi été saisi d'aucun conflit positif ou négatif.

La première vise à éviter l'apparition de conflits négatifs en interdisant au juge de l'ordre juridictionnel saisi en second d'un litige, rejeté pour incompétence par l'autre ordre, de se déclarer à son tour incompétent. Il n'est évidemment pas pour autant autorisé à trancher l'affaire au fond sous peine, si son analyse de la compétence est correcte, de violer la séparation des autorités. Le juge en cause est, en revanche, tenu de surseoir à statuer et de renvoyer la détermination de l'ordre compétent au Tribunal des conflits (TC 7 juin 1999, *Tardiff*, p. 454). Le renvoi sera cependant logiquement rejeté si le juge s'est trompé quant à l'existence d'un risque de conflit négatif (TC 26 juin 2006, *GAEC de Campoussin c/ SNCF*, préc.). Le système a pour principal mérite d'empêcher la formation d'un tel conflit et d'accélérer la solution de la difficulté de compétence. Il a en pratique provoqué un recul sensible du nombre de conflits de ce type, mais non leur totale disparition. Il se peut, en effet, que le second ordre saisi se prononce alors que le jugement rendu par le premier n'est pas encore devenu définitif, ce qui laisse espérer une correction et une déclaration de compétence. Il se peut encore que les parties n'aient pas informé le second juge de la position de l'autre ordre juridictionnel ou qu'elles ne l'aient pas mis en mesure de constater l'identité des questions posées.

La réforme de 2015 élargit par ailleurs un mécanisme créé en 1960 pour favoriser l'élaboration concertée des mécanismes de répartition des compétences. Le Tribunal des conflits représentant l'instance idoine, toute juridiction saisie d'un litige qui présente à juger, soit sur l'action introduite, soit sur une exception, une question de compétence soulevant une difficulté sérieuse et mettant en jeu la séparation des ordres de juridiction, peut la lui renvoyer afin qu'il la tranche. Ce dispositif devrait permettre de résoudre très en amont les difficultés de compétence, bien avant que n'apparaisse un conflit. Recueillant l'aval de l'instance paritaire, la solution préconisée sera nécessairement mieux acceptée par chaque ordre. Pour donner néanmoins au Tribunal des conflits les moyens de faire face à l'afflux éventuel des renvois sur le fondement de cette procédure, il est désormais prévu que le président du Tribunal, conjointement avec le membre le plus ancien appartenant à l'autre ordre de juridiction, peut statuer par voie d'ordonnance lorsque la solution de la question soumise s'impose avec évidence.

Cette faculté ouverte à toute juridiction de faire trancher par le Tribunal des conflits les difficultés de compétence qu'elle rencontre témoigne de ce que le principe de séparation des autorités ne mène pas nécessairement au séparatisme. La dualité des ordres de juridiction ne remet pas en cause l'unité de l'ordre juridique [1]. Elle rappelle toutefois également que, même au pays de Descartes, la simplicité et la rationalité ne sont pas les premières qualités du système juridique.

---

1. R. Chapus, « Dualité de juridictions et unité de l'ordre juridique », *RFDA* 1990, p. 739.

GLOSSAIRE CRITIQUE

Conseiller et juger

Depuis sa création sous le Consulat, le Conseil d'État exerce une double fonction, celle de conseil du gouvernement (et, depuis une révision constitutionnelle de 2008, du Parlement) et de juge administratif. Cette dualité fonctionnelle est une des spécificités majeures de notre ordre juridictionnel administratif : non seulement notre système juridictionnel réserve la connaissance des litiges mettant en cause l'administration à un ordre juridictionnel à part entière, mais encore il attribue à la juridiction suprême de cet ordre la mission de conseiller le pouvoir exécutif dans l'exercice de son pouvoir normatif.

La fonction consultative du Conseil d'État est exercée par des sections administratives qui sont obligatoirement consultées par le gouvernement sur les projets de lois ou d'ordonnances ainsi que, lorsqu'un texte le prévoit, sur des projets de décrets (« décrets en Conseil d'État »). Il est également susceptible d'être spontanément consulté sur d'autres projets de textes ainsi que sur des difficultés juridiques rencontrées par le gouvernement.

Dans le cadre de cette fonction consultative, le Conseil d'État participe à ce que l'on appelait autrefois « l'administration active » : il ne lui est ainsi pas seulement loisible d'apprécier la rectitude juridique des projets qui lui sont soumis, mais peut également se prononcer sur leur qualité rédactionnelle et même sur leur pertinence au regard des objectifs poursuivis. Il examine donc aussi bien leur légalité que leur opportunité (non « politique » mais « administrative »).

Si cette fonction consultative a été pleinement rétablie depuis qu'en 1945 a été rendue obligatoire sa consultation sur les projets de loi, elle avait été sensiblement réduite sous la IIIe République, plutôt méfiante à l'endroit de cette institution encore perçue, à l'époque, comme un instrument des régimes autoritaires du XIXe siècle. Elle a même connu un notable renforcement par l'instauration, en 1963, de la règle de la double appartenance des membres du Conseil d'État. Elle signifie qu'ils sont affectés, en principe, à la fois à une section administrative et à la section du contentieux. Bien qu'elle subisse un certain nombre d'exceptions, cette règle fut voulue par le général de Gaulle (après une période de forte tension entre le Conseil d'État et le pouvoir en place) pour garantir que les membres du Conseil connaissent les contraintes et les nécessités de l'action publique lorsqu'ils jugent une affaire.

Cette préoccupation faisait écho à la formule consacrée au début du XIXe siècle selon laquelle « juger l'administration, c'est encore administrer ». Cette formule revêtait une double signification : d'une part, pour bien juger les litiges mettant en cause l'administration, il faudrait être particulièrement pénétré de ses spécificités et de ses impératifs et pour cela, il faut contribuer à son action au moins en la conseillant ; d'autre part, et inversement, pour mieux faire accepter par l'administration les décisions juridictionnelles mettant en cause son action, il faudrait avoir sa confiance, laquelle suppose de travailler en son sein ou au moins à ses côtés. Autant la seconde préoccupation a perdu de sa pertinence à l'époque contemporaine, autant la première est encore profondément ancrée dans l'esprit des membres cette institution. Il est vrai qu'historiquement le Conseil d'État a été légiste avant d'être juge, qu'il n'a d'ailleurs initialement exercé cette fonction juridictionnelle que comme un organe de préparation des décisions qui relevaient de la compétence du chef de l'État (justice retenue) et que le système de l'administrateur-juge, issu de la conception révolutionnaire de la séparation des pouvoirs, a contribué à enraciner cette idée que le traitement des litiges nés de l'action administrative n'est que le prolongement de la fonction d'administrer. À ces considérations s'ajoute la conviction que les litiges mettant en cause l'administration se distinguent des litiges civils, lesquels opposent deux intérêts privés, par le fait qu'ils amènent à arbitrer entre un intérêt privé et l'intérêt général qu'incarne et promeut l'administration. Il est effectivement compréhensible que ces deux types d'intérêts ne soient pas placés sur un pied d'égalité sur la balance de la justice.

Depuis longtemps, le Conseil d'État puise son prestige, sa légitimité et donc son efficacité, de sa double fonction consultative et juridictionnelle. Cette dualité fonctionnelle lui donne une connaissance mais aussi une influence inégalées sur la haute administration. Ses fonctions de conseiller et de juge de l'action du pouvoir exécutif lui assurent une vision globale de l'action publique.

Mais cette légitimité institutionnelle a été fragilisée d'un point de vue juridictionnel. En effet, la Cour européenne des droits de l'homme (CEDH 28 septembre 1995, *Procola*) a condamné le fait que le Conseil d'État luxembourgeois cumule des fonctions consultatives et juridictionnelles. Cette décision a révélé que la dualité fonctionnelle pouvait être à l'origine d'une partialité objective structurelle, c'est-à-dire d'une partialité provoquée par le fait que les mêmes personnes sont susceptibles de connaître d'un même acte dans l'exercice de fonctions consultatives et juridictionnelles successives. Divers dispositifs ont alors été institués au sein du Conseil d'État français pour lui éviter une condamnation similaire. D'abord, ses membres qui ont participé à l'avis d'une section administrative n'ont pas le droit de participer au jugement du recours dirigé contre l'acte pris après cet avis (Art. R 122-21-1 CJA). Ensuite, la liste des membres du Conseil ayant pris part à la délibération de la formation consultative est communiquée au requérant sur sa demande (art. R 1222-21-2 CJA). Enfin, les membres de la formation de jugement n'ont pas le droit de prendre connaissance de l'avis qu'a pu rendre une section administrative sur l'acte attaqué, du moins tant que cet avis n'a pas été rendu public (art. R 122-21-3 CJA).

Fort de ces garanties procédurales et du fait que la Constitution mentionne plus ou moins explicitement le fait qu'il exerce des fonctions consultatives (articles 37, 38, 39) et juridictionnelles (article 61-1), le Conseil d'État a ultérieurement considéré comme dépourvue de pertinence une question prioritaire de constitutionnalité portant sur sa dualité fonctionnelle (CE 16 avril 2010, *Association Alcaly*, p. 831) et affirmé qu'il présente les garanties d'impartiatilité requises par l'article 6$1 de la CDEH (CE 24 juillet 2019, Ligue de défense des conducteurs, req. 421603).

Il n'empêche qu'elle n'échappe pas à toute critique, moins sans doute dans son principe que dans ses modalités. Aussi incongrue qu'elle puisse paraître à un juriste, la « théorie des apparences », qui fut invoquée par la Cour européenne des droits de l'Homme pour contester la présence du commissaire du gouvernement au cours du délibéré (CEDH 7 juin 2001, *Kress c/ France*), ne saurait être dédaigneusement écartée. En dépit des mécanismes mis en place pour mieux distinguer l'exercice des fonctions consultatives et juridictionnelles, l'observateur ne peut se départir d'un doute sur la possibilité d'établir entre elles une parfaite étanchéité.

Par ailleurs, la compétence reconnue des membres du Conseil d'État, le prestige du corps auquel ils appartiennent, les contacts constants et étroits que leurs fonctions au sein des sections administratives leur permettent de nouer avec les hauts fonctionnaires des ministères valent à beaucoup d'entre eux d'être sollicités pour exercer de hautes responsabilités au sein des administrations centrales, des autorités administratives indépendantes, des établissements publics, des entreprises publiques et même parfois aussi au sein de grandes entreprises privées. Sans doute est-ce conforme à la volonté de Napoléon Bonaparte de disposer d'un vivier de fonctionnaires qu'il pourrait appeler à exercer de hautes responsabilités au sein de l'administration de l'État. Mais ce qui était probablement perçu comme un puissant facteur de modernisation de l'administration française à l'orée du XIXe siècle ne manque pas d'interroger deux siècles plus tard.

Surtout lorsque, comme l'indique le site du Conseil d'État, « deux tiers des membres sont présents au Palais-Royal [...]. Le troisième tiers est soit détaché dans d'autres responsabilités publiques (directions de ministère, d'établissement public...), soit en position de disponibilité pendant une durée limitée pour exercer des fonctions privées ». Ce phénomène est la conséquence directe de la dualité fonctionnelle. Il est à ce point troublant que le législateur commence à s'en inquiéter, comme en témoigne notamment l'article 10, V[e] alinéa de la loi du 20 janvier 2017 portant statut général des autorités administratives indépendantes et des autorités publiques indépendantes, qui limite le nombre de membres issus de la juridiction administrative au sein des collèges des autorités administratives indépendantes.

Outre l'influence qu'il permet sur les principaux rouages de l'État, l'exercice par les membres du Conseil d'État d'éminentes fonctions administratives n'est pas sans susciter des interrogations lorsque leurs décisions (ou celles auxquelles ils ont participé) relèvent, en cas de recours, de la compétence directe de celui-ci statuant au contentieux.

Le statut des membres du Conseil d'État est finalement très représentatif de cette institution originale, mi-conseiller légiste à compétence universelle, mi-juge à compétence particulière. Ils appartiennent au premier des grands corps administratifs de l'État, ne prêtent pas serment, ne portent pas de robe dans l'exercice de leurs fonctions juridictionnelles et se refusent le statut formel de magistrats (pourtant reconnu désormais aux juges des tribunaux administratifs et des cours administratives d'appel).

En 1958, Michel Debré, alors garde des Sceaux, avait présenté les conseillers d'État comme « des fonctionnaires qui occupent des fonctions de juge ». Cela reste profondément juste à une époque où néanmoins un tel cumul de fonctions semble difficilement conforme aux principes fondamentaux de la justice.

Pour autant, la solution ne réside probablement pas dans l'abandon de la dualité fonctionnelle du Conseil d'État, dont la pertinence, d'un point de vue global et institutionnel, n'est pas contestable. Ce sont ses implications individuelles qui le sont ainsi que les dérives qu'elle a favorisées. Pour y remédier, il pourrait être décidé de renoncer à la règle de la double appartenance simultanée et de ne confier aux membres du Conseil d'État l'exercice – alors définitif et exclusif – des fonctions juridictionnelles que dans une seconde partie de leur carrière, après une période d'affectation dans les sections administratives au cours de laquelle ils auraient la possibilité – s'ils le souhaitent – d'être détachés dans des postes de la haute administration.

C'est peut-être à ce prix que la dualité fonctionnelle cesserait d'être remise en cause, notamment par ceux qui contestent, plus fondamentalement, le dualisme juridictionnel français.

▶ **Bibliographie**

J.-L. Autin et Fr. Sudre, « La dualité fonctionnelle du Conseil d'État en question devant la Cour européenne des Droits de l'Homme. À propos de l'arrêt Procola du 28 sept. 1995 », *RFDA* 1996, p. 777.

J.-L. Autin et Fr. Sudre, « L'impartialité structurelle du Conseil d'État hors de cause ? », *RFDA* 2007, p. 342.

M. Long, « Le Conseil d'État et la fonction consultative : de la consultation à la décision », *RFDA* 1992, p. 787.

J.-M. Sauvé, « Juge, guide et contrôle de l'administration : fonctions juridictionnelles et consultatives en droit comparé », Rencontres du bicentenaire du Conseil d'État de Colombie, 31 octobre 2017, disponible sur le site du Conseil d'État.

Doctrine

Issu du latin *docere*, qui signifie enseigner, le terme de doctrine vise, en droit, indifféremment, les opinions émises par des « personnes autorisées », les œuvres qui en sont l'expression ou leurs auteurs eux-mêmes (P. Jestaz, C. Jamin, « L'entité doctrinale française », *D.* 1997, chr., p. 167 ; L. Aynès, P.-Y. Gautier, F. Terré, « Antithèse de "l'entité" (à propos d'une opinion sur la doctrine) », *D.* 1997, chr., p. 229 ; E. Millard, « Ce que "doctrine" veut dire », in *La Doctrine en droit administratif*, voir *infra* bibliographie). Le travail doctrinal peut recouvrir deux réalités, plus ou moins nettement dissociées, l'une entendant participer à la production du droit, l'autre entendant analyser le phénomène juridique (J. Chevallier, « Synthèse », in *La Doctrine en droit administratif*, voir *infra* bibliographie). Il est probable que les enseignants du droit, universitaires pour la plupart, participent plus que d'autres à l'activité doctrinale. Il semble que certains juges administratifs qui, historiquement, ont été les premiers à tenter une construction intellectuelle du droit administratif (Macarel, Cormenin, Aucoc, Laferrière...), puissent revendiquer une activité doctrinale. L'hésitation est permise, en revanche, à propos des rapporteurs publics (ci-devant commissaires du gouvernement) dont les conclusions, si précieuses pour la compréhension de ce droit, remplissent une fonction toute pragmatique : justifier la solution préconisée dans un litige déterminé. La doctrine peut également inclure les praticiens du droit, lorsque, abandonnant les préoccupations habituelles de leurs fonctions, ils ambitionnent de contribuer à l'intelligence du droit.

La fonction doctrinale aujourd'hui prédominante relève d'une approche techniciste et positiviste. Elle consiste avant tout à expliquer le droit en se livrant, le cas échéant, à son interprétation. Elle opère également, en cas de besoin, sa systématisation, car « le droit ne peut remplir la fonction qui lui incombe dans la société, c'est-à-dire être un facteur d'ordre, de sécurité et de stabilité, qu'à condition d'atteindre un certain degré d'abstraction et de généralité et de se présenter comme un ensemble logique et cohérent » (J. Chevallier, « Les interprètes du droit », *La Doctrine juridique*, PUF, 1993, p. 276). La doctrine peut ainsi construire, en dégageant et formulant les principes qui ordonnent les règles et les solutions de droit ; elle peut également détruire, en contestant la justesse, voire l'opportunité de ces mêmes règles et solutions.

L'œuvre doctrinale est d'autant plus importante que le champ du droit où elle intervient est fuyant, peu encadré par des normes écrites. Le droit administratif, d'origine essentiellement jurisprudentielle, a, plus que tout autre, largement bénéficié des réflexions des auteurs. Certains membres du Conseil d'État ont certes jadis sacrifié à la mode philosophique du moment et plaidé pour un « existentialisme juridique » (B. Chenot, « L'existentialisme et le droit », *RFSP* 1953, p. 57), afin de s'en tenir fidèlement aux réalités sans chercher à « connaître l'essence des institutions pour en classer les diverses variétés dans un herbier ». Cependant, loin d'être dérisoire et destiné à la seule « tranquillité des professeurs », l'effort de systématisation des « faiseurs de systèmes » a permis de surmonter l'empirisme et l'arbitraire apparent des solutions consacrées au hasard des espèces. Ils ont offert à ce droit des concepts et des principes généraux sans lesquels l'exercice des libertés n'existe plus, faute pour les conséquences des actions humaines d'être prévisibles. « Ce que la codification a fait pour le droit privé, c'est la doctrine qui, pour le droit administratif, a dû le faire et tente de le poursuivre » (J. Rivero, « Jurisprudence et doctrine dans l'élaboration du droit administratif », *EDCE* 1955, p. 36). Il est vrai que « le juge est condamné à l'empirisme ; en présence d'une affaire, il lui faut avant tout chercher la solution juste » alors que « la doctrine est, par nature, condamnée à l'énoncé de règles générales ; si elle se borne à transcrire, en les juxtaposant, les solutions d'espèce, elle se nie elle-même : un bon fichier y suffirait » (*ibid.*, p. 32).

Est-ce alors dire que la doctrine est, aux côtés de la Constitution, des traités, des lois, des actes réglementaires et de la jurisprudence, une source du droit ? Nul doute qu'elle en est une source matérielle, comme l'économie, l'histoire, la sociologie… Les réflexions doctrinales inspirent en effet parfois, positivement ou négativement, les auteurs des normes précitées. Elles les éclairent sur la portée des règles en vigueur, sur leurs éventuels défauts, sur les moyens d'y remédier. L'influence doctrinale est très exceptionnellement le fait d'un seul (comme celle de Jean Carbonnier sur le législateur élaborant le droit de la famille) ; elle est généralement diffuse, liée à la convergence et à la réitération des analyses (en faveur, par exemple, de la réduction de la notion de mesure d'ordre intérieur : voir P. Frydman, concl. sur CE Ass. 17 février 1995, *Hardouin et Marie, RFDA* 1995, p. 353). La contribution de la doctrine se traduisant médiatement, par le truchement des sources formelles du droit, il est classique de l'évincer de celles-ci. Kelsen considérait l'interprétation « non authentique » – opposée à celle, authentique, des « organes d'application du droit » – comme un pur acte de connaissance et non de volonté, destiné non à créer mais, plus modestement, à « déterminer, par une opération intellectuelle, le sens de normes juridiques » (H. Kelsen, *Théorie pure du droit*, Dalloz, 1962, p. 462). Car « la détermination de ce qui doit devenir la règle de droit n'est point affaire d'investigations individuelles de savants ou de penseurs, mais un acte de puissance présupposant une compétence organiquement instituée » (R. Carré de Malberg, « Réflexions très simples sur l'objet de la science juridique », *Mélanges Gény*, 1935, t. 1, p. 192). Or les auteurs formant la doctrine ne constituent pas un pouvoir, mais, au mieux, une simple autorité intellectuelle.

La prolifération normative, l'internationalisation des sources, la diffusion accrue des solutions jurisprudentielles, en accentuant la complexité du droit, renforcent la nécessité de la doctrine : elle seule est à même, notamment pour des raisons de temps et de capacité d'expertise, tout à la fois d'extraire l'essentiel et d'expliquer le détail. Elle est désormais indispensable aux sources formelles du droit dont elle constitue le meilleur instrument de connaissance. La multiplication des revues et des ouvrages juridiques qui en est le reflet porte pourtant en elle une nouvelle exigence : celle de synthétiser et d'ordonner la doctrine.

▶ **Bibliographie**

Outre les divers articles précités :

AFDA, *La Doctrine en droit administratif*, LexisNexis 2010, « Colloques et débats », Travaux de l'AFDA n° 3.

Le Conseil d'État et la Doctrine, RA 1997, n° spéc.

Doctrine et recherche en droit, Droits, 1994, n° 20.

J. Rivero, « Apologie pour les "faiseurs de systèmes" », *D.* 1951, chr., p. 99.

Léon Duguit

Léon Duguit (1859-1928) fascine. Pas seulement par l'ampleur de son œuvre – couronnée par son *Traité de droit constitutionnel* en cinq volumes traitant aussi bien de la notion de droit, d'État, du droit constitutionnel français, du droit administratif, que des libertés publiques –, mais également par l'extraordinaire cohérence de celle-ci, monolithique s'il en est, et par sa profonde originalité. Partant de l'idée que pour mériter le titre de science un domaine du savoir doit être examiné au regard des seuls faits, de la seule réalité, sans *a priori* et sans qu'interviennent des croyances qu'il qualifie de « métaphysiques », Duguit pousse à l'extrême les enseignements d'Auguste Comte et d'Emile Durkheim. Convaincu de la valeur exclusive de l'expérimentation, il est contraint, faisant table rase de toute idée préconçue, de reconstruire tout un système de pensée, de reformuler l'idée même de Droit et d'en décliner les conséquences tant en droit public qu'en droit privé.

Qualifiée d'objectiviste ou de réaliste, sa méthode le conduit à nier l'existence de tout droit subjectif, car cette notion implique, d'après lui, la reconnaissance de la personnalité morale donc de la souveraineté de l'État et, par contrecoup, du pouvoir qu'aurait ce dernier de créer le Droit. Écartant farouchement le concept de personnalité morale comme une pure fiction, Duguit accepte tout au plus de constater la force particulière des gouvernants qui restent eux-mêmes soumis au Droit, à l'instar de n'importe quel autre individu. Les actes des uns et des autres ne valent que dans la stricte mesure où ils sont conformes au Droit. Le raisonnement lui permet de parvenir à sa fin : soumettre l'État au Droit non pas, comme le présentaient les théoriciens classiques, en vertu d'un phénomène d'autolimitation – l'État acceptant de respecter le Droit qu'il crée lui-même –, mais simplement parce qu'il est dépourvu de toute maîtrise sur sa création. Duguit fait reposer ce Droit « uniquement sur le sentiment de la masse des esprits que telle règle est essentielle pour le maintien de la solidarité sociale, que sa violation briserait cette solidarité, que, dès lors, elle doit avoir une sanction organisée ». Peu lui importe que cette règle soit bonne ou mauvaise, ce qui relève d'un jugement de valeur qu'il s'interdit, ce qui compte est qu'elle soit la règle de droit du groupe social considéré et qu'en tant que telle elle s'impose à tous et au premier chef à l'État et aux gouvernants. Ces conceptions conduisent Duguit à une définition de l'acte juridique dans laquelle l'effet de droit n'est que le résultat du *déclenchement* du droit objectif par la manifestation de la volonté. Cette dernière, par elle-même, est impuissante à *créer* du droit.

Fortement abstraite, imprégnée de considérations philosophiques hautement estimables – la limitation de l'État de l'« extérieur » –, la réflexion de Duguit forme un tout, un univers clos et harmonieux. La grille de lecture qu'il utilise lui permet de reformuler bien des notions juridiques et de contribuer à l'affinement des concepts fondamentaux du droit administratif. Ainsi a-t-il proposé une classification des actes juridiques en *actes-règles* de caractère objectif, général, *actes-subjectifs*, faisant naître à la charge d'un individu une obligation spéciale, et *actes-conditions*, déterminant l'application à un individu déterminé d'une norme objective préexistante. Le premier, Duguit a fait valoir la relativité de la distinction des régimes juridiques des domaines privé et public et a démontré l'existence d'une échelle de domanialité faisant passer insensiblement de l'un à l'autre. En contentieux administratif, Léon Duguit a substitué aux quatre catégories de recours identifiées par Laferrière une division binaire opposant les recours objectifs et les recours subjectifs en se fondant, de façon intellectuellement plus satisfaisante, sur la nature de la question posée au juge et non plus sur les pouvoirs de celui-ci. Le droit de la fonction publique lui doit la démonstration de la situation légale et réglementaire, et non contractuelle, des fonctionnaires.

C'est à la notion de service public qu'il a pourtant principalement attaché son nom. L'École du service public, ou École de Bordeaux (dont il fut le doyen de la faculté de droit) s'est constituée autour de lui lorsqu'en 1913 *(Les Transformations du droit public*, A. Colin), il a entrepris de faire de cette notion le centre de son système théorique. Toutefois, fidèle à sa méthode objectiviste, il en donne une définition fort imprécise : le service public vise « toute activité dont l'accomplissement doit être assuré, réglé et contrôlé par les gouvernants, parce que l'accomplissement de cette activité est indispensable à la réalisation et au développement de l'interdépendance sociale, et qu'elle est de nature telle qu'elle ne peut être réalisée complètement que par l'intervention de la force gouvernante ». Semblable définition est fondamentale en ce qu'elle fait du service public la finalité de l'action étatique : « l'État n'est pas une puissance qui commande, une souveraineté ; il est une coopération de services publics organisés et contrôlés par des gouvernants ». Ils n'en sont pas les créateurs mais les simples exécutants, concrétisant, satisfaisant le souhait de la masse des consciences individuelles. Assigné à la réalisation d'une mission, qui le fonde et le limite, l'État peut, en revanche, être doté des moyens exorbitants nécessaires à son accomplissement. Duguit poursuit son analyse en déduisant de cette finalité particulière des autorités publiques l'existence d'un droit particulier, le droit administratif, mis en œuvre par des juridictions particulières, les juridictions administratives. Raisonnant de la sorte, il lie intimement service public, État, droit administratif et juge administratif. Le droit administratif est le droit des services publics, de tous les services publics mais des seuls services publics.

La cohérence et la vertu simplificatrice de ces conclusions ne pouvaient manquer de séduire : nombreux sont les universitaires qui se réclamèrent des thèses de Duguit, en conservant parfois, tel Gaston Jèze, suffisamment d'esprit critique pour nuancer les conceptions du maître.

Car il était quelque peu présomptueux de prétendre ramener le droit, et même le seul droit administratif, à une méthode et à une idée. Son attachement à écarter tout dogmatisme au nom du « réalisme », a conduit Duguit à certaines contradictions ou approximations. Rejetant énergiquement l'idée d'un Droit naturel, il n'a pas aperçu que sa conception du Droit, constitué d'un ensemble de règles s'imposant aux gouvernants, n'en était qu'un avatar. Par ailleurs, son souci de ne rien admettre qui ne repose sur l'observation ou l'expérimentation l'a mené à bien des approximations – à l'exemple de sa définition du concept, pourtant fondamental, de service public –, tant il est difficile de sonder les consciences individuelles formant une société et donc, à ses yeux, le Droit. Enfin, certaines de ses démonstrations furent démenties dès son époque par les évolutions de la société, telles que le juge les analysait. Duguit refusa ainsi l'apparition des services publics industriels et commerciaux, qui contredisaient son principe de soumission de tous les services publics au droit administratif et donc sa conception même de l'État. Mais ses constructions intellectuelles, pures abstractions peut-être trop fragiles pour résister à la confrontation des faits, recèlent bien des pistes de réflexion et trouvent encore parfois un écho dans telle solution aujourd'hui consacrée…

► **Bibliographie**

Outre les ouvrages de Duguit :

Congrès commémoratif du centenaire de la naissance du doyen Léon Duguit), Revue juridique et économique du Sud-Ouest, 1959, n° spéc.

J.-M. Blanquer, M. Milet, *L'Invention de l'État. Léon Duguit, Maurice Hauriou et la naissance du droit public moderne*, Odile Jacob, 2015.

R. Bonnard, « Léon Duguit. Ses œuvres. Sa doctrine », *RDP* 1929, p. 5.

G. Jèze, « L'influence de Léon Duguit sur le droit administratif français », *Archives de philosophie du droit*, 1932, p. 135.

F. Melleray (études réunies par), *Autour de Léon Duguit*, Bruylant, 2011.

Exorbitance

Le droit administratif peut être qualifié de droit *exorbitant* à la condition de préciser le sens donné à cet adjectif.

Dans un premier sens, le mot désigne le fait de dépasser la juste mesure. Appliqué à une branche du droit, il signifie alors qu'elle est constituée de règles spécifiques par leur caractère excessif. Tel est bien le cas du droit administratif dont un rapide examen permet de comprendre qu'il accorde à l'administration d'importants pouvoirs juridiques, excédant largement ceux reconnus aux personnes privées. Le vocabulaire employé trahit très souvent l'étendue singulière des privilèges de l'administration : « prérogative de puissance publique », « clause exorbitante du droit commun », « exécution forcée », « décision exécutoire », « insaisissabilité », « résiliation unilatérale », « constituer débiteur » en sont des illustrations parmi d'autres. Le fondement du caractère exorbitant, ainsi entendu, du droit administratif réside évidemment dans le constat de ce que l'État doit disposer de pouvoirs adaptés aux missions d'intérêt général qui lui sont confiées par la collectivité des individus le composant. La supériorité de ces missions justifie qu'il puisse imposer ses volontés aux intérêts particuliers et qu'il dispose donc de pouvoirs juridiques inconnus dans les rapports entre particuliers. Le pouvoir d'action unilatérale est la plus extraordinaire des prérogatives exorbitantes et la règle fondamentale du droit public (CE Ass. 2 juillet 1982, *Huglo* p. 257). Il permet à l'administration de procéder à des prescriptions juridiques (interdire, ordonner, autoriser) sans le consentement des destinataires ou le concours du juge (« privilège du préalable »), et conduit à reconnaître à ses décisions une véritable présomption de légalité. C'est à l'administré de prendre l'initiative de les contester, le cas échéant devant un juge, sans que le dépôt du recours le dispense du respect de la décision critiquée avant son éventuelle annulation. La faculté d'obtenir la suspension de ses effets n'apporte qu'un faible correctif à cette prérogative de l'administration. L'affirmation traditionnelle du caractère inégalitaire du droit administratif trouve son fondement dans ces divers exemples : l'administré ne paraît pas armé pour faire valoir ses prétentions face aux pouvoirs exorbitants de l'administration.

Cette affirmation n'en est pas moins tronquée. En effet, le caractère exorbitant, entendu dans le sens ci-dessus retenu, n'est pas monovalent : il renvoie également au fait que, par bien de ses traits, le droit administratif se distingue par les sujétions particulièrement rigides qu'il fait peser sur l'administration (J. Rivero, « Existe-t-il un critère du droit administratif ? », *RDP* 1953, p. 279). La première d'entre elles consiste en l'obligation pour les autorités publiques d'exercer les compétences qui leur sont dévolues, à la différence de tout individu dont la capacité juridique se traduit par la faculté d'agir. Tenue d'agir, l'administration n'est pas plus libre de ses buts : le droit lui assigne une finalité globale (promouvoir l'intérêt général) déclinée en des fins particulières en dehors desquelles son action sera illégale comme entachée de détournement de pouvoir. Outre ces deux sujétions exorbitantes constantes, le droit administratif pose une multitude de règles spécifiques à telle ou telle activité et dépassant celles que le droit privé impose aux individus. La gestion des services publics en témoigne qui se caractérise par l'obligation de respecter les principes d'égalité et de continuité. Le régime de la domanialité publique se singularise, quant à lui, par l'interdiction d'aliéner les biens qui en font partie et l'obligation de respecter leur affectation.

Le caractère exorbitant du droit administratif, visant ici la démesure, la spécificité des règles qui le composent, se concrétise positivement et négativement. Il est la conséquence logique de la prééminence des finalités de l'action publique : le droit administratif permet à l'administration de mener à bien ses missions, en lui fournissant les moyens adaptés ; il lui impose, inversement, de les satisfaire et en trace les limites.

Le second sens du terme exorbitant, synonyme cette fois de dérogatoire, est quelquefois employé à propos du droit administratif. Il est vrai que cela paraît découler logiquement du sens précédemment retenu : le droit administratif serait exorbitant parce que les règles qui le composent dérogent, par l'ampleur des droits et obligations qu'elles posent, au droit régissant les rapports entre particuliers. La spécificité de ses règles constitutives se construirait par rapport au droit privé. Toutefois, retenir une telle présentation sous-entend que le droit administratif déroge au droit privé, considéré comme le droit commun. La conséquence inéluctable en est que, sauf disposition particulière de ce droit dérogatoire, le droit privé doit s'appliquer. L'utilisation du terme exorbitant en ce sens confronte donc à la question fondamentale des rapports entre le droit privé et le droit administratif. L'un doit-il être regardé comme le droit commun auquel l'autre déroge le cas échéant, ou ne faut-il pas plutôt considérer que chacun, dans sa sphère propre, constitue le droit commun ? La deuxième proposition souligne l'autonomie du droit administratif sans interdire que des règles identiques à celles du droit privé s'appliquent lorsque les nécessités de la conciliation de l'action publique et des intérêts privés le permettent. La formulation de l'arrêt Blanco incite à une telle conception : « la responsabilité, qui peut incomber à l'État pour les dommages causés aux particuliers par le fait des personnes qu'il emploie dans le service public, ne peut être régie par les principes qui sont établis dans le Code civil, pour les rapports de particulier à particulier ; cette responsabilité n'est ni générale ni absolue ; elle a ses règles spéciales qui varient selon les besoins du service et la nécessité de concilier les droits de l'État avec les droits privés » (TC 8 février 1873, *Blanco*, 1er suppl. p. 61, concl. David). Affirmer l'autonomie du droit administratif, et corrélativement celle du droit privé, ainsi qu'y consent aujourd'hui l'immense majorité de la doctrine, soulève néanmoins une difficulté immédiate liée au dualisme juridique : comment prétendre que prévaut en France un ordre juridique unitaire ? Plusieurs arguments permettent de dépasser cette apparente contradiction. En premier lieu, c'est l'ordre juridique lui-même qui a posé le principe de la séparation des autorités et postulé que la spécialité des litiges se prolonge par une spécialité du droit les régissant. En deuxième lieu, les deux ordres de juridiction ne s'ignorent pas et disposent de mécanismes garantissant l'unité des solutions (procédures de conflit, questions préjudicielles). En troisième lieu, les droits privé et administratif se rejoignent sur bien des points par l'adoption volontaire et réciproque de solutions identiques (R. Chapus, « Dualité de juridictions et unité de l'ordre juridique », *RFDA* 1990, p. 739). Enfin, ces deux branches du droit sont soumises à des règles juridiques supérieures qui achèvent leur intégration dans un ordre juridique unitaire. Telle est la conséquence notable du développement des sources constitutionnelles et internationales du droit français.

Ces divers éléments, qui attestent que le droit administratif n'est pas exorbitant en ce qu'il serait dérogatoire au droit commun que serait le droit privé, contribuent cependant à nuancer ce qui légitime malgré tout sa présentation comme un droit exorbitant : la spécificité des règles qui le composent.

▶ Bibliographie

J. Chevallier, « Le droit administratif, droit de privilège ? », *Pouvoirs*, 1988, n° 46, p. 57.

C. Eisenmann, « Le problème de l'autonomie du droit administratif dans le droit français actuel », *Cours de droit administratif*, Montchrestien, t. 1, 1982.

F. Melleray (études réunies par), *L'Exorbitance du droit administratif en question(s)*, LGDJ, « Faculté de droit et des sciences sociales de Poitiers », 2004.

Flou du droit

Le titre évocateur d'un ouvrage consacré aux rapports délicats du droit pénal et des droits de l'homme (M. Delmas-Marty, *Le Flou du droit. Du Code pénal aux droits de l'homme*, PUF, 1986) est, hélas, transposable au droit administratif. L'honnêteté intellectuelle conduit à reconnaître que celui-ci souffre de nombreuses incertitudes. Rançon inévitable de son apparition fortuite et de son élaboration prétorienne, ce défaut lui vaut une réputation peu flatteuse parmi les étudiants. Son enseignement et, corrélativement, son apprentissage n'en sont, il est vrai, pas facilités.

Les incertitudes affectent d'abord les notions les plus fondamentales de ce droit, celles qui commandent son champ d'application. La notion de service public en offre le plus navrant exemple. En premier lieu, elle repose sur les concepts imprécis d'intérêt général et de personne publique (indispensable pour le rattachement organique de l'activité à qualifier), laissant libre champ à des appréciations subjectives divergentes. En deuxième lieu, comment justifier, en admettant que la qualification de service public soit aisée, que la nature administrative ou industrielle et commerciale d'une même activité (piscine, théâtre, enlèvement des ordures ménagères…)

dépende d'infimes détails d'organisation et varie en conséquence selon les endroits ? Cette détermination, indispensable pour identifier le juge compétent et le droit applicable, suscite régulièrement des désaccords au sein des juridictions saisies et la confusion des autorités administratives qui découvrent *a posteriori* qu'elles géraient depuis longtemps un service public autre que ce qu'elles pensaient... Cela signifie, concrètement, que les règles de droit appliquées à la gestion du service en cause – notamment aux agents et aux usagers – étaient jusqu'alors incorrectes. Le moins perdu n'est pas le malheureux usager qui, en cas de litige, constate souvent avec effroi que des années de procédure (en cas de saisine du Tribunal des conflits) peuvent être nécessaires pour trouver le juge compétent avant même que ses prétentions ne soient examinées au fond. En troisième lieu, aux incertitudes se mêlent des considérations non exemptes d'incohérences. Le concept de service public industriel et commercial en témoigne qui est censé concilier l'inconciliable : le service public, c'est-à-dire la satisfaction de l'intérêt général, et des préoccupations identiques à celles du secteur privé, c'est-à-dire la poursuite d'intérêts égoïstes (P. Sandevoir, « Les vicissitudes de la notion de SPIC », *Mélanges Stassinopoulos*, LGDJ, 1974, p. 317). La réalisation de bénéfices parfois substantiels dans le cadre de la gestion de services publics constitue elle aussi un phénomène – ô combien tangible – source de légitimes interrogations.

Il serait, hélas, aisé d'étendre l'inventaire des incertitudes et incohérences à la plupart des autres notions du droit administratif (agent public, domaine public, actes administratifs...). Elles procèdent évidemment de l'absence de toute définition légale des notions en cause, forgées au gré des espèces et des évolutions de la société par un juge administratif tenu de statuer sur les litiges sans pour autant rendre des arrêts de règlement. À cette cause structurelle de difficultés s'en ajoute une autre, liée à l'existence de véritables politiques jurisprudentielles. Ainsi, après avoir longtemps limité l'attribution de la qualité d'agent public aux agents contractuels des services publics administratifs gérés par des personnes publiques, le juge a opéré un spectaculaire revirement de jurisprudence leur conférant ladite qualité systématiquement (TC 25 mars 1996, *Berkani*, p. 535, concl. Martin). La situation de milliers d'agents en a été immédiatement bouleversée, justifiant l'intervention du législateur pour leur offrir, ainsi qu'à leur employeur, une formule juridique adaptée (loi 2000-321 du 12 avril 2000).

L'office du juge administratif occasionne d'autres hésitations. Si, comme cela a été brillamment démontré (P. Delvolvé, « Existe-t-il un contrôle de l'opportunité ? », *Conseil constitutionnel et Conseil d'État*, LGDJ, 1988, p. 269), le juge ne procède jamais à un contrôle de l'opportunité de l'action administrative, il se reconnaît en revanche une opportunité dans l'étendue de son contrôle de légalité. Bien qu'historiquement la mise en œuvre de cette faculté ait toujours profité aux administrés par une extension progressive du champ de la légalité, elle est cependant parfois porteuse d'incertitudes. C'est particulièrement net quant aux différents niveaux de contrôle opéré par le juge : les frontières entre le contrôle restreint – incluant l'erreur manifeste d'appréciation –, le contrôle normal et le prétendu contrôle maximum – illustré éventuellement par le contrôle de la nécessité des mesures de police – sont, en pratique, bien difficiles à tracer. Il en va de même, en matière de contrôle de cassation, pour les notions d'appréciation souveraine des faits et de qualification juridique de ceux-ci. La détermination de ce qui relève de l'une ou de l'autre, bien qu'elle commande l'intervention du Conseil d'État, s'opère au regard de considérations – l'utilité du contrôle – rebelles à la systématisation.

Il est pourtant pédagogiquement nécessaire, dans un manuel, de tenter de gommer les aspérités du sujet, d'en dissimuler les éventuelles discordances pour faciliter la compréhension des mécanismes fondamentaux. Mais simplifier ne doit pas appauvrir. Ignorer ou nier les subtilités serait, notamment dans le cas du droit administratif, un bien mauvais parti, tant elles sont riches d'améliorations potentielles et donc de réflexions stimulantes.

► **Bibliographie**

G. Braibant, « Du simple au complexe, quarante ans de droit administratif », *EDCE*, n° 45, La Documentation française, 1994, p. 409.

J. Moreau (dir.), « Questions pour le droit administratif », *AJDA* 1995, n° spéc., p. 11.

D. Truchet, « À propos de l'évolution du droit administratif : "loi d'extension" et "loi de divergence" », *Mélanges Chapus*, Montchrestien, 1992, p. 633.

Maurice Hauriou

Esprit toujours en mouvement, ouvert aux leçons d'autres sciences sociales comme l'histoire, la sociologie ou la philosophie, soucieux de parvenir dans ses grandes constructions intellectuelles comme dans ses plus banales notes d'arrêt à un équilibre dynamique, Maurice Hauriou (1856-1929) a apporté une contribution décisive à la constitution du droit administratif en tant que branche autonome. Ce brillant juriste vint pourtant à l'enseignement et à l'étude de ce droit contre son gré, lorsqu'à l'issue du concours d'agrégation de 1882, dont il fut major devant Duguit (déjà !) et Michoud, le doyen de la faculté de droit de Toulouse lui confia autoritairement la chaire de droit administratif, dont personne ne voulait.

Bien qu'en cours de profonde rénovation, sous l'impulsion notamment de Laferrière, ce droit était alors en effet redouté des professeurs et des étudiants. Il n'est que de parcourir les ouvrages de l'époque pour en comprendre les raisons : très peu systématisé, puisque les notions qui le structurent aujourd'hui étaient encore incertaines, voire inconnues, il consistait le plus souvent, à partir des textes en vigueur, en un morne exposé des institutions administratives et de leurs droits et devoirs dans leurs différents domaines de compétence. Dès 1892 pourtant, le droit administratif entre dans la modernité lorsque paraît la première édition du *Précis* de Maurice Hauriou : dix années lui ont suffi non seulement pour prendre la mesure de ce droit mais pour lui donner sa figure quasi définitive, ordonnée autour des concepts de légalité, d'acte unilatéral, de contrat, de service public, de police, de domaine public et de responsabilité de la puissance publique. Ce prodigieux effort de synthèse, d'abstraction et d'anticipation ne fut cependant pas un aboutissement car Hauriou poursuivit sa réflexion tant dans les dix éditions postérieures du précis que dans les quelque trois cent quarante-quatre notes d'arrêt qu'il a publiées jusqu'à sa mort. Elles furent pour lui le moyen de persuader le Conseil d'État de la justesse de ses analyses, parfois aussi de fustiger des solutions heurtant ses convictions ou de faire évoluer ses réflexions au fil des évolutions constatées. Ouvert au dialogue, Hauriou eut la grande humilité de ne pas s'enfermer dans le droit administratif qu'il idéalisait et, reconnaissant ses erreurs, de constamment remettre en cause ses opinions. La profusion des idées, leur permanente évolution, l'absence de tout dogmatisme ont empêché que ne se constitue autour de lui une école, avec ce que le terme implique de rigidité, sur le modèle de celle bâtie par Duguit à Bordeaux. Néanmoins l'influence d'Hauriou, évidente de son vivant, est encore manifeste aujourd'hui par la richesse de ses travaux et la modernité de ses préoccupations.

Son œuvre est dominée par « la grande affaire de sa vie », l'élaboration d'une théorie de l'*Institution* commencée en 1906 et souvent remaniée par la suite. Hostile comme Duguit aux théories allemandes de la *Herrschaft*, qui insistaient sur la puissance de la volonté autonome comme source du droit, Hauriou désapprouvait toutefois l'ultra-objectivisme défendu par Duguit, dans le sillage du sociologue Durkheim. Les théories de Duguit le conduisaient à nier absolument la personnalité juridique de l'État et à élaborer une théorie du droit éliminant la notion de sujet de droit et considérant l'acte juridique comme le simple déclencheur de la règle objective de droit. Hauriou, désireux, comme son contradicteur, de limiter l'État par le droit, préférait ménager une place aux éléments subjectifs et objectifs, accordant une légère priorité aux premiers, seuls à même de sauvegarder la liberté individuelle. Selon Hauriou, une institution est une idée d'œuvre ou d'entreprise qui se réalise et dure juridiquement dans un milieu social ; afin de réaliser cette idée, un pouvoir s'organise qui lui procure des organes, et, entre les membres du groupe social intéressé à la réalisation de l'idée, il se produit des manifestations de communion dirigées par les organes du pouvoir et réglées par des procédures. Hauriou oppose les institutions-personnes (État, associations, syndicats, etc.) qui intériorisent l'idée de l'œuvre pour en faire le sujet de la personne morale qui se dégage dans le corps constitué, et les institutions-choses, parmi lesquelles il place les règles de droit, qui apparaissent au sein des institutions-personnes. Reconnaissant ainsi à l'État, à l'issue d'un triple phénomène d'intériorisation, d'incorporation et de personnification, une existence juridique, Hauriou lui concédait un certain pouvoir créateur de droit « disciplinaire » ou « statutaire ». Pour Hauriou, contrairement à ce que prétend au même moment Duguit, ce sont les institutions qui font les règles de droit, ce ne sont pas les règles de droit qui font les institutions (« La théorie de l'institution et de la fondation », *Cahiers de la nouvelle journée*, n° 4, 1925).

Le concept de pouvoir, de puissance publique, explicitement ou non, est constamment sous-jacent dans sa vision du droit administratif. Critiquant en 1900 la distinction entre actes d'autorité et de gestion, jugée trop restrictive de la compétence des juridictions administratives, Hauriou propose de lui substituer l'opposition entre la gestion publique et la gestion privée (*La Gestion administrative*, Larose, 1900). Pour ce faire, il démontre que la puissance publique ne s'épuise pas dans l'édiction des actes unilatéraux et qu'elle se manifeste également à l'occasion d'activités matérielles, notamment dans la gestion des services publics. Le contentieux de ceux-ci devrait relever de la compétence des juridictions administratives en raison non pas, comme le penseront les tenants de l'école du service public, de la finalité de ces activités, mais bien plutôt des procédés exorbitants mis en œuvre. Rapidement entendu par le Conseil d'État (arrêts Terrier 1903, Société des granits porphyroïdes des Vosges 1912), Hauriou est directement à l'origine de l'extension de la compétence des juridictions administratives au contentieux des services publics mais également, et inversement, de la création des services publics industriels et commerciaux par lesquels, comme il l'avait entrevu vingt ans avant l'arrêt Bac d'Eloka (TC 1921), la puissance publique se place volontairement dans la position d'un particulier et se soumet au droit privé.

Le moindre paradoxe n'est pas que ce soit Hauriou qui ait, au tournant du siècle, introduit le concept de service public, sur lequel l'école du même nom tenta ultérieurement de fonder une théorie de l'État et de l'action publique. Exagérément abstraite et réductrice, elle ne réussit pas à s'imposer, tandis que, plus pragmatique et souple, alliant puissance publique et service public, moyens et fin, la présentation d'Hauriou sut mieux épouser les profondes mutations que connut au début du XXe siècle l'action administrative.

Préoccupé par le respect des libertés individuelles et notamment par le sort des justiciables devant les juridictions administratives, Hauriou dénonça deux maux intolérables dont souffrait ce contentieux, la lenteur et les difficultés d'exécution de la chose jugée. L'octroi d'un pouvoir d'injonction aux juridictions administratives en 1995 puis l'amélioration de la procédure du référé administratif en 2000 ont, avec quelque retard, répondu aux attentes du maître de Toulouse.

▶ **Bibliographie**

Outre les ouvrages de Maurice Hauriou :
La Pensée du doyen Maurice Hauriou et son influence, Pédone, 1969.
C. Alonso, A. Duranthon, J. Schmitz (dir.), *La Pensée du doyen Hauriou à l'épreuve du temps : quel(s) héritage(s) ?*, PUAM, 2015.
J. Rivero, « Maurice Hauriou et le droit administratif », *Annales de la faculté de droit et des sciences économiques de Toulouse*, t. 16, 1968, p. 209.
L. Sfez, *Essai sur la contribution du doyen Hauriou au droit administratif français*, LGDJ, 1966.

Intérêt général

Le concept d'intérêt général est au cœur de notre droit administratif. Il constitue un élément de la définition de notions essentielles de ce droit telles que le service public, le domaine public, l'ouvrage public, les travaux publics. Il intervient dans le régime juridique des notions en cause et d'autres encore, tout aussi importantes, comme la décision administrative, le contrat administratif, la responsabilité de la puissance publique. Il détermine largement l'étendue et les méthodes du contrôle juridictionnel sur l'action administrative (J. Barthélemy, « Le requérant et l'intérêt général », *EDCE*, n° 50, p. 429) et est même sous-jacent dans la jurisprudence du Conseil constitutionnel (M.-P. Deswarte, « L'intérêt général dans la jurisprudence du Conseil constitutionnel », *RFDC* 1993, p. 23) ou de la Cour de justice des communautés européennes (E. Honorat, « La notion d'intérêt général dans la jurisprudence de la Cour de justice des Communautés européennes », *EDCE*, n° 50, p. 387). Paradoxalement, l'intérêt général échappe à toute définition *a priori*, et les auteurs se risquent tout au plus à en donner leur conception, pour lui trouver des vertus ou le fustiger comme élément de l'idéologie étatique. Mais tous s'accordent pour considérer que l'imprécision, la variabilité lui sont consubstantielles et lui confèrent sa force, sa pérennité.

Sous sa forme juridique et moderne, l'intérêt général est, en effet, l'héritier des réflexions philosophiques et morales sur le bien commun auxquelles saint Thomas a particulièrement attaché son nom. Directement issue de la doctrine chrétienne, l'idée du bien s'est imposée comme une règle morale – supérieure à l'utilité présentée comme égoïste et matérielle –, puis comme un principe politique. Saint Thomas a ainsi exposé que la loi tire son autorité de sa finalité, la poursuite du bien commun. Chacun sait que, dans la vie en société, son bien particulier dépend du bien de la collectivité ; dès lors, l'obéissance à la loi s'impose rationnellement. Cependant, la soumission n'est due que dans la mesure où, précisément, elle recherche le bien commun. La philosophie thomiste mêle intimement morale, droit et politique en donnant au pouvoir spirituel un véritable droit de tutelle sur le pouvoir temporel. La monarchie absolue de droit divin cumula ultérieurement les deux légitimités et accrédita l'idée que le souverain ne recherche que le bien commun et ne gouverne pas selon son bon plaisir.

La Révolution modifia profondément les fondements de l'adhésion de tous à la loi : elle ne découle plus de la conformité de celle-ci à la justice immanente et au bien, elle résulte désormais du fait que la loi est l'expression de la volonté générale. Or celle-ci ne peut rechercher que l'intérêt général, forme modernisée, laïcisée, de l'ancien bien commun. La conception française de l'intérêt général s'est nettement démarquée des explications utilitaristes exposées notamment par Bentham : contrairement aux démonstrations de ce dernier, l'intérêt général n'est pas considéré chez nous comme la simple somme algébrique des intérêts individuels. L'existence d'une « main invisible », faisant jaillir spontanément l'intérêt public du libre jeu des intérêts particuliers, n'a pu s'accorder avec le fort volontarisme politique qu'a fait naître en France la période révolutionnaire.

Lui a été préférée une vision plus idéaliste de l'intérêt général, héritée de Rousseau. Elle repose sur le constat – pessimiste – que la poursuite des intérêts particuliers, inéluctable au sein d'une collectivité humaine, est plutôt incompatible avec la satisfaction de l'intérêt général. En conséquence, la promotion de ce dernier n'est possible que si, en votant la loi, chaque individu néglige ses intérêts propres et se prononce en faveur de ce que tout autre que lui peut désirer. Selon Rousseau, en matière politique, « l'homme, qui jusque-là n'avait regardé que lui-même, se voit forcé d'agir sur d'autres principes, et de consulter sa raison avant d'écouter ses penchants » (*Du contrat social*, GF-Flammarion, 1966, p. 56). L'apparente naïveté de cette présentation a, néanmoins, l'immense qualité de dégager l'intérêt général des intérêts particuliers et de le ramener à une décision volontaire et collective.

La tradition démocratique française s'inscrit dans cette conception et accorde donc une place éminente au pouvoir politique, chargé de définir *a priori* ce qu'exige l'intérêt général. Ce concept légitime à lui seul l'action publique puisqu'elle est exclusivement destinée à le satisfaire. Il est aisé d'en déduire la justification des prérogatives de puissance publique accordées aux personnes publiques : elles sont les moyens nécessaires pour leur permettre précisément de garantir la suprématie de l'intérêt général sur les intérêts particuliers. Inversement, l'intérêt général constitue la limite de l'action publique dans la mesure où celle-ci ne saurait intervenir dans un autre but.

La vertu explicatrice du concept d'intérêt général se manifeste plus encore. L'existence de juridictions administratives y puise un fondement convaincant : elles attestent la spécificité des missions des personnes publiques et l'impossibilité d'en confier le contrôle aux juridictions judiciaires, arbitres des conflits entre intérêts privés. De la même façon, l'élaboration d'un droit administratif, autonome par rapport au droit privé, est indispensable pour adapter les règles de droit au particularisme des activités publiques. L'affirmation ancienne du caractère inégalitaire de ce droit renvoie au constat qu'il prend en considération la finalité éminente de l'action publique devant laquelle les intérêts individuels doivent, dans une certaine mesure, s'incliner.

Fruits des analyses de la philosophie politique, les considérations qui précèdent ne permettent pas de déterminer ce qu'est concrètement l'intérêt général. Destinées à en comprendre les conditions de formalisation et les enjeux, elles ne se préoccupent pas de son contenu. Il est vrai que le concept est rebelle à toute définition matérielle. Il n'est pas déterminable *a priori* par le fait qu'il n'est pas univoque. Lié aux aspirations de la société, il épouse les mutations de celles-ci.

L'hostilité d'Hauriou à la qualification de service public des théâtres publics (note sous CE 7 avril 1916, *Astruc, S.* 1916, III, p. 41) permet de mesurer l'évolution des mentalités quant à ce qui doit relever de l'intérêt général. C'est au législateur, au gouvernement et, le cas échéant, au juge administratif de déterminer, au cas par cas, ce qu'il recouvre. De la même façon, les exigences de l'intérêt général ne sont pas identiques à un moment donné en tout point du territoire. Les préoccupations des habitants d'un village rural ne sont pas les mêmes que celles de leurs concitoyens habitant en milieu urbain. Ce trait fait apparaître que l'intérêt général change selon les circonscriptions territoriales considérées. Il peut être national ou local. Le législateur détermine d'ailleurs partiellement la sphère de compétence des autorités communales décentralisées par référence à ce qui est d'intérêt communal.

Le contraste évident entre l'importance cruciale du concept dans notre conception de l'État et l'impossibilité d'en préciser concrètement le contenu n'a pas manqué de surprendre et de susciter des critiques (voir les travaux de J. Chevallier sur la question et notamment « L'intérêt général dans l'administration française », *RISA* 1975, p. 325). Elles dénoncent son utilisation à la seule fin de légitimer l'autorité et l'appareil d'État. L'intérêt général ne serait qu'une idéologie dont se parerait, dans les pays se réclamant du libéralisme, l'État pour emporter l'adhésion des administrés et limiter l'emploi de procédés de contrainte. Reposant sur les idées d'égalité, de justice, de solidarité, confiant à l'État, certes formellement par l'intermédiaire des représentants du peuple, le soin de déterminer ce qu'exige l'intérêt de la collectivité, le concept d'intérêt général serait l'alibi d'un certain arbitraire, d'une confiscation de la décision par la classe au pouvoir, sans que les contrepoids prévus puissent réellement s'y opposer. Pertinentes et stimulantes, ces critiques n'offrent cependant aucune alternative et ne convainquent pas de ce que la conception actuellement dominante soit une régression par rapport à l'arbitraire antérieur, fût-il de droit divin.

▶ Bibliographie

Conseil d'État, *Réflexions sur l'intérêt général, Rapport public 1999*, La Documentation française, 1999, p. 239.

D. Linotte, *Recherches sur la notion d'intérêt général en droit administratif français*, thèse, Bordeaux I, 1975.
J.-M. Pontier, « L'intérêt général existe-t-il encore ? », *D.* 1998, chr., p. 327.

Édouard Laferrière

La réédition en 1989 (LGDJ) de la première (1887-1888) des deux tomes du *Traité de la juridiction administrative et des recours contentieux* publié par Édouard Laferrière (1841-1901) atteste l'importance de cet ouvrage dans l'histoire du droit administratif français. Peu d'auteurs ont laissé une empreinte aussi durable sur l'organisation de ce droit et, surtout, de la procédure administrative contentieuse. Le *Traité* est le fruit de l'expérience de l'auteur au sein du Conseil d'État, où il fut nommé dès septembre 1870 à la chute du second Empire, dont il présida la section du contentieux à compter de 1879, puis l'institution elle-même de 1886 à 1898. La parfaite connaissance du sujet n'explique pas seule l'apport décisif de l'œuvre de Laferrière : le premier, il a réussi à synthétiser, ordonner et théoriser, sinon le droit administratif lui-même – ce que tentera peu après Maurice Hauriou encouragé par la réussite de son prédécesseur –, du moins les fonctions et les procédés de la juridiction administrative.

« Enfin Laferrière vint et le premier, en France, essaya d'apporter de l'ordre et de la méthode » (G. Jèze, *Les Principes généraux du droit administratif*, Giard et Brière, 2e éd., 1914, t. 1, p. VII). Il est vrai que la lecture du *Traité* impressionne par son extraordinaire modernité : hormis d'inévitables évolutions souvent marginales, l'essentiel des structures du contentieux administratif contemporain y est décrit et analysé. Laferrière, poursuivant et amplifiant les réflexions engagées par Léon Aucoc (*Conférences sur l'administration et le droit administratif*, Dunod, 3e éd., 1885-1886), nous a légué la distinction des contentieux entre les contentieux de la pleine juridiction, de l'annulation, de l'interprétation et de la répression, la systématisation des conditions de recevabilité et la distinction des cas d'ouverture du recours du recours pour excès de pouvoir. Il a également largement contribué à la théorie des actes de gouvernement, à celle du pouvoir discrétionnaire, à la suppression de la fonction juridictionnelle des ministres opérée par l'arrêt Cadot (1889).

L'originalité de l'auteur est d'avoir délibérément retenu une approche contentieuse en accord avec sa préoccupation profonde de lutter contre l'arbitraire administratif. Avant sa nomination au Conseil d'État, Laferrière avait, en effet, déployé un intense activisme en faveur du respect des libertés individuelles durant les dernières années du second Empire. Avocat, journaliste, il combattit en exposant en toutes circonstances ce que la loi reconnaissait comme droits à l'individu, en incitant chacun à user de toutes les procédures légalement ouvertes. Ce combat pour le droit, largement focalisé sur les possibilités procédurales et contentieuses, ne s'interrompit pas quand, chargé de contrôler l'administration, il entra au Conseil d'État. Certes, en cette période de République naissante, il fut incité à un plus grand pragmatisme afin d'opérer la difficile conciliation des droits des administrés avec les nécessités de l'action publique. Mais la rédaction du *Traité*, comme sa lutte déterminée pour la sauvegarde des attributions consultatives du Conseil d'État, témoignent de son attachement, en amont, à inciter l'administration à se soumettre à la loi, et, en aval, à organiser, en cas d'échec, des voies de recours juridictionnelles à but de sanction.

L'objectif de Laferrière, dans la continuité de ses efforts de jeunesse, est de ramener l'administration au respect du droit tel qu'il est posé par les textes en vigueur. Dans un domaine où règnent depuis la Révolution le flou et l'incohérence, cela passe avant tout d'après lui par une clarification des acquis, une systématisation du droit positif afin de remédier au « relâchement de la doctrine juridique ». La contrepartie en est un certain manque d'audace dans la conception des missions du juge administratif. Laferrière, par exemple, a affermi le recours à la distinction des actes d'autorité et de gestion dans le tracé de la frontière entre les compétences des ordres juridictionnels. Ce critère, peu opératoire et fortement réducteur de la compétence des juridictions administratives, sera peu après rejeté par Hauriou qui n'aura aucun mal à convaincre le Conseil d'État de se séparer des analyses de son ancien et prestigieux vice-président. De la même manière, Laferrière se résigne à laisser échapper au contrôle juridictionnel les actes réglementaires que constituent les règlements d'administration publique ou à constater l'irrecevabilité du recours intenté pour faire valoir la violation de la loi par un acte administratif lorsque cette loi n'a pas créé de droits au profit de l'administré. Semblable réserve, étonnante dans un esprit aussi soucieux du progrès de l'État de droit, est peut-être la preuve d'une grande sagesse, la conviction lucide de l'impossibilité de faire admettre simultanément à l'administration un approfondissement et une extension du contrôle pesant sur elle.

Laferrière ne doutait assurément pas que ses successeurs, une fois mieux définies leurs prérogatives, sauraient trouver les voies d'un renforcement des droits des administrés. La pierre fondatrice qu'il a apportée à l'édification du droit administratif a cependant fortement influé sur l'architecture de ce dernier. En privilégiant l'approche contentieuse, en envisageant le droit administratif sous l'angle du juge, il a certes pris acte de l'origine largement prétorienne de ce droit mais l'a également envisagé par un prisme déformant dont il est, aujourd'hui encore, difficile de se défaire. Ce n'est pas le moindre signe de la pérennité de l'œuvre de Laferrière que de constater que, un siècle après, le droit administratif pâtit encore de certaines de ses relatives faiblesses...

▶ Bibliographie

L. Bertrand, « Édouard Laferrière », *EDCE* 1956, n° 10, p. 145.

P. Gonod, *Édouard Laferrière, un juriste au service de la République*, LGDJ, 1997, Bibliothèque de droit public, t. 190.

Origines

Le droit administratif contemporain est l'héritier immédiat de la période révolutionnaire, par l'effet de la loi des 16-24 août 1790. Son article 13, selon lequel « les fonctions judiciaires sont distinctes et demeurent séparées des fonctions administratives. Les juges ne pourront, sous peine de forfaiture, troubler de quelque manière que ce soit les opérations des corps administratifs ou citer devant eux les administrateurs pour raison de leurs fonctions », sert de fondement textuel au principe de séparation des autorités administratives et judiciaires. L'interdiction faite aux juges judiciaires de connaître des affaires administratives impliquant la création d'organes *ad hoc*, la Constitution du 22 frimaire an VIII (13 décembre 1799) a confié à un Conseil d'État la charge « de rédiger les projets de lois et de règlements d'administration publique et de résoudre les difficultés qui s'élèvent en matière administrative » (article 52). La loi du 28 pluviôse an VIII (17 février 1800) a poursuivi le mouvement en créant, auprès des préfets de département qu'elle institue, des conseils de préfecture dotés d'une compétence d'attribution en premier ressort pour une part des litiges administratifs. Leur pérennité témoigne de l'importance de ces divers textes : la loi des 16-24 août 1790 et le décret du 16 fructidor an III (mais plus l'article 4 de celle du 28 pluviôse an VIII, abrogé en 2006), qui figurent encore dans l'ordonnancement juridique, sont systématiquement visés dans les décisions du Tribunal des conflits et régulièrement dans celles du Conseil d'État (CE 14 novembre 2008, *El Shennawy*, p. 417).

L'œuvre des révolutionnaires et de Bonaparte – le Consulat appartient-il à la période de la Révolution ? –, pour impressionnante qu'elle soit, ne doit pourtant pas être surestimée. Outre que les deux siècles écoulés en ont profondément transformé la portée, elle puise elle-même ses racines dans la longue et riche expérience de l'Ancien Régime.

L'objectif des auteurs de la loi des 16-24 août 1790 n'était pas de confier à des juridictions spéciales le contentieux administratif soustrait à la compétence des juridictions ordinaires. Il s'agissait, plus largement, de se conformer à l'article 16 de la Déclaration des droits de l'homme aux termes duquel « toute société dans laquelle la garantie des droits n'est pas assurée, ni la séparation des pouvoirs déterminée, n'a point de Constitution ». Interdire au juge de connaître des litiges en matière administrative semblait alors la conséquence logique de la séparation des pouvoirs exécutif – auquel est rattachée l'activité administrative – et judiciaire. La pratique des parlements de l'Ancien Régime, rivaux du pouvoir administratif dont ils paralysaient l'action et inquiétaient les agents, incitait à poser clairement les limites de la compétence de leurs successeurs. Le principe de séparation des autorités administratives et judiciaires, ultérieurement façonné grâce à l'influence et l'indépendance acquises par les organes chargés du contentieux administratif, est bel et bien le fruit de « la conception française de la séparation des pouvoirs » (CC 86-224 DC du 23 janvier 1987, p. 8). Il serait pourtant audacieux d'en attribuer sinon la paternité, du moins la virtualité à la loi des 16-24 août 1790. Elle marque plutôt, malgré le changement de régime, l'attachement à un dualisme juridique depuis longtemps pratiqué.

Car les révolutionnaires n'ont guère innové en soustrayant aux juridictions ordinaires la connaissance des litiges en matière administrative. Louis XIII et Richelieu, par l'édit de Saint-Germain-en-Laye (février 1641), avaient antérieurement fait « très expresses inhibitions et défenses » aux parlements « de prendre, à l'avenir, connaissance d'aucunes affaires concernant l'État, administration et gouvernement d'icelui ». Les litiges en cause étaient, en effet, par une lente évolution commencée dès le XIVe siècle sous Philippe le Bel en matière financière, examinés au sein du Conseil du roi par diverses formations exerçant les compétences aujourd'hui dévolues au Tribunal des conflits, à la Cour de cassation et au Conseil d'État. L'édit de 1641 se borne donc à rappeler l'attribution déjà ancienne du traitement des affaires contentieuses en matière administrative aux organes de l'administration active eux-mêmes. Incarnée au niveau suprême par le Conseil d'État, émanation du Conseil du roi, la pratique de l'administrateur-juge se concrétisait, au niveau des provinces, par l'octroi d'attributions juridictionnelles aux intendants, ancêtres des préfets, aidés en cette mission par des bureaux spécialisés, préfiguration des conseils de préfecture napoléoniens. La concurrence que constituaient les compétences juridictionnelles de ces administrateurs ne manqua pas de susciter l'hostilité des parlements et, en retour, l'élaboration de l'édit de 1641, « testament juridique » de Richelieu.

L'Ancien Régime a inventé la séparation du traitement contentieux des affaires publiques et des affaires privées. Les révolutionnaires ont accepté discrètement l'héritage. Ils en ont paradoxalement donné une interprétation moins extensive, accordant aux juridictions judiciaires des compétences antérieurement attribuées aux organes administratifs monarchiques (impôts indirects, douane, expropriation, etc.). En revanche, ils n'ont pas remis en cause la pratique de l'administrateur-juge, qui n'a disparu qu'en deux temps, avec l'arrêt Cadot en 1889, puis lorsque les préfets ont perdu, en 1926 seulement, la présidence des conseils de préfecture.

En somme, selon le mot de Tocqueville, « nous n'avons fait que trouver la formule ; à l'ancien régime appartient l'idée » (*L'Ancien Régime et la Révolution*, Folio-Histoire, p. 123). En droit administratif, la Révolution n'a pas eu lieu.

▶ **Bibliographie**

Outre les ouvrages d'histoire du droit administratif cités dans la bibliographie générale :

La Dualité de juridiction en France et à l'étranger, dossier *RFDA*, 1990, p. 689 sq.

M. Hauriou, « De la formation du droit administratif français depuis l'an VIII », *Revue générale d'administration*, 1892, t. 2, p. 386.

É. Laferrière, *Traité de la juridiction administrative et des recours contentieux*, Berger-Levrault, 1er éd., 1887, t. 1, p. 107 sq.

Pouvoir normatif du juge

Alors que la présentation de la jurisprudence compose l'essentiel des ouvrages consacrés au droit administratif et que son étude en tant que source du droit constitue un passage obligé de tout manuel en cette matière, il peut paraître surprenant que le juge administratif n'ait officialisé son pouvoir normatif qu'en 2007... Encore ne l'a-t-il pas fait de la façon la plus solennelle mais indirectement, en se reconnaissant, au nom de « l'impératif de sécurité juridique », le pouvoir de paralyser l'effet rétroactif d'une règle jurisprudentielle nouvellement posée (CE Ass. 16 juillet 2007, *Société Tropic travaux signalisation*, p. 360, concl. Casas ; *JCPA* 2007, n° 2227 et *JCPG* 2007, II, n° 10160, note Seiller).

Jusqu'alors, l'activité juridictionnelle était conçue selon les termes fort réducteurs de Montesquieu : « Les juges de la nation ne sont [...] que la bouche qui prononce les paroles de la loi ; des êtres inanimés qui n'en peuvent modérer ni la force ni la rigueur » (*De l'esprit des lois*, livre XI, chapitre VI, « De la constitution d'Angleterre »). Si, conformément à ce qu'exige l'article 4 du Code civil, il leur incombe de trancher les litiges qui leurs sont soumis même en cas de silence, d'obscurité ou d'insuffisance de la loi, les règles qu'ils formulent pour ce faire étaient considérées comme relevant d'un simple travail d'interprétation de la loi. Ils se borneraient donc à exprimer ce que cette dernière est présumée avoir signifié et imposé depuis son entrée en vigueur.

Bien que manifestement démentie par l'apport considérable de la jurisprudence à la construction du droit administratif et très largement contestée par la doctrine voire par certains membres du Conseil d'État (principalement des rapporteurs publics), cette fiction prévalait en raison des avantages qu'en tire paradoxalement le juge. Cela lui permet, en premier lieu, de s'arroger discrètement un pouvoir peu compatible avec les principes gouvernant la séparation des pouvoirs et de contourner habilement l'interdiction des arrêts de règlement (article 5 du Code civil). En deuxième lieu, en attribuant au législateur la paternité de la règle qu'il énonce, le juge transfère à ce dernier la charge d'en assumer la responsabilité. En troisième lieu, le mythe du « juge-bouche de la loi » lui permet de se soustraire au principe de non-rétroactivité des normes dont il impose scrupuleusement le respect au pouvoir réglementaire. En effet, la règle qu'il formule, étant censée être contenue *ab initio* dans la loi, doit logiquement être appliquée aux faits litigieux alors même qu'ils sont antérieurs à l'expression de la règle. Jean Rivero avait affirmé que soumettre la jurisprudence au principe de non-rétroactivité « serait *ipso facto* en tarir la source » (J. Rivero, « Sur la rétroactivité de la règle jurisprudentielle », *AJDA* 1968, doct., p. 15). Selon lui, cela reviendrait à autoriser le juge à formuler une règle non nécessaire au règlement du litige en cause et donc à contrevenir à la prohibition des arrêts de règlement.

Cette remarque pertinente est cependant de peu de poids au regard des conséquences de moins en moins bien supportées de l'application rétroactive de la nouvelle règle jurisprudentielle.

Il apparaît aujourd'hui difficilement acceptable que la rétroactivité de la règle prétorienne conduise à sanctionner quelqu'un pour avoir transgressé une norme qu'il ne pouvait pas connaître au moment des faits litigieux puisqu'elle n'existait pas (par exemple, l'engagement en 2001 de la responsabilité d'un médecin pour un manquement, en 1974, à une obligation d'information du patient sur les risques exceptionnels liés à une opération que la jurisprudence n'a consacrée qu'en… 1998 : Cass. 1ère civ. 7 octobre 1998, *Bull. civ.*, I, n° 291). En outre, à des faits identiques s'étant produits au même moment dans le passé s'appliquent des règles différentes selon qu'ils ont donné naissance ou non à un procès. Tout ceci n'est guère compatible avec la rationalité exigée par tout système juridique et porte atteinte, plus concrètement, à la sécurité juridique.

Comme, en principe, la loi ou le règlement, la règle prétorienne ne devrait pas s'appliquer rétroactivement en déjouant les prévisions que les intéressés avaient faites sur la base de la règle qui prévalait à l'instant de leur choix. Le juge devrait donc pouvoir, comme le législateur ou l'autorité réglementaire, déterminer la date d'entrée en vigueur des règles qu'il formule.

Après la Cour de cassation (Cass. 2e civ. 8 juillet 2004, *Bull.*, II, n° 387) et des hésitations (voir CE Sect. 10 mars 2006, *Société Leroy-Merlin*, p. 118, concl. Struillou), le Conseil d'État a finalement franchi le pas en 2007. Il s'est ainsi rendu aux arguments des tenants de la théorie réaliste de l'interprétation, qui ont depuis longtemps démontré que cette dernière n'est pas un acte de connaissance mais un acte de volonté qui manifeste l'exercice d'un pouvoir normatif par l'interprète authentique. Le mythe de Montesquieu est directement contredit par cette analyse.

Force est cependant de constater que la révolution opérée sur le plan théorique par la jurisprudence Tropic ne renverse pas le principe antérieur : ce n'est qu'à titre exceptionnel que le juge administratif décide de paralyser l'effet rétroactif des règles qu'il énonce. La modulation dans le temps des effets des règles prétoriennes est réservée à des circonstances très particulières et son usage présenté comme échappant à l'office ordinaire du juge (voir pour une récente mise en œuvre, CE Sect. 13 mars 2020, *Société Hasbro European Trading BV*, req. 435634). Fortement empreint de pragmatisme, l'état actuel du droit ne cadre ainsi avec aucune des deux conceptions théoriques de l'œuvre prétorienne.

► **Bibliographie**

D. de Béchillon, *De la rétroactivité de la règle jurisprudentielle en matière de responsabilité*, in *Mélanges en l'honneur de F. Moderne*, Dalloz, 2004, p. 5.

N. Molfessis (dir.). *Les Revirements de jurisprudence. Rapport remis à Monsieur le Premier Président Guy Canivet*, Litec, 2005.
B. Seiller (dir.), *La Rétroactivité des décisions du juge administratif*, Economica, « Logique juridique », 2007.

Procès équitable

La Convention européenne de sauvegarde des droits de l'homme et des libertés fondamentales, signée en 1950 à Rome dans le cadre du Conseil de l'Europe, est un texte aujourd'hui décisif en matière de protection des libertés. D'une part, son contenu, bien que rejoignant largement le *corpus* des libertés constitutionnellement reconnues et garanties en France, précise, voire dépasse ce dernier à certains égards (prohibition de la torture ou des traitements inhumains ou dégradants, prohibition du travail forcé, droit au respect de la vie familiale, etc.). D'autre part, le respect de cette convention est, depuis sa ratification survenue en 1974, vérifié par les juridictions administratives françaises à l'occasion de l'examen de décisions administratives ou, en conséquence de la jurisprudence Nicolo, de la contestation de dispositions législatives en vigueur. Enfin, la France ayant accepté en 1981 le droit de recours individuel auprès de la Cour européenne des droits de l'homme (CEDH), les saisines pour violation des libertés qui y sont consacrées, et le cas échéant les condamnations, se sont multipliées. Entré en vigueur le 1er août 2018, le Protocole n° 16 à la Convention ouvre désormais aussi la possibilité aux plus hautes juridictions des États parties, d'adresser des demandes d'avis consultatif à la Cour sur des questions de principe relatives à l'interprétation ou à l'application des droits et libertés définis par la Convention ou ses protocoles (F. Sudre, « Ratification de la France et entrée en vigueur du Protocole n° 16 », *JCP G* 2018, n° 473).

Parmi les nombreuses dispositions de ces textes, l'article 6 § 1 de la Convention constitue souvent pour les plaideurs un ultime recours. Fixant, en effet, les principes fondamentaux des procédures juridictionnelles, il est un précieux fondement pour tenter d'obtenir l'annulation d'instances perdues au fond. Ses termes fort généraux incitent, il est vrai, à suspecter bien des procédures. « Toute personne a droit à ce que sa cause soit entendue équitablement, publiquement et dans un délai raisonnable, par un tribunal indépendant et impartial, établi par la loi, qui décidera, soit des contestations sur ses droits et obligations de caractère civil, soit du bien-fondé de toute accusation en matière pénale dirigée contre elle. » Le vocabulaire employé (« équitablement », délai « raisonnable », tribunal « indépendant et impartial », droits « de caractère civil », « matière pénale ») est particulièrement peu précis et laisse à l'interprète, au premier rang desquels la Cour européenne, une marge de manœuvre appréciable. Il lui incombe, ainsi qu'aux juridictions nationales, de délimiter le champ d'application de cette disposition et de déterminer la portée exacte de ses exigences. Le Conseil d'État n'a pas manqué de souligner, toutefois, que l'exigence d'équité dans le procès n'a pas été posée par cette disposition qui, selon lui, se borne à la rappeler (CE 30 juillet 2003, *Société Dubus SA*, p. 671).

En tout état de cause, les juridictions administratives ne semblent *a priori* pas concernées par l'article 6 § 1 CEDH, qui ne vise que les matières civiles et pénales. Ce n'est pourtant pas ce qui ressort de l'interprétation retenue par la CEDH, rejointe peu à peu par le juge administratif. Parfois critiquée, la soumission des procédures juridictionnelles administratives aux exigences du procès équitable est néanmoins imposée par la lettre de l'article 6 § 1 : celui-ci ne se réfère pas à la nature des juridictions (civiles ou pénales) mais à la nature des questions qui leur sont soumises. Or les juridictions administratives connaissent elles aussi de droits et obligations de caractère civil lorsque, par exemple, elles statuent sur l'étendue du droit à réparation d'une victime d'une activité administrative. Il leur arrive également de se prononcer sur une accusation en matière pénale, notamment en assurant la répression des contraventions de grande voirie. En revanche, l'insertion de procédures administratives – donc non juridictionnelles – de sanction dans le champ du droit à un procès équitable est moins évidente : l'article 6 § 1 se réfère en effet au concept de tribunal, ce que n'est pas formellement l'administration, même lorsqu'elle punit. La Cour européenne adopte toutefois une conception matérielle de la juridiction et retient le caractère punitif de la décision prise (CEDH 23 septembre 1998, *Malige c/ France*, *JCP* 1999, II, 10086, note Sudre). Le Conseil d'État, après la Cour de cassation

(Cass. plén. 5 février 1999, *JCP* 1999, II, 10061, note Matsopoulou) et quelque hésitation, s'est résolu à étendre l'exigence du procès équitable aux sanctions prises par les autorités administratives indépendantes (CE Sect. 3 décembre 1999, *Didier*, p. 399 ; *AJDA* 2000, p. 126, chr. Guyomar et Collin ; *GAJA*, n° 95).

Aux interrogations sur le champ de l'article 6 § 1 répondent celles portant sur les obligations liées à la notion de procès équitable. La procédure administrative contentieuse ne satisfait pas toujours, tout d'abord, à l'exigence de reddition d'un jugement dans un délai raisonnable. Si de substantiels progrès ont été accomplis au cours des deux dernières décennies, il n'en a pas moins été nécessaire d'ouvrir une voie de recours interne permettant au justiciable d'obtenir auprès du Conseil d'État la condamnation de l'État à réparer le préjudice que lui a causé une procédure juridictionnelle excessivement longue (CE Ass. 28 juin 2002, *Garde des Sceaux c/ Magiera*, p. 248, concl. Lamy ; *AJDA* 2002, p. 596, chr. Donnat et Casas ; art. R 311-1, 5e alinéa CJA).

Par ailleurs, naguère encore beaucoup de juridictions administratives spéciales statuaient sans une audience publique, contrairement à ce que requiert explicitement l'article 6 § 1. Écartant l'existence d'un principe général du droit (interne) en ce sens (CE Sect. 27 octobre 1978, *Debout*, p. 395, concl. Labetoulle), le Conseil d'État s'est fondé sur la norme internationale (CE Sect. 29 juillet 1994, *Département de l'Indre*, p. 363) pour enclencher un mouvement vers plus de transparence processuelle, que de nombreux textes ont ensuite achevé.

De la même façon, la nécessaire indépendance des juridictions vis-à-vis de l'administration, leur justiciable habituel, s'opposait au maintien de la pratique du renvoi au ministre des Affaires étrangères des questions d'interprétation des normes internationales. Peu avant que la France ne soit condamnée par la Cour européenne à ce sujet (CEDH 24 novembre 1994, *Beaumartin*, *D.*, 1995, J, p. 273), le Conseil d'État a salutairement abandonné ce procédé archaïque (CE Ass. 29 juin 1990, *GISTI*, p. 171 ; *GAJA*, n° 86).

L'influence du droit à un procès équitable s'est également fait sentir à propos de l'accès au juge administratif. Bien qu'il accepte depuis longtemps de connaître de recours dirigés contre l'immense majorité des actes unilatéraux de l'administration, il refusait de statuer sur les contestations visant des actes qu'il considérait comme relevant de l'ordre intérieur des services publics. Cette irrecevabilité des recours contre les mesures d'ordre intérieur interdisait aux destinataires de soumettre au juge l'examen de la légalité de certaines décisions portant atteinte à leurs droits et libertés. Sans être abandonnée, la notion de mesure d'ordre intérieur a subi une importante réduction de son champ d'application (CE Ass. 17 février 1995, *Hardouin et Marie*, p. 82 et 85, concl. Frydman ; *GAJA*, n° 88) et ne recouvre plus désormais que des mesures réellement vénielles dont il est sage, à bien des égards, de ne pas saisir un juge. Peut être rapproché de cette tendance l'approfondissement du contrôle opéré sur certaines décisions, jusqu'alors limité à la censure des illégalités flagrantes (CE Sect. 9 juillet 1997, *Association Ekin*, p. 300).

La traditionnelle appartenance des membres du Conseil d'État aux sections administratives (consultées sur les projets de textes) et à la section du contentieux a suscité, quant à elle, des doutes légitimes quant à leur capacité à se « déjuger » lorsque, après avoir examiné un acte réglementaire en formation administrative, ils sont amenés à en connaître au contentieux à l'occasion d'un recours. Dans une affaire où une majorité des membres de la formation de jugement du Conseil d'État luxembourgeois, conçu sur le modèle français, s'était antérieurement prononcée sur l'acte attaqué dans le cadre des formations administratives, la CEDH a constaté une violation du principe d'impartialité (CEDH 28 septembre 1995, *Procola*, *AJDA* 1996, p. 383, obs. Flauss). Dans la mesure où la Cour européenne mène sur cette question un examen au cas par cas et n'a pas donné un quitus de principe (CEDH 9 novembre 2006, *Sacilor-Lormines c/ France*, *RFDA* 2007, p. 342, note Autin et Sudre), les textes régissant la composition des formations de jugement du Conseil d'État ont été modifiés pour prévenir toute difficulté et le principe traditionnel du « déport » a été formulé officiellement (article R 122-21-1 CJA). Cette initiative a reçu l'onction de la Cour européenne (CEDH 30 juin 2009, *UFC-Que choisir de Côte-d'Or*, *AJDA* 2009, p. 2468, note El Boudouhi).

Enfin, l'institution ancienne et hautement symbolique que constituaient les commissaires du gouvernement a été au cœur d'un débat tendu entre la Cour européenne et le Conseil d'État. Le problème ne résidait pas dans l'existence même de ces commissaires du gouvernement mais dans les modalités de leur intervention. Malgré les efforts du Conseil d'État pour démontrer que le commissaire du gouvernement n'était pas une partie mais bien un juge participant à la fonction juridictionnelle (CE 29 juillet 1998, *Esclatine*, p. 320, concl. Chauvaux), la Cour européenne des droits de l'homme n'a pas manqué de dénoncer l'ambiguïté de son rôle. Elle a certes reconnu que le défaut de communication préalable des conclusions et l'impossibilité pour les parties d'y répondre à l'audience ne constituaient pas une violation du principe du contradictoire, dans la mesure où les parties ont la faculté de répliquer aux conclusions par la pratique des notes en délibéré. Elle a estimé, en revanche, que la participation du commissaire du gouvernement au délibéré de la formation de jugement portait atteinte, ne serait-ce qu'en apparence, à l'exigence d'un procès équitable (CEDH 7 juin 2001, *Kress c/ France*, *AJDA* 2001, p. 675, note Rolin ; *RFDA* 2001, p. 1000, note Autin et Sudre ; *GAJA*, n° 97).

Le Conseil d'État crut d'abord pouvoir satisfaire à cette condamnation en autorisant les commissaires du gouvernement à simplement assister aux délibérés – c'est-à-dire sans y participer activement. La Cour le détrompa rapidement (CEDH 12 avril 2006, *Martinie*, *AJDA* 2006, p. 698, note Rolin), ce qui entraîna immédiatement une modification des textes. Ils interdisent désormais aux rapporteurs publics des tribunaux administratifs et cours administratives d'appel d'assister au délibéré (article R 732-2 CJA). En revanche, devant le Conseil d'État, ils peuvent y assister sauf demande contraire d'une partie (article R 733-3 CJA).

Entre-temps, sans doute en raison de l'importance que son existence revêt pour la Cour européenne, le Conseil d'État avait officialisé la pratique de la note en délibéré (CE 12 juillet 2002, *Leniau*, p. 278), qui fut ensuite inscrite au sein du Code de justice administrative (article R 731-3).

Enfin, comme si un verrou psychologique avait sauté, divers textes postérieurs ont achevé de lever tout doute sur la compatibilité de la procédure administrative contentieuse avec les exigences du droit à un procès équitable. En premier lieu, alors que cela ne s'imposait pas juridiquement, les commissaires du gouvernement ont perdu en 2009 leur dénomination jugée inadaptée et trompeuse quant à leur indépendance réelle au profit de celle de « rapporteurs publics » (article L 7 CJA). En deuxième lieu, leur nomination s'effectue par arrêté du vice-président du Conseil d'État et non plus par décret (article R 122-5 CJA). En troisième lieu, les parties sont mises en mesure de connaître, avant la tenue de l'audience, le sens des conclusions du rapporteur public sur l'affaire qui les concerne (articles R 711-3 et R 712-1 CJA). En quatrième lieu, le déroulement de l'audience publique a été modifié : désormais ce sont les parties qui s'expriment en dernier et non le rapporteur public (art. R 732-1 et R 733-1 CJA). Elles ont donc ainsi la possibilité de rétorquer à ce dernier, ce qui ne les prive pas pour autant de la faculté ultérieure de transmettre une note en délibéré à la formation de jugement.

Légitimement peu enclin à admettre initialement l'existence de quelques zones d'ombre dans la procédure administrative contentieuse, le juge administratif français a, finalement, bénéficié de l'apport du droit à un procès équitable. C'est peut-être la raison pour laquelle les évolutions jurisprudentielles et textuelles récentes ont été au-delà de ce qu'impose l'article 6 § 1. L'effort à accomplir était bien modeste pour parfaire une procédure dont chacun s'accorde à reconnaître le libéralisme.

▶ Bibliographie

J. Andriantsimbazovina, « L'européanisation forcée des juridictions des comptes et des juridictions administratives », *JCPA* 2006, n°°1131.

O. Gohin, « Rapporteur public et réorganisation de l'audience dans le contentieux administratif », *JCPA* 2009, n° 2146.

L. Milano, « 12 ans après l'arrêt Kress, la reconnaissance de la spécificité du rapporteur public », *RDP* 2013, p. 1123.

J.-M. Sauvé, « La réforme de la justice administrative », conférence à la faculté de Poitiers, 28 novembre 2008, http://www.conseil-etat.fr/cde/media/document/conf_fac_droit_poitiers_281108.pdf.

Sécurité juridique

L'insécurité juridique est protéiforme. Elle se manifeste aux yeux de chacun dans la profusion des textes, caractéristique de notre époque. Lorsque, comme l'a dénoncé Jean Carbonnier, « l'inflation normative se grossit de l'enflure », que des proclamations sans portée juridique – mais passablement grotesques telles que le droit à la ville ou le droit à l'air – se mêlent à des dispositions exagérément techniques, l'adage selon lequel « nul n'est censé ignorer la loi » se révèle d'un rare cynisme...

À l'aphorisme, tout aussi cynique, de Sieyès affirmant qu'une Constitution doit être courte et obscure répond désormais le constat que les normes édictées sont de plus en plus longues mais également de moins en moins intelligibles. Les citoyens sont ainsi confrontés à un droit où il est difficile « de distinguer l'intention de l'action, le possible du souhaitable, l'accessoire de l'essentiel, le licite de l'illicite » (*Rapport public du Conseil d'État 1991*, voir *infra*, bibliographie, p. 335).

L'insécurité juridique naît encore du caractère mouvant des textes, parfois modifiés avant même d'être entrés en vigueur. La connaissance de l'état du droit social, du droit fiscal ou du droit des étrangers à un moment donné est ainsi l'apanage de quelques spécialistes sans l'aide desquels il est téméraire d'agir.

L'insécurité juridique est enfin particulièrement choquante lorsqu'elle prend la forme d'une loi de validation votée pour neutraliser les conséquences de l'annulation par le juge d'une décision administrative. La clairvoyance d'un administré établissant une violation de la légalité ne bénéficie alors qu'à lui seul, l'administration s'empressant de modifier le droit en vigueur pour empêcher que d'autres ne s'engouffrent dans la brèche ouverte.

Toutefois, en réaction contre les dérives ci-dessus évoquées, les esprits prennent conscience de la nécessité de favoriser la sécurité juridique, corollaire logique de l'État de droit. Plusieurs Premiers ministres ont incité, par voie de circulaire, leur gouvernement et leurs administrations à n'élaborer de nouveaux textes qu'en cas de stricte nécessité et les ont invités à réaliser une étude d'impact préalablement à l'adoption de tout projet de loi ou de décret. Leur échec a conduit à rendre cette dernière exigence obligatoire à l'occasion de la vaste réforme constitutionnelle de juillet 2008. Le Conseil d'État et les parlementaires constatent hélas trop souvent le caractère trop imprécis et lacunaire des études d'impact réalisées.

Les pouvoirs publics étant impuissants à s'autodiscipliner, il ne faut pas s'étonner de ce que les juges ont été sollicités pour les contraindre à la modération normative. Encore fallait-il qu'un principe juridique puisse s'opposer à l'obsession textuelle des autorités normatives. Le principe de sécurité juridique, emprunté par le droit de l'Union européenne au droit allemand, offre une réponse apparemment adaptée. Il n'a pourtant pas rencontré une adhésion franche des juridictions internes.

Leur réticence se justifie très aisément. Si la protection des citoyens et des administrés, si la promotion de l'État de droit relèvent depuis peu du discours politique, cela n'autorise pas à penser que les juges français ne s'en sont jamais préoccupés. L'œuvre jurisprudentielle du Conseil d'État témoigne dans son entier de la volonté d'assigner des limites légales à l'action administrative, de réduire à l'extrême l'arbitraire administratif. Le souci de favoriser la sécurité juridique irrigue l'ensemble de ce droit, notamment au travers de la protection des droits acquis nés des actes administratifs ou des conséquences attachées à l'annulation d'une décision. Ce n'est donc qu'avec une certaine réserve que le Conseil d'État a fini par consacrer la sécurité juridique, présentée, non sans une significative hésitation, comme un principe (CE Ass. 24 mars 2006, *Société KPMG*, p. 154 ; *RFDA* 2006, p. 463, concl. Aguila, note Moderne, *GAJA*, n° 104) ou un impératif (CE Ass. 16 juillet 2007, *Société Tropic travaux signalisation*, p. 360, concl. Casas). Il en déduit la nécessité pour les autorités normatives (pouvoir réglementaire, aff. KPMG ; juge lui-même, aff. Tropic) d'édicter les mesures transitoires qu'implique la mise en application d'une règle nouvelle.

Cette prudence est pleine de sagesse. La sécurité juridique est d'abord, en effet, un principe trop malléable : en son nom peuvent être alléguées des prétentions contradictoires. Par exemple, le vote d'une loi de validation après l'annulation d'une décision administrative trouve une honorable justification dans l'intérêt général qui s'attache à la protection des deniers publics ou à la volonté de ne pas désorganiser telle ou telle administration. Mais, inversement, cette loi de validation porte atteinte aux droits des justiciables ayant intenté des recours afin de bénéficier personnellement de l'annulation obtenue par un autre antérieurement. La sécurité juridique impose que le législateur ne vienne pas modifier, en cours de procédure, le droit applicable pour faire échouer leurs actions. L'autre justification à la prudence du juge administratif est structurelle : juge de la légalité de l'action administrative, il ne s'autorise pas à prendre parti sur l'opportunité de celle-ci et donc sur la nécessité d'édicter tel acte réglementaire ou de modifier tel autre. Semblable appréciation est réservée aux sections administratives du Conseil d'État chargées de donner leur avis sur les projets de loi ou de certains décrets. Est-il exclu néanmoins que, lassé de l'absence d'effet de ses appels incessants à la modération normative, ledit Conseil, statuant au contentieux, censure un jour l'erreur manifeste d'appréciation constituée par l'édiction d'un texte superfétatoire ?

Il rejoindrait ainsi partiellement la position du Conseil constitutionnel. Ce dernier, tout en écartant nettement l'existence d'un principe constitutionnel de sécurité juridique (CC 97-391 DC du 7 novembre 1997, p. 232), se montre néanmoins également attentif au respect de ses composantes les plus fondamentales. Il a ainsi accepté que soient posées des limites au droit d'exercer des recours pour favoriser la stabilité de l'ordonnancement juridique en matière d'urbanisme (CC 93-335 DC du 21 janvier 1994, p. 40), renforcé les conditions de validité des lois de validation (CC 97-390 DC du 19 novembre 1997, p. 254), donné valeur constitutionnelle à l'exigence de clarté de la loi (CC 98-401 DC du 10 juin 1998, p. 258) et érigé en objectif à valeur constitutionnelle l'accessibilité et l'intelligibilité de la loi (CC 99-421 DC du 16 décembre 1999, p. 136 ; pour une première censure, voir CC 2003-475 DC du 24 juillet 2003). Il a surtout affirmé que « la loi a pour vocation d'énoncer des règles et doit par suite être revêtue d'une portée normative » (CC 2005-512 DC du 21 avril 2005, p. 72), et censure – certes rarement – les dispositions imprécises ou équivoques.

La consécration expresse (Conseil d'État) ou indirecte (Conseil constitutionnel) de l'exigence de sécurité juridique n'a apporté qu'une amélioration très mesurée de notre système juridique. Cela résulte de l'existence antérieure de solutions relevant de préoccupations identiques et de la modestie des conséquences qui sont attachées au principe nouveau. Les évolutions seraient bien plus considérables si le Conseil d'État reconnaissait aux particuliers le bénéfice du principe de confiance légitime, qui constitue en quelque sorte la face « individualiste » du principe de sécurité juridique. Bien que nombre de solutions (notamment en matière de retrait des actes créateurs de droits) révèlent une prise en considération ancienne de la logique de cet autre principe, sa consécration explicite remettrait en cause le caractère objectif du recours pour excès de pouvoir. L'attachement du juge administratif à ce caractère risque de retarder durablement une évolution en ce sens.

► **Bibliographie**

P. Cassia, « La sécurité juridique, un "nouveau" principe général du droit aux multiples facettes », *D.* 2006, p. 1190.

Conseil d'État, *Sécurité juridique et complexité du droit*, Rapport public 2006, La Documentation française, 2006.

D. Simon, « Le principe de confiance légitime est-il soluble dans la sécurité juridique ? », *Europe* 2006, n° 142.

BIBLIOGRAPHIE

I. Manuels, traités, ouvrages de synthèse

Y. AGUILA, B. STIRN, *Le Droit public français et européen*, Dalloz-FNSP, « Amphi », 2e éd., 2018, 814 p.

R. CHAPUS, *Droit administratif général*, t. I, Montchrestien, « Précis Domat », 15e éd., 2001, 1540 p.

P. CHRÉTIEN, N. CHIFFLOT, M. TOURBE, *Droit administratif*, Sirey, « Sirey Université », 16e éd., 2018-2019, 895 p.

C. DEBBASCH, F. COLIN, *Droit administratif*, Economica, 12e éd., 2018, 836 p.

M. DEGOFFE, *Droit administratif*, Ellipses, « Cours magistral », 4e éd., 2020, 528 p.

P. DELVOLVÉ, *Le Droit administratif*, Dalloz, « Connaissance du droit », 7e éd., 2018, 172 p.

P.-L. FRIER, J. PETIT, *Précis de droit administratif*, Montchrestien, « Précis Domat », 14e éd., 2020-2021, 760 p.

Y. GAUDEMET, *Droit administratif*, LGDJ, « Manuel », 23e éd., 2020, 648 p.

P. GONOD, *Droit administratif général*, Dalloz, Mémento, 2e éd., 2020, 250 p.

P. GONOD, F. MELLERAY, Ph. YOLKA, *Traité de droit administratif*, 2 vol., Dalloz, 2011, 841 et 711 p.

G. LEBRETON, *Droit administratif général*, Dalloz, « Cours », 10e éd., 2019, 620 p.

M. LOMBARD, G. DUMONT, J. SIRINELLI, *Droit administratif*, Dalloz, « HyperCours », 13e éd., 2019, 696 p.

J. MORAND-DEVILLER, P. BOURDON, F. POULET, *Droit administratif*, LGDJ, coll. Cours, 16e éd., 2019, 868 p.

B. PLESSIX, *Droit administratif général*, LexisNexis, 3e éd. 2020, 1740 p.

P. SERRAND, *Droit administratif*, PUF, « Droit fondamental », 2 vol., 2e éd., 2019, 324 et 314 p.

D. TRUCHET, *Droit administratif*, PUF, « Thémis Droit », 8e éd., 2019, 520 p.

J. WALINE, *Droit administratif*, Dalloz, « Précis », 28e éd., 2018, 845 p.

P. WEIL, D. POUYAUD, *Le Droit administratif*, PUF, « Que sais-je ? », 25e éd., 2017, 128 p.

II. Rééditions ou sélections d'études doctrinales anciennes

R. CHAPUS, *L'Administration et son juge*, PUF, « Doctrine juridique », 1999, 426 p.

L. DUGUIT, *Traité de droit constitutionnel*, t. I à III, 1927-1930, rééd. 1974, Cujas, 763, 888 et 856 p.

C. EISENMANN, *Cours de droit administratif*, LGDJ, 2014, 2 vol., 786 et 908 p.

M. HAURIOU, *La Jurisprudence administrative de 1892 à 1923*, La Mémoire du droit, rééd. 2000, 3 vol., 743, 764 et 846 p.

A. DE LAUBADÈRE, A. MATHIOT, J. RIVERO, G. VEDEL, *Pages de doctrine*, LGDJ, 1980, 2 vol., 607 et 541 p.

III. Ouvrages consacrés à l'histoire du droit administratif

G. BIGOT, *Introduction historique au droit administratif depuis 1789*, PUF, « Droit fondamental », 2002, 392 p.

F. BURDEAU, *Histoire du droit administratif*, PUF, « Thémis », 1995, 494 p.

IV. Recueils de jurisprudence

Outre le Recueil des décisions du Conseil d'État et du Tribunal des conflits, des arrêts des Cours administratives d'appel et des jugements des tribunaux administratifs (dit « Recueil Lebon »), qui rassemble chaque année, à l'initiative du Conseil d'État, une sélection des décisions les plus significatives :

H. DE GAUDEMAR, D. MONGOIN, *Les Grandes Conclusions de la jurisprudence administrative*, vol. 1 : « 1831-1940 », *LGDJ*, « Les grandes décisions », 2015, 945 p.

J.-F. LACHAUME, H. PAULIAT, S. BRACONNIER, C. DEFFIGIER, *Les Grandes Décisions de la jurisprudence. Droit administratif*, PUF, « Thémis », 18e éd., 2020, 990 p.

M. LONG, P. WEIL, G. BRAIBANT, P. DELVOLVÉ, B. GENEVOIS, *Les Grands Arrêts de la jurisprudence administrative*, Dalloz, « Grands arrêts », 22e éd., 2019, 1068 p.

V. Recueils de textes officiels

Il n'existe pas un code général de droit administratif mais une pluralité de codes spécialisés (code du domaine, code général des collectivités territoriales, code de justice administrative, code de l'expropriation…). L'accès aux textes en vigueur est néanmoins possible :

Journal Officiel de la République française (soit en version papier depuis l'origine et jusqu'au 31 décembre 2015, soit sur Internet [www.legifrance.gouv.fr] pour les textes postérieurs à 1990).
Codes et lois, éditions du Jurisclasseur.

VI. Répertoires

Jurisclasseur Administratif (dir. J.-B. Auby), 10 vol., éditions du Jurisclasseur.
Répertoire de Contentieux administratif, 4 vol., Dalloz.
Répertoire de la Responsabilité de la puissance publique, 2 vol., Dalloz.

VII. Corrigés d'exercices, dictionnaires

E. AUBIN, *Petit lexique de droit administratif*, Gualino, 2017, 105 p.
X. DUPRÉ DE BOULOIS, *Annales droit administratif. Méthodologie et sujets corrigés*, Dalloz, 2021, 280 p.
B. PLESSIX, M. UBAUD-BERGERON, N. DEFFAINS, *Travaux dirigés. Droit administratif général*, LexisNexis, « Objectif droit TD », 2013, 192 p.
A. VAN LANG, G. GONDOUIN, V. INSERGUET-BRISSET, *Dictionnaire de droit administratif*, Armand Colin, « Cursus », 7e éd., 2015, 500 p.

VIII. Revues

• *Spécialisées*
Actualité Juridique – Droit Administratif (*AJDA*), hebdomadaire.
Droit Administratif (*DA*), mensuelle.
Revue du droit public (*RDP*), bimestrielle.
Revue Française de Droit Administratif (*RFDA*), bimestrielle.
Revue juridique de l'économie publique (*RJEP* ; *ex. Cahiers juridiques de l'électricité et du gaz – GJEG*), mensuelle.
Semaine Juridique – édition Administration et collectivités territoriales, hebdomadaire.

• *Généralistes mais traitant régulièrement du droit administratif*
Gazette du Palais (*GP*), hebdomadaire depuis le 1er janvier 2016.
Petites Affiches (*PA*), quotidien.
Recueil Dalloz (*D.*), hebdomadaire.
Semaine Juridique – édition générale (*JCP*), hebdomadaire.

INDEX

N. B. : Les entrées en italique signalent des arrêts, les renvois en italique visent les entrées du glossaire critique.

TABLE

Section II : Les normes internationales

Chapitre II : LES SOURCES AFFAIBLIES

Section I : Les normes légales et réglementaires

Section II : Les normes jurisprudentielles

Deuxième partie : L'ORDRE JURIDICTIONNEL ADMINISTRATIF

Chapitre I : L'ORGANISATION DE L'ORDRE JURIDICTIONNEL

Section I : L'administration et ses juges

Section II : Les juges de l'administration

Chapitre II : LES RECOURS JURIDICTIONNELS

Section I : La distinction des recours

Section II : L'exercice des recours

Section III : L'examen des recours

Troisième partie : LA COMPÉTENCE DE L'ORDRE JURIDICTIONNEL ADMINISTRATIF

Chapitre I : LES LITIGES METTANT EN CAUSE LE PRINCIPE DE SÉPARATION DES POUVOIRS

Section I : Les pouvoirs traditionnels

Section II : Les pouvoirs méconnus

Chapitre II : LES LITIGES METTANT EN CAUSE LE PRINCIPE DE SÉPARATION DES AUTORITÉS

Section I : Les principes de solution

Section II : Les dérogations légales au principe

Chapitre III : LE RÈGLEMENT DES DIFFICULTÉS DE COMPÉTENCE

Section I : Le Tribunal des conflits

Section II : Les conflits

Cet ouvrage a été mis en pages par

<pixellence>

N° d'édition : L.01EHQN001189.N001
Dépôt légal : mars 2021
Imprimé en Espagne par Novoprint (Barcelone)